教育部人文社会科学研究项目(08JA630098)　资助研究
重庆邮电大学出版基金　资助出版

技术创新意识

作用机理、地区差异与培育政策

高锡荣 梁立芳 杨 康 著

科学出版社
北京

图书在版编目（CIP）数据

技术创新意识：作用机理、地区差异与培育政策/高锡荣，梁立芳，杨康著.
—北京：科学出版社，2012
ISBN 978-7-03-033909-6

I. ①技… II. ①高… ②梁… ③杨… III. ①技术革新 IV. ①F062.4

中国版本图书馆 CIP 数据核字（2012）第 052811 号

责任编辑：侯俊琳 李 娄 程 凤/责任校对：李 影
责任印制：赵 博/封面设计：楠竹文化
编辑部电话：010-64035853
E-mail：houjunlin@mail.sciencep.com

科学出版社 出版
北京东黄城根北街 16 号
邮政编码：100717
http://www.sciencep.com

北京凌奇印刷有限责任公司印刷
科学出版社发行 各地新华书店经销
*
2012 年 8 月第 一 版 开本：B5（720×1000）
2025 年 2 月第五次印刷 印张：13 1/2
字数：262 000

定价：68.00 元

序

技术创新，是无论怎么强调都不过分的一种人类文明行为。

人类不同于其他生物的首要标志就是人类可以通过不断的技术创新而不断地向更高级别的社会演进。人类通过一次又一次的技术创新，从山顶洞人演进成居家农人，从农业社会演进至工业社会，从工业社会演进至信息社会，人类未来的提升空间无穷无尽，而其他生物的那些令人羡慕的优势，如马蜂的蜂窝、蜂鸟的翅膀、鲨鱼的游弋、老鼠的繁殖、病毒的顽强等，却很少有不断提升的空间。

人类社会的发展史就是一部技术创新史。在农业文明时代，中华民族依靠自己的勤劳与智慧，创造了 5000 年的辉煌文明。18 世纪 60 年代至 19 世纪 40 年代，英国通过对蒸汽机的改进，成为近代工业文明的中心。19 世纪 70 年代至 20 世纪初期，欧美国家通过电力的发明与应用，将世界推入电气时代。从 20 世纪 50 年代开始，由美国开始并领衔的原子能、电子计算机、空间技术和生物工程的发明和应用，将世界带入了电子和核子时代。21 世纪新兴技术的出现，又将推动人类逐步由工业文明向后工业文明演进。

那么，在地球上众多的生物当中，为什么只有人类才能实现技术创新呢?这与人类特有的大脑结构有着密切的关系。抽象思维是只有人类大脑才具备的能力，正是基于大脑的这种抽象思维能力，人类才具备了技术创新所必需的联想、顿悟、符号表达和逻辑推理等能力。具备了抽象思维能力的人类，会不断产生一些“脱离”现实世界的想法。如果这些想法是为了提高生产效率，我们就可以称之为技术创新意识。人是有意识的生物，人的行为一般会受意识的支配。一旦人们产生了技术创新的意识，就有可能产生技术创新行为。可以说，人类历史上每一次重要的技术创新，都是人类有意识的行为结果。

国家之间、地区之间的竞争，最终总是归结为技术创新上的竞争。而技术创新上的竞争，往往取决于隐藏在人们头脑深处的技术创新意识。该书的作者正是基于对技术创新重要性的认识，开展了对技术创新意识的相关研究。

一方面作者的研究强调了技术创新意识在技术创新过程中的重要地位与作用，深化了对技术创新问题的科学认识；另一方面，作者希望人们，特别是那些相对落后地区的人们，能够勇敢地抛弃一些短期的利益，勇敢地承受一些制度上和文化上的成本，从而创造出有利于激发、呵护和实施技术创新意识的环境，最大限度地实现技术创新的商业价值。

21 世纪上半叶是中华民族由制造业大国向技术创新大国转变、由技术创新大国向技术创新强国转变的关键时期。能够亲历这一重大的历史转折，既是天降吾等的人生大幸事，又是天降吾等的人生大考验。值此凤凰涅槃之际，阅读该书自是别有一番情趣与感悟。通读该书，读者会体会到作者所研究课题的重要意义，并能够从不同的侧面体会作者的用心。开卷有益，相信广大读者在阅读该书的时候会时有灵光闪现，各有所得。

重庆大学教授
刘　伟
2011 年 12 月于重庆大学

前言

一、本书的写作背景与意义

第一，当前我国正处于由技术模仿向自主创新转型的十字路口。

自熊彼特提出“技术创新”以来，人们普遍开始接受“经济增长的主要动力来源于技术创新”这一观点。按此逻辑，我国改革开放 30 余年来国民经济的高速增长，其动力应当是持续的技术进步。以 1996 年以来的发展为例，我国研发支出的实际增长率一直保持在每年 20%以上的高水平，到 2009 年全国研发支出总量已经占到全球的 12%，我国成为仅次于美国的第二大研发支出国①。同期，我国的国内生产总值（GDP）也一直高速增长，在 21 世纪的前 10 年里陆续超越了众多的西方发达国家，在 2010 年超越日本成为全球第二大经济体②。

但是，我国的研发经费主要用于对国外产品的国产化仿制（即模仿），以及对部分非核心技术的国产化改进（相当于模仿性创新），而很少用于商业意义上的自主性创新，国内企业很少推出前所未有的全新产品或者工艺。自主创新的严重不足，导致了我国经济的高增长与低质量、低效率并存的局面：一方面是巨大的资源消耗和环境污染，另一方面却是低下的劳动生产率。2010 年我国人均 GDP 以 4283 美元排全球第 95 位，远远落后于发达国家③。在此背景下，我国的研发活动已经到了非向自主创新转型不可的关键时刻。唯有大力推进自主创新、全面建设创新型国家，才能将我国经济引入真正可持续的科学发展轨道。

第二，技术创新是人类有意识的高级智力活动。

---

① 根据美国国家科学委员会《2012 科学与工程指标》（参见：National Science Board. Science and Engineering Indicators 2012. Arlington VA：National Science Foundation，2012）得出。

② 根据国家统计局《中国统计年鉴 2010》和国际货币基金组织《2011 年四月世界经济概览》（参见：International Monetary Fund. World Economic Outlook，April 2011. Washington，2011）数据得出。

③ 参见国际货币基金组织公布的 2010 年世界各国人均 GDP 排名。

从经济学的角度看，一个地区的经济发展速度取决于该地区的生产率水平，生产率水平取决于生产要素的数量和质量，而生产要素的数量和质量又取决于掌控生产要素的要素——人。人可以通过技术创新，改进旧的生产要素，生产新的生产要素，进而提升生产率水平，推进经济的发展。可以说，人类的技术创新，对社会发展与经济转型起着关键的驱动作用。

从生物学的意义上讲，技术创新是只有人类才具备的高级智力活动，是依赖人类特有的抽象思维能力而存在的。正是人类永无穷尽的创新精神，推动了人类文明一次又一次的跨越，远古农耕技术的发明与应用促进了农业文明的产生，近代工业技术革命实现了农业社会向工业社会的跨越，现代信息技术带动了工业社会向信息社会的升级。

第三，技术创新意识是制约技术创新乃至经济发展的深层因素。

国家之间、地区之间社会经济发展的不平衡，是一个普遍存在的现象。直观来看，发达国家较之发展中国家，发达地区较之落后地区，往往具有更强的创造性，产业上的新技术、新产品往往发端于发达国家和地区，之后才逐渐传播到发展中国家和欠发达地区。那么，是什么因素导致不同地区在技术创新进程上的巨大差距呢？心理学认为，人的行为都是有意识的，特定的行为要受特定意识的支配，技术创新行为亦不例外。影响技术创新行为的意识，我们不妨称之为技术创新意识。不同的国家和地区在技术创新意识上存在差异，技术创新意识的差异导致技术创新行为的差异，技术创新行为的差异最终导致社会经济发展水平的差异。

技术创新意识，在技术创新活动中起关键性作用。人们常说，心有多大，境界就有多高，成就就有多大；思想有多远，就能走多远。同样，技术创新意识有多强，最后取得的技术创新效果就有多大。美国精神的代表性人物爱迪生和乔布斯，就是拥有强大创新意识的人，也许他们的学识水平并不顶尖，但是他们拥有一颗勇于不断创新的心，从而成就了他们作为伟大创新者的地位。推而广之，一个国家或地区的国民整体技术创新意识有多强，则该国或地区的技术进步和社会经济发展就会有多快。

第四，大力培育技术创新意识是国家复兴路上的关键举措。

国家或地区之间的先进与落后永远是相对的，先进与落后之间的转化或许正是技术创新意识随时间而此消彼长的结果。例如，古代中国曾经是创新意识最强的国家，产生过许多影响人类文明进程的伟大发明创造，并一度成为全球的创新中心和经济中心，但是后来由于对儒术的日益尊崇，社会精英的活动逐渐由对新事物的探索转向对已有经典的诠释，创新意识日渐淡漠直至丧失殆尽，到19世纪中叶，中国终于沦为最落后的国家之一。反观日本，19世纪中叶以前一直处于落后状态，但是明治维新以后，日本积极模仿欧美，并在模仿的基础上开始自主创新，只花了半个世纪的时间就跻身于强国之列。日本虽然后来在第二次世界大战中遭受毁灭性重创，但是战后仅用了20年时间就又“咸鱼翻身”，并最终成为仅次于美国的第二技术强国和经济强国。

第一次鸦片战争之后的100多年，一大批知识分子前赴后继地致力于救国图强，但是由于对技术创新意识的培育重视不够，近代中国在技术上和经济上始终未能脱离落后状态。1978年全国科学大会召开，其中心思想就是希望通过科学技术现代化来推动国家的现代化。但由于对创新意识的培育并未给予足够的重视，30多年的模仿式发展只是将中国由农业大国变成了制造业大国，而未能成为技术创新大国。为此，国家提出在21世纪第二个10年重点建设创新型大国，到21世纪中叶建成创新型强国的目标。在此背景下，加快培育国民技术创新意识，就成为创新型国家建设成败的关键。

正是基于对技术创新意识培育重要性和紧迫性的认识，我们编撰了本书，希望通过对技术创新意识的专题探讨，一方面阐释技术创新意识在技术创新和经济发展过程中的重要地位与作用，深化对技术创新理论的科学认识；另一方面分析我国在技术创新意识上存在的问题与短板，并探索适合我国的技术创新意识培育途径，为创新型国家建设提供学术依据。

二、本书的篇章结构

全书由总论、企业家创新篇、高校教师创新篇、大学生创新篇和创新意识培育篇等五部分组成，共分十四章。

总论由第一章、第二章组成。第一章技术创新的基本概念与理论体系综述，主要介绍了技术创新的基本概念，回顾了技术创新理论的产生与发展，总结了我国的技术创新理论。第二章技术创新意识、行为、绩效概述，主要介绍了技术创新意识、技术创新行为、技术创新绩效的概念及三者之间的关系，剖析了我国技术创新不足的现状与根源。

企业家创新篇由第三章至第五章组成。第三章企业家技术创新意识的概念与测度，主要介绍了企业家技术创新意识的概念定义、研究假设、问卷的设计与调查实施、样本的描述性统计。第四章企业家技术创新意识的结构效应分析，研究了企业家技术创新意识、技术创新行为和技术创新绩效之间的结构关系效应。第五章企业家技术创新意识分组差异分析，探讨了企业家技术创新意识的地区差异，基于企业家技术创新意识、行为、绩效因子得分差异对企业家进行聚类分析。

高校教师创新篇由第六章至第八章组成。第六章高校教师技术创新意识的概念与测度，主要介绍了高校教师技术创新意识的概念定义、研究假设、问卷的设计与调查实施、样本的描述性统计。第七章高校教师技术创新意识的结构效应分析，研究了高校教师技术创新意识、技术创新行为和技术创新绩效之间的结构关系效应。第八章高校教师技术创新意识分组差异分析，探讨了高校教师技术创新意识的地区差异，基于高校教师技术创新意识、行为、绩效因子得分差异对高校教师进行聚类分析。

大学生创新篇由第九章至第十一章组成。第九章大学生技术创新意识的概念与测度，主要介绍了大学生技术创新意识的概念定义、研究假设、问卷的设计与调查实施、样本的描述性统计。第十章大学生技术创新意识的结构效应分析，研究了大学生技术创新意识、技术创新行为和技术创新绩效之间的结构关系效应。第十一章大学生技术创新意识分组差异分析，探讨了大学生技术创新意识的地区差异，基于大学生技术创新意识、行为、绩效因子得分差异对大学生进行聚类分析。

创新意识培育篇由第十二章至第十四章组成。第十二章技术创新意识短板分析，探讨了企业家、高校教师、大学生技术创新意识的短板。第十三章技术创新意识培育措施，针对技术创新意识短板提出了相应的技术创新意识培育措施。第十四章技术创新意识培育案例分析，分析了典型企业技术创新意识培育，典型高校的教师和大学生技术创新意识培育，探索总结了技术创新意识的培育经验。

三、写作分工与致谢

本书由高锡荣设计框架结构和组织编撰。其中，前言部分由高锡荣撰写，第一章由杨康撰写，第二章由单玲玲撰写，第三章由汪云撰写，第四章、第五章由余津撰写，第六章由张钟昱撰写，第七章、第八章由杨康撰写，第九章至第十一章由梁立芳撰写，第十二章、第十三章由余津、杨康、梁立芳共同撰写，第十四章由张薇撰写，最后由高锡荣统一修订并定稿。古林、何建洪、刘卉、羊荣雪、胡旸参加了部分研究工作。研究生黄娜、周长玲、王丽、张自欣、胡小娟等参加了本书的文字、图表校对工作。

本书的写作与出版得益于教育部和重庆邮电大学的大力支持。教育部人文社会科学研究项目（08JA630098）的资助，使得研究工作得以深入进行；重庆邮电大学人文社会科学基金的资助，保证了研究工作的顺利完成；重庆邮电大学出版基金和重庆邮电大学经济管理学院出版基金的资助，使研究成果终于得以出版面世。在此，特别感谢教育部社会科学司、重庆邮电大学社会科学处对项目研究工作的支持，感谢重庆邮电大学科学技术处和重庆邮电大学经济管理学院对本书出版的支持。

最后还要特别感谢科学出版社编辑李龚、程凤提出的宝贵意见和付出的辛勤劳动，他们的职业素质和敬业精神令人敬佩。

尽管笔者在研究和写作过程中做出了很大努力，但书中难免存在不尽完善的地方，希望广大读者和专家予以指正。

高锡荣
2011 年 12 月

目录

高校教师创新篇

大学生创新篇

创新意识培育篇

总 论

第一章 技术创新的基本概念与理论体系综述

第一节 技术创新的基本概念

一、技术创新的内涵

技术创新（innovation，简称创新），这一概念首先由美籍奥地利经济学家约瑟夫·熊彼特（Joseph Schumpeter）提出。熊彼特在其所著的《经济发展理论》（1912 年出版）一书里，首次阐述了“创新”的概念。他将“创新”定义为“新的生产函数的建立”，即“企业家对生产要素之新的组合”，把一种从来没有过的生产要素和生产条件的“新组合”引入生产体系（约瑟夫·熊彼特，1990）。从熊彼特对创新的分析中可以看出，熊彼特的创新是面向生产实践的创新，强调技术与经济的结合，其内容包括开发新产品、采用新工艺、开辟新市场、控制原料的新来源和实行新的组织形式（刘友金，2001）。

此后，索洛（Solow，1957）对技术创新理论进行了较为全面的研究，他提出技术创新成立的两个条件，即新思想来源和以后阶段的实现发展。这一“两步论”构成日后技术创新概念研究的基本框架。

技术创新方面的著名学者弗里曼（Freeman，1991）对技术创新概念作了进一步拓展，他认为，技术创新在经济学意义上就是指新产品、新过程、新系统和新装备的首次商业性转化。

美国经济学家曼斯菲尔德（Mansfield，1968）认为，“一项发明，当它被首次应用时，可以称之为技术创新”。这个概念主要区别了技术发明与技术创新，并说明了二者之间的内在联系。

我国许多学者也对技术创新的概念进行了分析和探讨。许庆瑞（1990）认为，技术创新泛指从一种新的思想的形成，到得以利用并生产出满足市场用户需要产品的整个过程。傅家骥（1998）认为，技术创新是企业家抓住市场的潜在赢利机会，以获取商业利益为目标，重新组织生产条件和要素，建立起效能更强、效率更高和费用更低的生产经营系统，从而推出新的产品、新的生产方法和工艺，开辟新的市场，获得新的原材料或半成品供给来源或建立企业的新组织，它是包括科技、组织、商业和金融等一系列活动的综合过程。

综合来看，人们对技术创新的探讨大体上分别基于经济、技术和管理三个视角。经济视角认为技术创新就是在企业"建立一种新的生产函数"，即在经济活动中引入新产品或新工艺，从而实现生产要素的重新组合，并在市场上获得成功的过程。技术视角认为技术创新就是技术形态的一种转换过程，是把科技成果由潜在的、知识形态的生产力转换为直接的、现实的生产力的过程，并带来直接的经济效益和社会效益。管理视角认为技术创新就是企业家抓住市场潜在的赢利机会，重新组合生产条件、要素和组织，从而建立效能更强、效率更高和生产费用更低的生产经营系统的活动过程（易显飞和田富俊，2006）。

综上所述，技术创新是以市场需求为导向，以提高竞争力及最终获取市场回报为目标，从新产品或新工艺设想的产生，经过研究与开发、商业化生产，到市场推广应用等一系列活动的总和。技术创新有广义与狭义之分。狭义的技术创新是指以一项新技术的发明和应用来促进新产品或新工艺的改进，并实现商业化生产，在市场上获得成功的全过程。广义的技术创新还包括组织创新、管理创新、营销创新等一切使企业获利能力增加的企业要素的新组合。本书提到的技术创新是指狭义的技术创新。

二、技术创新的特征

（一）潜在高回报性

企业实施技术创新，可以获得受知识产权保护的新技术，并可以在一定时期内和一定程度上拥有对新技术的垄断支配权，从而减弱来自对手的竞争力，获取较高的市场收益。从财务分析的角度讲，技术创新可以降低生产成本，提高产品质量，以低价格、高质量的新产品代替老产品，从而获得更大的市场份额和商业回报。

（二）不确定性

创新意味着对传统的超越，意味着打破旧传统，创造新传统。突破性的创新往往没有现成的经验可借鉴，创新过程中往往会遇到许多意想不到的变化，创新的成本与成败也很难预测和控制，这必然会导致巨大的不确定性风险。创新的风险至少表现在以下三个方面：一是技术风险，即在产品研制和开发过程中由技术失败引致的损失；二是市场风险，即技术创新带来的新产品能否取得预期的市场占有量；三是财务风险，即对技术创新的前期投资能否按期收回并获得令人满意的利润（周子剑，2001）。经济学假定人是厌恶风险的，据此，技术创新的不确定性风险会导致人们对技术创新的恐惧与回避。

（三）收益滞后性

技术创新从点子（idea）到产品面世，往往需要经历一段较长的中间过程，这里面既有研发过程的曲折，更有对产业链配套和市场认可的等待，还有产品安全和法律责任方面的制约等。因此，从资本收益的角度看，技术创新具有滞后性，创新者只有在走过没有收益的漫漫长路之后才会见到成功的曙光。

（四）外部性

技术创新是具有显著外部性的活动。一方面，技术创新的成果一旦面市，就会广为人知，他人既可以暗地里模仿，也可以合法地利用；另一方面，技术创新还为社会培养研发人才，而这些研发人才是可以流动的，人才的流动无疑会促使新技术甚至创新诀窍向社会扩散。技术创新的外部性对社会有益，但却会降低创新者的积极性，因此，市场中实际发生的创新不一定是社会最优水平的创新。阿罗（Arrow，1962）指出，无论是完全竞争还是垄断市场，其创新水平都低于社会最优水平。斯蒂芬·马丁（2003）指出，知识产品的外部效应等因素，将会导致市场中技术创新的投入不足。傅家骥（1998）认为，市场在激励技术创新方面具有自我组织和自我加强的功能，但市场本身不能保证造就一个最有利于创新的市场结构，也不能创造有利于创新的外部环境，市场不能从根本上解决创新的风险与动力。市场的局限为政府干预创新提供了空间。

（五）稀缺性

从技术上讲，创新只有少数具备特定能力的人才能完成，并且成本代价高、成功率低，所以，即使在发达国家，创新也是小概率事件，也就是说，创新总是处在一种稀缺的状态之中。创新的稀缺性，要求建立一种对创新更加有效的市场，并且还要辅之以有效的创新扶持政策。

三、技术创新的分类

技术创新作为企业的一项重要商业活动，可以从不同的角度进行分类研究。目前，学术界主要从创新主体、创新对象、技术变化、组织形式、创新规模、经济价值等方面对技术创新进行分类。

（一）按技术创新的主体分类

根据技术创新的主体不同，可以将技术创新划分为企业技术创新、非营利组织技术创新和个人技术创新（阮青，2006）。其中，企业是技术创新的第一主体。企业技术创新，是指企业家抓住市场的潜在赢利机会，以获取高商业利益为目标，重新组织生产条件和要素，建立起效能更强、效率更高、费用更低的生产经营系统，从而推出新的产品、新的生产方法，开辟新的市场，获得新的原材料或中间产品供应来源或者建立新的组织，包括科技、组织、商业和金融等一系列活动的综合过程（傅家骥，1998）。非营利组织技术创新，是指由政府和民间资助的非营利团体，基于特定的社会责任与义务，对新技术的研发与实施，其创新成果更多是用于非商业的社会公益目的。个人技术创新，是指个人受兴趣或者利益的驱动，以自己的智力资源为依托，从事新技术开发的过程，其创新成果既可以用于自我创业，也可以转卖给他人获利。

（二）按技术创新的对象分类

根据技术创新的对象不同，可以将技术创新划分为产品创新和工艺创新（约瑟夫·熊彼特，1990）。产品创新（product innovation）是指生产出全新的产品或对老产品进行改进与提升。产品创新可以增加产品品种，开辟新的市场，取得市场竞争的有利地位，从而在短时间内推动一个企业、产业链乃至一个产业部门迅速发展。国内外成功发展的经验也表明，具有广阔市场前景的新产品，是一国经济的增长点（孙冰和刘希宋，2002）。工艺创新也称为过程创新（process innovation），是指对产品的制造方法和过程、所用的工具设备、材料、配方、劳动组织等方面的研制与改进（都振廷，1999）。工艺创新的目标在于优化生产流程、提升产品质量、降低生产成本、提高生产效率和增进经济效益。

（三）按技术创新的技术变化性质分类

英国学者弗里曼（Freeman，1991）根据创新的技术变化性质，将技术创新划分为渐进性创新和根本性创新。渐进性创新（incremental innovation）是指对已有技术进行的渐进而连续的改进（秦辉和傅梅烂，2005）。渐进性创新一般出自直接从事生产的工程师、技术工人和用户之手。根本性创新（radical innovation）是指创造出一种全新的产品或者工艺，其性能特征前所未有，或者在性能和成本优势方面具有巨大提高（Kotelnikov，2000）。根本性创新一般是研究开发部门精心研究的结果，常伴有产品创新、工艺创新和组织创新的连锁反应，在随后的时间内常会引起产业结构的变化（任志鹏，2005）。

（四）按技术创新的组织形式分类

根据创新主体组织形式的不同，可以将技术创新划分为独立创新和合作创新。独立创新（independent innovation）是指企业依靠自己的技术力量，通过独立的研究开发活动，致力于率先使某种新产品商业化的过程（施培公，1996），是“创造了独立知识产权的创新”（柳卸林，1997）。合作创新（collaborating innovation）是指为提高创新的成功率、降低创新风险、增强技术或资源积累等，通过多种途径和形式，合作参与技术创新全过程或其中某一阶段的联合技术创新现象。合作各方以彼此的利益为结合点，通过彼此资源的共享，在资源的互补和整合过程中，实现共同的创新目标（鲁若愚等，2004）。

（五）按技术创新的规模分类

按技术创新规模的不同，可以将技术创新划分为企业技术创新和产业技术创新两类。企业技术创新，是单个企业内部开展的产品开发、工艺创新、市场开拓、组织及管理变革等创新活动。产业技术创新，是指众多企业以提高产业竞争力为目标，联合开展同一门类的技术创新活动。产业技术创新又分为两种情况：一是高新技术创新的组合化、群体化、规模化，进而形成高新技术产业；二是以高新技术改造传统产业，使传统产业整体上高效化。产业技术创新是推动产业发展和产业升级的主要动因。

（六）按技术创新的经济价值分类

按技术创新经济价值的不同，可以将技术创新划分为基础性创新和增值性创新两类。基础性创新，是指某一技术进展实现了较大规模的商业化应用，创造并满足了较大规模的市场需求。增值性创新，是指某类技术投入应用之后，只能使原有技术经济活动部分增值（吴丽波，2005）。

第二节　技术创新理论的产生与发展

一、技术创新理论的产生

在熊彼特之前，古典经济学家亚当·斯密和马克思都高度重视技术创新，并对技术创新理论的发展做出了重要贡献。亚当·斯密（1996）在《国民财富的性质和原因的研究》的第一章中，就谈到了技术变革和经济增长，提出了18

世纪科学研究上的专业分工增加的趋势及机械制造业创新与科学家之间的联系，探讨了科学在技术变迁中的作用和“干中学”的问题。马克思（1975）则可以被认为是最早认识到技术创新是经济发展与竞争的重要推动力的经济学家。他指出：“资产阶级除非使生产工具不断地革命化，否则就不能生存下去。”内森·罗森伯格在《技术进步的历史编年学》一文中明确指出，熊彼特正是在马克思的有关技术进步在长期经济增长中的核心作用和技术进步的连续性质及演进性的理论中得到了有关技术创新和创造性毁灭等理论的最初启示。

直到20世纪上半叶，对技术创新进行深入研究的经济学家寥寥无几。在多数经济学家的经济增长模式中，基本将技术和制度变化视为外生变量。熊彼特打破了理论研究上的僵局，他在1912年所著的《经济发展理论》一书里，首次阐述了“创新”的概念，并将创新视为现代经济增长的核心。尽管熊彼特并未为我们提供一个十分精确完整的创新理论，但是他提出的创新概念为学术界指明了技术进步的新方向。

二、技术创新理论的发展

熊彼特关于技术创新的思路、想法和理论，在一段时间之内并没有得到学术界的足够重视。20世纪前半期，经济学家的兴趣并没有放在对技术变迁问题的研究上，而是将注意力集中于“均衡”的长期稳定状态上。20世纪50年代以后，以微电子技术为核心的新技术革命兴起，资本主义经济出现了长达近20年的“黄金期”，许多国家的经济在20世纪五六十年代取得高速增长，已经不能用传统的资本、劳动力等要素简单加以解释了。终于，经济学家开始对技术与经济发展的关系产生兴趣。这个时期，技术创新理论得以快速发展，并产生了两个代表性流派——技术创新的新古典学派和新熊彼特学派。

（一）技术创新的新古典学派

自20世纪50年代末期起，以索洛为代表的新古典经济学家承认科技进步对经济增长具有重要意义，认为技术创新是经济增长的内生因素。索洛在其1957年发表的《技术进步与总量增长函数》一文中，采用实证方法考察了1909～1949年美国的非农业部门劳动生产率的发展情况，发现这一期间美国的劳动生产率翻了一番，其主要的贡献来自于技术进步，贡献率占87.5%。索洛的实证研究充分说明，经济增长要素中除了劳动和资本外，还有技术的因素在发挥作用。索洛之后，丹尼森、乔根森等经济学家将技术视为一种资本，把一项专门技术看做是一个资本单元，在测度技术进步对经济增长贡献方面作了大量的实证研究，他们的共同结论是技术进步与经济增长之间存在正相关关系。

（二）技术创新的新熊彼特学派

新熊彼特学派以曼斯菲尔德、卡罗为代表，他们坚持熊彼特传统，强调技术创新和技术进步在经济发展中的核心作用。他们认为企业家是推动创新的主体，侧重研究企业的组织行为及其对技术创新的影响，具体包括演进理论、创新扩散、企业战略、路径依赖等，并提出了一系列技术创新模型，包括企业家创新模型、线性模型、创新周期模型等。

三、技术创新理论的新发展——国家创新系统理论

20 世纪 90 年代以来，世界经济进入一个剧烈的变动时期，开始由工业经济向知识经济转变。高科技产业成为各国国民经济增长的主要来源，该领域的投资额也大幅度增加，创新成为经济增长、产业发展、企业竞争力增强，以及人们生活水平和质量改善的主要推动力。经济全球化和知识化，使得人们更加重视对创新的研究，国家创新系统理论（national innovation system）正是在这种背景下提出并日益受到关注的。

英国经济学家弗里曼（Freeman）于 1987 年研究日本的创新系统时首次提出国家创新系统的概念，他将国家创新系统定义为“由公共和私人部门机构组成的网络，它们的活动和相互作用促成、引进、改变和扩散了各种新技术”。弗里曼提出的国家创新系统模型主要强调四个基本要素的重要作用：政府政策、企业研发、教育培训、产业结构。弗里曼的国家创新系统模型如图 1-1 所示。

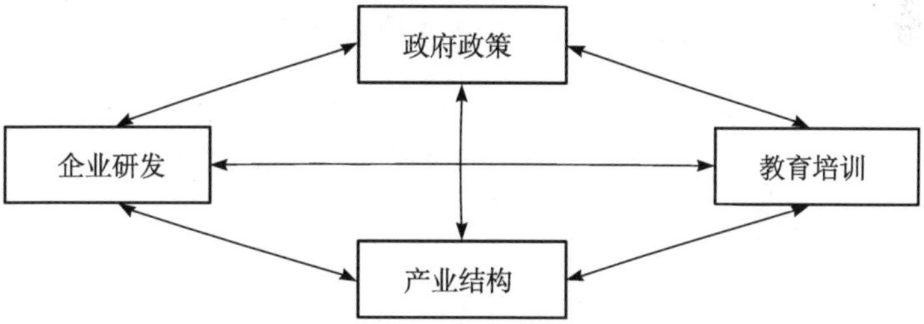

图 1-1　弗里曼的国家创新系统模型

1992 年伦德瓦尔将国家创新系统定义为“在生产、扩散和使用新的和经济上有用的知识过程中各种成分和关系的互相作用——两者根植于一国的疆界内”。他把国家创新系统分为五个子系统：企业组织、产业结构、公共部门、金融部门、大学和科研机构。伦德瓦尔的国家创新系统模型如图 1-2 所示。此模型强调生产系统中的相互学习机制和工人、消费者、公共部门等最终用户在创新过程中的重要作用。

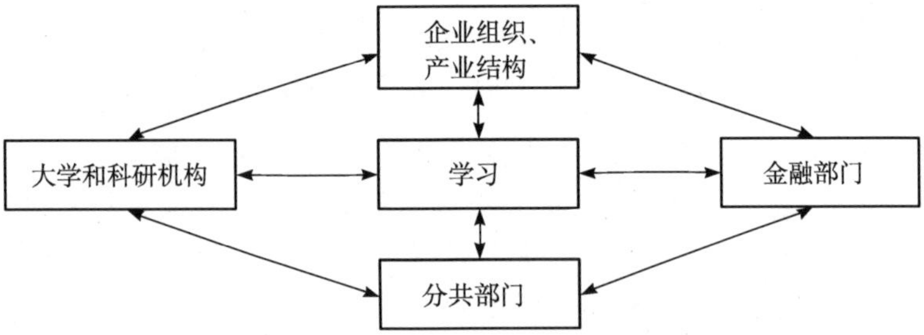

图 1-2 伦德瓦尔的国家创新系统模型

巴特尔和巴维特（Patel and Pavitt，1994）则把国家创新系统定义为“决定一个国家内技术学习的方向和速度的国家激励制度和竞争力”。他们构建的国家创新系统模型包括四个部门：企业、大学和科研机构、教育部门、政府和金融部门等，如图 1-3 所示。

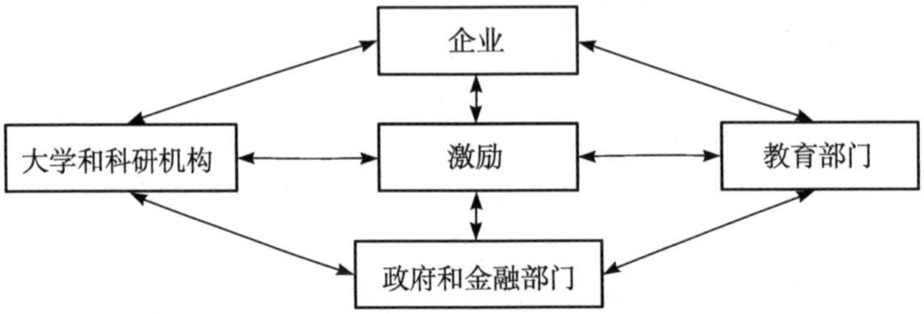

图 1-3 巴特尔和巴维特的国家创新系统模型

第三节 我国的技术创新理论

一、科技成果转化理论

（一）科技成果转化的概念

科技成果转化的概念有广义和狭义两种。广义的科技成果转化包括科技成果的应用、劳动者素质的提高、技能的加强、效率的提升等。狭义的科技成果转化仅指技术成果的转化，即将具有创新性的技术成果从科研单位转移到生产部门，用于生产新的产品或者改进生产工艺，产生经济和社会的效益，促进经济和社会的发展。

根据《中华人民共和国科技成果转化法》（1996 年），科技成果转化是指为提高生产力水平而对科学研究与技术开发所产生的具有实用价值的科技成果所进行的后续试验、开发、应用、推广直至形成新产品、新工艺、新材料及发展新产业等活动。马平（2000）认为，科技成果转化是指科技成果从研究机构的研究开发、中间试验、企业的批量生产直至进入商业销售的链式过程。刘凤朝等（2004）认为，科技成果转化就是科技成果作为商品通过供需双方的谈判达成交易，被消费后形成一种新的产品或是物化到其他产品中去。段保乾（2004）则认为，科技成果转化就是科技成果商品化，这也是科技成果产业化的第一步，这一过程是通过技术市场实现科技成果在不同主体间的转移，即科技成果交易。卢金鹏（2005）认为，科技成果转化可以理解为一整套技术范式的转移过程，即新的技术范式从实验室诞生走向企业逐渐取得企业认可的生产地位的过程，是最新的技术范式部分或全部地取代旧有技术范式的过程。总结以上的研究理论，我们认为科技成果转化就是包括科技成果研发阶段在内的，通过市场交易进入生产领域，完成科技成果商业化和市场化的过程。

（二）科技成果转化的主要途径

科技成果转化的途径可以分为直接和间接两种。科技成果的直接转化途径不借助中介，包括科技人员自带科技成果创办企业，高校、科研机构与企业开展合作研究，高校、研究机构与企业开展人才交流等。科技成果的间接转化途径要借助中介，包括通过专门机构实施科技成果转化，通过高校设立的科技成果转化机构实施转化，以及通过科技咨询公司开展科技成果转化等。

（三）科技成果转化和推广过程中各类主体的作用

1. 政府制定科技成果转化政策

我国科技体制特征突出表现为大量的科研机构独立于企业而存在，形成了科技与经济长期分离的局面，也因此产生了我国特有的科技成果转化问题。这种局面是过去长期的计划经济体制遗留下来的，政府有责任和义务通过适当的政策对科技成果转化予以引导、鼓励和促进。当然，最终还是要实行科研机构与企业的融合，如鼓励企业建立科研机构，引导科研机构向企业转型，支持企业与科研机构合并等。

2. 高等院校、科研院所提供科技成果

高等院校、科研院所等科研单位是科技成果的供给主体。在“科教兴国”战略的指导下，高校和科研机构的科技创新工作取得了极大的进展，国家在各高校和科研机构建立了一大批科技创新基地或平台，通过承担国家科技攻关计划、国家高技术研究发展计划（863 计划）、国家重点基础研究发展计划（973 计划）、国家自然科学基金及国防军工等一系列科研任务，高校和科研机构的总

体科技实力和技术创新能力大大增强，并产生了大批的具有商业价值的科技成果。

3. 企业接受科技成果

科技成果转化的受体是企业，也就是说，科技成果的转化最终是在企业实施的。企业接受科技成果以后，还需要结合生产特点和市场要求，对科技成果进行二次开发，使之成为真正的商业技术。长期以来，我国企业主要通过资金和劳动的投入来实现量的扩张，通过粗放式扩张来增加企业的效益，而尚未走上依赖科技进步的内涵式扩大再生产道路。在此背景下，通过在企业实施科技成果转化，可以培育企业的技术创新意识，带动企业的生产方式转型。

4. 中介机构运作技术市场

由于科技成果供需双方的信息不对称，有效率的科技成果交易往往难以实现，所以，有必要建立科技中介机构，由中介机构在技术市场上来协调科技成果供需双方。科技中介机构的具体形态有多种，有政府举办的科技成果交易平台和技术市场，有高校和科研机构设置的科技成果转化机构，还有私人性质的科技咨询机构等，此外，国家和地方还建立了大量的大学科技园、创业园、孵化器、生产力促进中心等多种科技成果转化基地与中介。

二、产学研合作理论

（一）产学研理论发展过程

产学研理论的发展经历了产学研联合、产学研合作和产学研结合三个过程。产学研发展的初期称为“产学研联合”，是以政府为主导开展的联合行为，如建立大型科技园区或工程示范中心等。随着产学研的深入发展，合作的形式和层次多样化，称“产学研合作”更确切些。在社会、经济、科技一体化的知识经济时代，合作的各方在风险共担、互利互惠、优势互补、共同发展的机制下开展了更为紧密的合作，即“产学研结合”。

（二）产学研合作的概念

产学研合作是我国特有的称呼，国外类似的说法有 industry-academy cooperation，industry-academy partnership 等。产学研中的“产”指企业，“学”指高等院校，“研”指科研机构。产学研合作主要是指产（企业）、学（高等院校）、研（科研机构）三方以市场为依托，本着取长补短的原则，通过整合三方优势资源，促进三方共同发展，最终实现合作共赢的技术创新机制。其中，企业是技术创新的主体，是该系统的核心部门，而高等院校、科研机构在科研、成果、育人、信息等方面有着明显优势。产学研合作是科研、教育、生产不同社会分工在功能与资源优势上的协同与集成化，是技术创新上、中、下游的对接与耦合，产学研合作符合社会生产发展和技术创新规律。

（三）产学研合作的特点

“产、学、研”不只是指某一具体的实体性部门或机构，同时也是指一种行为或活动，即“产”代表生产劳动或生产实践，“学”代表学习行为或教育行为，“研”代表科学研究活动，在这种意义上，产学研合作也被称为产学研结合。

产学研合作的目的是通过合作提高学校教育水平，推动科学研究，增强产业组织的竞争力，最根本的目的是发展社会生产力。社会生产力的发展，对“产、学、研”各方都有巨大的促进作用。围绕发展生产力，教育提供适用的人才，科研提供先进的技术，产业提供资金和物质，因此也可以认为，产学研合作也就是生产力三要素——人才、技术、资金的合作，即“人才 + 技术 + 资金 = 生产力”。

（四）产学研合作的层次

第一层次，国际上的产学研合作，即合作的产学研各方不属于同一个国家，具体主要是指跨国企业集团与世界一流大学和各国著名研究机构之间的交流与合作。第二层次，国家、部门、地区层次上的产学研合作，其中的“产”包括国家、部门、地区的整体产业结构和产业活动，“学”包括相应的国家、部门、地区的整个教育组织和教育活动。第三层，就是通常狭义上所理解的企业与高校和科研机构之间的合作，其中的“产”可以是一个企业集团，也可以是由若干企业联合组成的企业联盟，还可以是单一小型的产业组织，合作的目的主要是人才培养、科技成果转化和应用技术开发。

（五）产学研合作的形式

产学研合作是科技与经济结合的一种重要而又有效的形式，其具体的合作形式包括技术转让、合作研究、共建实体（研究所、中试基地、科工贸实体、科技园）、人才交流与培训、信息交流、设备仪器共用、技术服务与咨询等。

第二章
技术创新意识、行为、绩效概述

第一节 技术创新意识、行为与绩效的概念

人类凭借抽象思维能力，不仅创造了一个不同于实体世界的符号世界，而且还利用符号世界彻底改变了实体世界，形成了所谓的人类文明世界。从一定意义上讲，人类创立符号世界并改变实体世界的过程，在本质上就是技术创新的过程。技术创新作为人类特有的活动，绝对是人类有意识的活动，我们不妨称这种意识为技术创新意识。人类在技术创新意识的指导下从事技术创新行为，并由此产生了技术创新的成果，即技术创新绩效。

一、技术创新意识

（一）创新意识

创新意识也称创新精神，是指人们在解决问题与学习过程中的一种特定心理状态（如动机、情感、兴趣、态度等），这种心理状态推动创新主体运用变化、组合等创新手段进行探索，从而得出创新成果，获得创新知识与创新能力。创新意识是创新主体深刻领会了创新在人类实践活动中的价值之后产生的，是推动创新主体从事创造性活动的强大而持久的动力，是创新主体在创新活动中克服困难、应对失败、开拓进取、获得成功的精神支柱。

刘春学（2002）认为，创新意识是由创新意图、愿望和动机等对创新活动有重大影响的各种精神因素构成的一种稳定的精神状态，它包括三个层次：一是以人的心理状态存在的创新意识；二是以理论形态存在的创新意识；三是以扩展形态存在的创新意识。许小东（2002）从心理学角度对技术创新活动的成败进行了归因分析，指出创新意识、创新愿望、创新动机是影响创新主体创新行为的重要因素。

（二）技术创新意识

技术创新意识是指个人或团体基于过去的经验认知和现实的生存压力，逐渐形成的一种对技术创新的紧迫感和主动性，它是一种隐藏在意识深处的特殊的精神状态，反映了个人或团体追求利益成就的主观动机和实现组织价值的主观愿望。在这种主观动机和主观愿望的驱动下，个人或团体将会偏好于开展技术创新，并主动追求生产技术的持续更新，以此实现良好的技术经济绩效。

从个人或团体追求技术创新的主动性和被迫性的角度，可以把技术创新意识细分为主动创新意识和创新压力意识。主动创新意识是指个人或团体在没有外界压力的情况下，纯粹基于自身的文化传统和组织兴趣，对技术创新的一种自发的主观偏好。创新压力意识是指个人或团体基于市场环境和竞争压力的考虑，被迫接受技术创新的一种观念倾向。可以认为，创新压力意识是一种被动的技术创新意识。

主动创新意识和创新压力意识，两者既存在明显的区别，又相辅相成。也许，个人或团体最初的技术创新意识多是被迫的创新压力意识，随着创新文化的逐渐形成，个人或团体会逐渐转向自觉的主动创新意识。当然，也有可能出现相反的情形，即个人或团体最初的技术创新活动纯粹是基于爱好和兴趣的主动创新意识，在创新产生收益后，人类的逐利本性“迫使”更多的人加入技术创新活动，这种精神层面的“迫使”就属于创新压力意识。

二、技术创新行为

技术创新行为是指个人或团体在某种主观动机和主观愿望的驱动下，有意识地致力于实施技术创新活动的一种行动。它是一种可观察到的行为，反映了个人或团体对创新愿景的践行过程。通过实施技术创新行为，个人或团体得以实践自己的发展理念，并获得期望中的技术经济绩效。

按个人或团体实行技术创新方式的不同，可以把技术创新行为细分为技术引进行为和技术开发行为。技术引进行为是指个人或团体通过购买或模仿他人技术的方式，来提升自己技术水平的行为。通常，购买他人的技术是最直接、最合法的技术引进方式，但同时也是成本较高的技术引进方式；而模仿他人的技术是一种间接的、低成本的，但可能非法的技术引进方式。不过，购买和模仿往往是混杂在一起的，很难将两者绝对分开。

技术开发行为是指个人或团体依靠自己的技术力量，独立地实施技术创新，进而获得具有自主支配权的生产技术的行为。这种自主开发的生产技术，个人或团体可以申请专利保护，也可以将其作为非专利的技术秘密来持有。

个人或团体的技术引进行为和技术开发行为，实际上代表其在技术创新路径上两个不同的发展阶段。其中，技术引进行为代表个人或团体发展早期的、低等级的技术创新方式，而技术开发行为则代表个人或团体发展成熟期的、高等级的技术创新方式。在早期，限于自身的技术经济实力，个人或团体往往偏向于采用成本较低、风险较小、权益保障亦较低的技术引进方式。到了成熟期，个人或团体的技术经济实力增强了，经营管理经验也丰富了，就有能力采用成本较高、风险较大、权益保障亦较高的技术开发方式了。

三、技术创新绩效

技术创新绩效是指个人或团体以一定的资源投入为代价获得的技术产出效果。它是一种可观察到的客观结果，反映了个人或团体从事技术创新的成就。技术创新绩效，是衡量个人或团体经营发展的终极尺度，也是评价其运营效率的核心指标。下面，将从企业、高校教师和大学生等三类创新主体的角度，分别阐述技术创新绩效的具体含义。

第一，企业的技术创新绩效，可以细分为市场绩效和财务绩效。市场绩效是指企业通过有效的市场经营，达到占领市场、拓展市场和提升市场权利的效果。市场绩效通常由企业的市场营销部门和技术研发部门来实现，这种实现通常要付出较大的成本，并需要以短期利润损失为代价。财务绩效是指企业通过高效的产品经营，达到增加收入、降低成本和提升利润的效果。财务绩效通常是由产品生产部门和产品销售部门来实现的，财务部门也发挥着重要的作用。

第二，高校教师的技术创新绩效，可以细分为专利技术开发绩效、科技成果转化绩效和经营企业效果。专利技术开发绩效是指高校教师根据生产需求信息，开发出具有商业价值的生产技术，并申报授权专利。科技成果转化绩效是指高校教师通过技术贸易市场，将自己的科技成果转让给生产企业予以实施。经营企业效果是指高校教师通过直接经营企业而获得市场份额和财务收益。

第三，大学生的技术创新绩效，可以细分为技术研发成果和科技竞赛成果。技术研发成果是指大学生通过参加技术研发活动取得的专利技术成果和科研成果。科技竞赛成果是指大学生通过参加模拟竞赛活动取得的竞赛成果。

第二节　技术创新意识、行为、绩效之间的关系

一、技术创新意识、行为、绩效结构模型

人类起源于自然而又异于自然。人类之所以有别于自然，主要是因为人类是独一无二的、拥有强大精神力量的生物，这种精神力量就是意识。人类的意识是物质世界的产物，一旦产生便会指导或者转化为人类的行为，进而对物质世界产生巨大的反作用。可以说，人类的行为主要是受意识指导的有意识行为，技术创新亦不例外。

受兴趣、爱好或者环境压力的刺激，人们会萌生探索新知识，即创新的冲动，这种创新冲动如果是面向产业的，就属于技术创新意识。技术创新意识具有强大的主观能动性，它会引导人们实施技术创新行为，并创造出前所未有的生产技术和物质产品，从而不断地改造和重塑周围的客观世界。可以设想，人类拥有其他生物所没有的技术创新意识，这种独一无二的技术创新意识诱发了人类的技术创新行为，而人类的技术创新行为生成了新的技术和产品，即技术创新绩效，最终实现对客观世界的改造。技术创新意识、技术创新行为和技术创新绩效之间的这种关系，可以用图 2-1 所示的模型来刻画。

图 2-1　技术创新意识、行为、绩效结构模型

二、技术创新意识对技术创新行为的影响

技术创新意识是技术创新行为的魂魄。行为学理论认为，人的行为在本质上都是有意识的，也就是说，人的行为都可以从其主观思想上找到最终的根源。按照行为学的观点，技术创新作为一种人类行为，势必受创新主体的主观意识，即技术创新意识的强烈影响和制约。按照这一逻辑，如果一个地区技术创新意识较强，则其技术创新行为将会较为积极，进而将会推动该地区社会经济更好、更快的发展；相反，如果一个地区技术创新意识较弱，则其技术创新行为将会较为消极，进而会延缓该地区社会经济的发展。

经典作家早就研究过意识与行为之间的辩证关系。按照马克思主义哲学理论，物质决定意识，意识是客观存在的反映，意识的主观能动性是人类所特有

的能力（马克思和恩格斯，1995）。技术创新意识作为人类意识的一种，在人类的技术创新过程中起着发动机式的作用，它诱发了人们一次又一次的技术创新行为，推动人类对未知世界不断进行探索。

技术创新意识对技术创新行为的作用至少表现在四个方面。

第一，技术创新意识是人们实施技术创新的思想基础。人是有思想的动物，人的行为都有其思想基础。技术创新意识就是技术创新行为的思想基础，并为技术创新行为提供思想指导和精神支撑。

第二，技术创新意识是人们实施技术创新的首要条件。技术创新行为必须由具有技术创新意识的人来执行。如果人们缺乏技术创新意识，就会缺乏技术创新的胆识和魄力，就不敢打破旧的技术体系，这样，技术创新就很难出现。因此，技术创新意识是技术创新行为的必要条件，而且是首要条件。

第三，技术创新意识是人们实施技术创新的指南针。意识指导行为，技术创新意识指导技术创新行为。技术创新是做前所未有的事情，不仅需要有勇于创新的胆识，更需要有善于创新的智慧。技术创新意识不同于一般的人类意识，它指导着人们把观念上的存在变成现实的存在。

第四，技术创新意识是人们实施技术创新的推进器。技术创新意识中包含着一种不屈不挠的大无畏精神，它激励着人们敢于冒险、迎难而上，推动着人们克服创新路上的一个又一个难关，直到获得成功。

三、技术创新行为对技术创新绩效的影响

技术创新行为的结果就是产生新的生产技术，而生产技术的进步正是经济增长的主要驱动力。经济增长理论认为，影响经济增长的因素有劳动、资本、技术和自然资源等生产要素（萨缪尔森，1999；范柏乃，2004），其中，技术进步对经济增长的贡献最大，索洛（Solow，1957）测算的结果是技术进步对经济增长的贡献高达80%以上。如果用生产函数来表达这些因素之间的关系，其数学表达式为

$$Q=Af(K, L, R)$$

式中，Q 为经济产出；A 为技术水平；f 为生产要素的函数；K 为投入的资本；L 为投入的劳动力；R 为投入的自然资源。该函数式表明，由于新发明和技术创新的出现或者先进技术的引进，技术水平 A 得到提高，所以技术进步可以使相同劳动、资本投入水平下生产出更多的产品。

技术创新行为是实现经济绩效的主要驱动力。技术创新行为对技术创新绩效的作用主要表现在两个方面。第一，技术创新行为可以获得更好的生产技术。技术创新的直接结果就是开发出新的生产技术，包括申请法律保护的专利技术

和不对外公开的技术诀窍。创新者可以凭借新技术威慑竞争对手，获得更大的话语权。第二，技术创新行为可以获得更高的经济产出。创新者可以将新技术应用于商业生产，生产出质量更高、成本更低、产量更大的新产品，从而占领更大的市场份额，赢得更大的商业收益。

第三节 我国在技术创新意识、行为、绩效上存在的不足

一、在创新意识上主动性较差

我国历代封建王朝为维护皇权的“天授”和“神圣”，都对自由探索的思想予以打压，社会精英的智慧被禁锢到对远古经典的注疏上面，尽管偶有几件发明创造，但大都被当时的主流社会认为是不入道的末流小技，这种局面使得国人的主动创新意识在漫长的历史长河中丧失殆尽。

19 世纪中叶，两次鸦片战争的枪炮一举击碎了天朝故步自封的梦想，皇朝“当局”面对亡国的危局，被迫跟随日本进行了模仿学习“西夷”的洋务运动。然而，由于清末连年战乱和无休止的政治动荡，国人很难有一个相对安宁的环境来吸收、消化西方先进的生产技术。直到 20 世纪末，国家始终处于初级模仿的阶段。

进入 21 世纪，国家提出了加强自主创新、建设创新型国家的科学发展战略。但是，历史的惯性和创新基础的薄弱导致向自主创新的转型十分艰难。据国务院国有资产监督管理委员会 2006 年对 2605 家企业的调查，目前我国企业创新的动力主要是基于市场的生存压力，是被动的创新。国家统计局的调查数据显示，2008 年规模以上工业企业中有研究与开发活动的企业所占比重仅为 6.51％①，乐于创新的企业不多。

大学生是国家未来的创新主体，但是，我国长期以来秉承应试教育的传统，学生从小学到大学接受的都是以传授已有知识为主旨的“填鸭式”（即注入式）教育，学生在离开教师后甚至不知道如何学习，创新更无从谈起。这种教育体制压抑了学生探索未知世界的兴趣，消磨了学生挑战传统、推陈出新的创新意志。以大学生创业为例，我国大学生的创业比例不到毕业生总数的 1％，而发达国家一般占到 20％～30％（段立先，2007）。清华大学中国创业研究中心完成的

---

① 参见国家统计局《第二次全国经济普查》（2009 年）。

《全球创业观察中国报告》显示，我国创业教育水平低于全球平均水平①。

二、在创新行为上重技术引进、轻技术开发

改革开放以来，技术引进一直是我国企业追赶发达国家的主要手段。技术引进无疑可以大幅度缩小与发达国家的差距，并可获得某种程度的后发优势。但是，技术引进产生不了真正的自主创新，过分倚重技术引进，会陷入“引进→模仿→落后→再引进→再模仿→再落后”的怪圈，从而使得国家始终处于追赶者的尴尬境地。

据报道，我国每年要花费6000多亿元从国外进口重大制造设备。光纤制造装备的100%，集成电路芯片制造设备的85%，石油化工装备的80%，轿车工业设备、数控机床、胶印装备的70%，都要依靠进口②。我国的对外技术依存度高达50%以上，而发达国家的对外技术依存度均在30%以下，美国、日本更是低至5%左右③。这说明我国技术自给率低，较多依赖进口。

我国企业虽然大量引进国外技术，但对引进技术的消化吸收不足。据科学技术部调查，2009年我国规模以上工业企业技术引进和消化吸收经费之比是2.3∶1，而发达国家一般为1∶3，日本更是低至1∶7（白天亮和王政，2011）④。

在开放的环境下，国内企业很容易从国外企业得到相关的生产技术，而国外企业为了进入我国市场也乐意转让生产技术和专利，这一方面极大地增加了国外先进技术的可获得性，但另一方面也会削弱国内企业技术开发的动力。例如，中国重型汽车集团在20世纪80年代初期引进当时的奥地利斯太尔重型汽车生产技术，本来是当时最先进的技术，但引进后只重视组装而未考虑消化吸收，更谈不上创新，在组装了20年后由于产品已经不适应新的市场，不得不回过头来继续向国外乞求新的车型。当反复引进成为理所当然，企业就不会重视技术开发。

三、在创新效果上缺乏核心技术成果

长期依赖于技术引进，导致我国企业创新动力不足，无法形成高质量、高水平的核心技术成果。据2010年11月国家统计局、科学技术部、国家发展和改

---

① 参见清华大学中国创业研究中心《全球创业观察中国报告》。

② 参见《中国化工报》，《“世界第一”不等于“世界最强”》，2011年12月29日。

③ 参见国家统计局、科学技术部《中国科技统计年鉴》（2006～2007年）。

④ 参见科学技术部《2010全国科技进步统计监测报告》。

革委员会等部委联合发布的《第二次全国科学研究与试验发展资源清查公报》，2009年全国大中型工业企业中有发明专利授权的仅占4.7%，平均每3家大中型工业企业才拥有1件授权发明专利。

目前，国内大多数企业未能掌握本行业先进的核心技术，而是依赖引进发达国家的先进设备与核心部件来扩大产业规模和增强生产能力。汽车产业就是一个典型案例。我国汽车产业的发展模式是由国内各地区的汽车制造企业与跨国汽车巨头分别合作，建立一个又一个的中外合资汽车公司，借助合资生产线和从国外进口的核心零部件来“组装”洋品牌汽车。由于自主研发能力的欠缺，国内的汽车企业往往陷入空间上的重复引进和时间上的反复引进，国内汽车市场被洋品牌充斥。因此，尽管国家在1986年就把汽车产业列为“支柱”产业，但在20多年后的今天，这个支柱产业所支撑的很大部分仍然是国外的汽车品牌。

第四节　我国在技术创新上存在的深层次问题

一、创新文化的缺失制约了创新精神的培育

两千年以来，中国的传统文化一直是一种“中庸”的文化，这种文化主张“照旧”、“守常”、“平和”，不走极端，反对革新，反对冒险，反对技巧，反对颠覆传统，一言以蔽之，就是反对创新。

鸦片战争以来西方列强的入侵，一方面是军事和政治的入侵，它使得我国沦为半殖民地半封建社会；另一方面也是文化和思想的入侵，它使得国人对自己的传统文化丧失了信心。1840年之后的100多年以来，中国传统文化经历了无数次的批判和否定，但是这种否定所形成的“新文化”更多是一种对西方文化形式上的模仿，它一方面丢掉了中华民族传统文化的精髓之一——诚信，另一方面也没有吸收西方文化的精髓之一——冒险精神。诚信是技术创新的道德基础，冒险精神是技术创新的原动力。诚信和冒险精神的双重缺失，使技术创新在中国失去了文化上的依托。

技术创新的本质就是创造新的生产知识，既然是创造，就不能抄袭和作假，因此，技术创新必须建立在诚信的基础上。如果背离诚信原则，抄袭他人，弄虚作假，就会极大地伤害真正的创新者，从而对创新产生严重的抑制效应。诚信是中国儒家思想体系的重要组成部分，是中华民族的传统美德之一。但是由于新文化运动特别是“文化大革命”对传统文化的否定，传统文化中的诚信也

被一同丢掉了。回顾历史，在革命战争年代，由于敌人的包围封锁，根据地被迫采取仿制仿冒的方式生产军用物资。新中国成立后，“大跃进”运动大搞浮夸风，导致虚假文化全面滋生，诚信进一步丧失。之后，“文化大革命”倡导彻底否定传统文化，诚信的最后一块保留地也终于丧失了。改革开放后，拜物主义逐渐盛行，精神层面的文化被认为是多余的，为追求物质利益可以不择手段，包括丢弃诚信。诚信的丧失，导致无论是学术界还是产业界都流行抄袭、造假、仿冒，并且看不出一丝良心上的不安与自责。

技术创新是做前人没有做过的事，创新的过程充满了不确定性，创新不可能在平平淡淡中实现，需要承担巨大的风险，因此，技术创新必须建立在冒险精神的基础上。如果不敢冒险，就只能停滞不前，或者永远跟在别人后面。冒险精神来源于西方文化，不属于中华传统文化，中国人自古推崇“中庸”之道，主张中庸平和，崇尚因循守旧，反对冒险，反对革新。新文化运动引进了西方文化，但是，也许是深藏于国人内心深处的中庸情结的缘故，在引进西方文化的同时，西方的冒险精神并没有被国人接受。

二、创新制度的缺陷抑制了创新行为的发生

（一）未能建立技术创新的风险分担机制

技术创新是一项高风险的冒险活动，失败的可能性很大，失败后会产生高额的风险成本。早期的资本主义国家，一般通过国王保护和贵族赞助的方式，来支付技术创新的部分成本。现代资本主义国家，主要通过资本市场的创新，如风险投资机制，来分担技术创新的成本。

我国的风险投资刚刚起步，由于金融改革的滞后，风险投资往往被认为是在破坏金融秩序，这导致了风险投资在我国发展十分艰难，几起几落，目前仍然处于探索阶段。

风险投资要求完善的证券市场给予支撑。证券市场对创新成功项目的上市交易，一方面为风险投资设置了市场化的退出渠道，另一方面也成为风险投资获取收益和弥补失败损失的主要途径。但是我国的创业板市场刚刚开张，只有极少数精英项目才能进入，绝大部分创新项目得不到有效的风险分担。

发达国家为了鼓励技术创新，设立了信用担保公司和信用担保基金，风险投资公司、银行等金融机构的新产品投资项目可以获得信用担保，担保公司承担绝大部分风险。但是我国的信用担保尚处于试点阶段，这使得银行等传统金融机构没有积极性投资新产品项目。

（二）未能建立技术创新的收益保障机制

技术创新一旦成功，就具有获得高回报的可能。新技术获得回报的方式是将新技术应用于产业，可以生产出质优价廉的新产品，这种新产品一方面可以占领老产品的市场，另一方面还可以开拓新的市场，从而获得高额的市场回报。但是创新者获得这种回报的前提是必须对新技术拥有不可侵犯的产权。如果没有知识产权的保障，新技术的高回报就会引诱他人的盗用和模仿，从而使得创新者丧失应有的经济回报。在新技术可以被随意模仿的情形下，人们就会选择模仿而不是创新。

为了鼓励创新，保护创新者获得高回报的权利，资本主义国家建立了严格的知识产权保护制度，赋予创新者对新技术的垄断权力，未经创新者允许他人不得模仿，一旦模仿就会被处以巨额罚款。这种制度实现了对技术创新收益的有效保障，极大地促进了这些国家的技术创新进程。

在我国，很长一段时间内没有建立知识产权保护制度，养成了人们盗用、模仿他人技术的习惯。1990 年以来，我国陆续颁布了《著作权法》、《专利法》、《商标法》、《集成电路布图设计保护条例》、《计算机软件保护条例》等知识产权法律条文，但是，由于我国国民法律意识的淡薄和司法制度的不健全，保护知识产权十分困难，创新者的新技术被模仿以后很难通过司法途径获得补偿。这种制度缺陷极大地打击了人们从事技术创新的积极性，严重阻碍了我国由制造业大国向创新型大国的转变。

企业家创新篇

第三章
企业家技术创新意识的概念与测度

第一节 企业家技术创新意识的概念模型与测量指标设计

一、构成概念定义

（一）企业家技术创新意识

企业家技术创新意识可以细化为三个方面：技术竞争意识、机会捕捉意识、技术风险意识。

1. 技术竞争意识

企业家的技术竞争意识，是指企业家对实现技术创新的紧迫感和主动性，是企业家实现自我价值、追求成就的内在心理动机。在这种心理动机驱动下的企业家不是等事情被动地发生和发展，而是力图控制事物或环境，希望工作在自己控制下进行。他们乐于处于技术的前端，在掌握了一定的技术后，就会萌发利用掌握的知识积极改进和完善现有技术的念头。同时，他们进行的工作，既不保守，但也不冒险，他们在自己有能力影响事情结果的前提下工作，为自己设置一些既有一定困难，但经过努力又可以达到的目标。

企业家的技术竞争意识，是企业家综合素质的体现。McClelland（1965）对企业家素质进行了大量的研究，企业家的成功素质包括高的成就动机、能够勇于接受挑战、创新、强调个人贡献。成功的企业家具有一些共性的素质特征，其中包括积极的追求、坚强的毅力、自省、独立等。

具有良好的技术竞争意识是企业家实现自我价值、追求成功和实现目标的驱动力。一个拥有这种驱动力的个体希望能够实现目标，并且向成功前进。技术竞争意识强的人，抱负水平就较高；缺乏技术竞争意识的人，抱负水平就较低。技术竞争意识强的人，在工作上，“求创新”的心理超过“怕失败”的心理；而技术竞争意识弱的人，“怕失败”的心理超过“求创新”的心理。技术竞争意识是企业家的本能因素，它决定企业家的选择与方向。成功企业家在技术创新上都具有很强的技术竞争意识。

本书对企业家技术竞争意识的度量，主要采用三项指标：①即使没有来自其他企业的竞争压力，企业家也会主动实施技术创新项目；②新产品（工艺）的开发，事关企业的生死存亡；③公司目前对新产品开发有着强烈的需求。

2. 机会捕捉意识

企业家的机会捕捉意识，是指企业家对新技术的商业机会的追求和发现意识。机会是创新之源，企业家与普通员工的最大差别就体现在对机会的识别和捕捉能力上，它也是企业家综合素质的重要表现。随着经营环境不确定性程度的增加，市场机会与陷阱扑朔迷离，真真假假难以区分，企业家必须从纷繁复杂的市场中识别出创新与创业的机会。德鲁克认为，企业家可通过七种途径获取创新来源：一是从意外的情况中获取机会；二是从实际与设想之间的不一致中捕捉创新机会；三是从过程的需要中捕捉创新机会；四是从行业与市场结构的变化中捕捉创新机会；五是从人口状况的变化中捕捉创新机会；六是从观念和认识的变化中捕捉创新机会；七是从新知识中捕捉创新机会。Caird（1993）提出企业家素质中包括识别潜在机会的能力。企业家与普通经营者的不同之处在于企业家能够预见别人不能预见的投资领域或新的赢利机会，以及别人即使预见了也不敢投资的机会。

本书对企业家机会捕捉意识的度量，主要采用四项指标：①对行业技术发展动态的关注程度；②对市场变化信息的跟踪；③在本行业内，企业的产品开发始终处在超前地位；④对认定的新产品（工艺）开发项目实施的及时性。

3. 技术风险意识

企业家的技术风险意识，是指企业家在技术创新过程中对不确定环境的风险预期与风险承受意识。高回报率和高风险性是技术创新的主要特征。在市场竞争与全球竞争越演越烈的商业环境中，企业必须面临高度不确定的环境及许多风险，成功地避过风险的企业会获得更大的发展空间，而在创新决策中出现失误的企业将会迎来企业经营的困难时期。创新与风险业务往往孕育在高度的不确定性环境中，企业家必须能在巨大的不确定性环境中保持足够的信心，对不确定性环境具有足够的承受力。在知识经济时代，企业家在技术创新时必须有风险意识（Drucker，1985），特别是要有对失败的忍受意识。

同时，企业家要有良好的风险预期意识。创新意识是可以训练、可以学习和实地运作的（彼得·杜拉克，1998），加强学习会提高企业家的风险预期意识。过去，我们比较强调从实践中学习，甚至有意无意地用实践的、感性的学习来排斥思想观念的、理性的学习。实际上，加强系统的理论学习，接触更多的理论前沿的企业家才能在不确定环境中保持独立和远见，更好地认识产业的发展趋势，从而避免因对风险预期不足而导致的失败，相应地增加创新成功的可能性。

本书对企业家技术风险意识的度量，主要采用三项指标：①对新产品开发风险的承受度；②对开发新产品和依靠现有产品赢利的产品战略态度；③对理论学习的重视程度。

（二）企业技术创新行为

本书从狭义的角度来讨论企业技术创新。熊彼特（1990）、Chacke（1988）把技术创新分为产品创新和工艺创新两方面。本书以他们的观点为基础，结合全国第一次工业企业创新指标测试体系，针对本书研究对象——中小型制造业企业，将技术创新行为分为技术引进、技术开发和R&D（研发）投入三个方面，采用九个指标来衡量企业的技术创新行为：添购新设备、引进新产品、非专利技术、发明专利、实用新型专利、外观设计专利、推出的新产品、技术引进投入、技术开发投入。其中，前两项指标反映的是企业的技术引进情况，中间五项指标反映的是企业的技术开发情况，后两项指标反映的是企业的R&D投入情况。

（三）企业技术创新绩效

本书对企业技术创新绩效的度量分为财务绩效和市场绩效两方面。沿用Venkatraman和Ramanujam（1986）、Cooper（1986）、Cooper和Kleinschmidt（1990）、Cooper和de Brentiani（1991）、Rothwell等（1974）、Rothwell（1976）的测试体系，用六个指标来衡量企业家技术创新意识对企业业绩的影响：销售收入增长率、净利润增长率、销售利润率、投资回报率、市场占有率、顾客满意度。其中，前四项指标反映的是企业的财务绩效，后两项指标反映的是企业的市场绩效。

二、假设与模型

（一）研究假设

在文献研究与实地访谈的基础上，我们提出如下研究假设。

1. 企业家技术创新意识影响企业技术创新行为的假设

企业家技术创新意识是企业技术创新的灵魂，指导着企业的技术创新实践活动。企业家技术创新意识通过作用于企业技术创新行为，将精神形态的潜在生产力转化为物质形态的现实生产力。根据前文对企业家技术创新意识的分解，提出以下三条研究假设。

H1：企业家的技术竞争意识与企业技术创新行为显著正相关，企业家技术竞争意识的提升将显著促进企业的技术创新行为。

H2：企业家的机会捕捉意识与企业技术创新行为显著正相关，企业家机会捕捉意识的提升将显著促进企业的技术创新行为。

H3：企业家的技术风险意识与企业技术创新行为显著正相关，企业家技术风险意识的提升将显著促进企业的技术创新行为。

2. 企业技术创新行为影响企业技术创新绩效的假设

企业技术创新行为是一种逐利行为，以获得先进技术和商业效益为最终目的。因此，企业正常的技术创新行为必然会产生技术上的进步和经济上的效益。据此提出以下研究假设。

H4：企业技术创新行为与企业技术创新绩效显著正相关，企业技术创新行为的实施可以产生明显的技术经济效果。

3. 企业家技术创新意识存在地区差异的假设

调查发现，企业家技术创新意识较为活跃的地区，往往经济发展水平也较高。这或许是因为企业家的技术创新意识推动了当地的技术创新活动，进而推动了当地的经济发展。由此提出以下三条研究假设。

H5：不同地区企业家的技术竞争意识存在显著差异。

H6：不同地区企业家的机会捕捉意识存在显著差异。

H7：不同地区企业家的技术风险意识存在显著差异。

（二）概念模型

基于研究假设 H1～H4，构造企业家技术创新意识、行为、绩效概念模型，如图 3-1 所示。概念模型将企业家技术创新意识分为技术竞争意识、机会捕捉意识、技术风险意识三个分量，对企业技术创新行为产生直接作用，并通过企业技术创新行为对企业技术创新绩效产生间接作用。

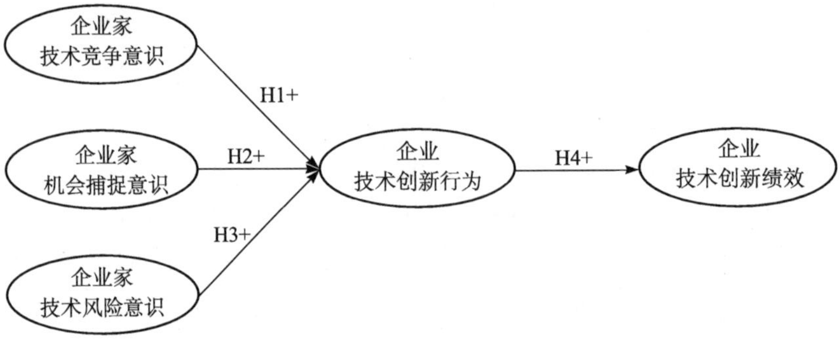

图 3-1　企业家技术创新意识、企业技术创新行为、企业技术创新绩效概念模型

三、方法与思路

技术路线如图 3-2 所示。

（1）基于因子模型的主观问卷调查：基于图 3-1 所示的概念模型，设计企业家技术创新意识、行为、绩效等构成概念的测量问卷，并在访谈和预测试的基础上对问卷进行修改和完善，面向代表性地区的企业进行大样本随机抽样问卷调查。

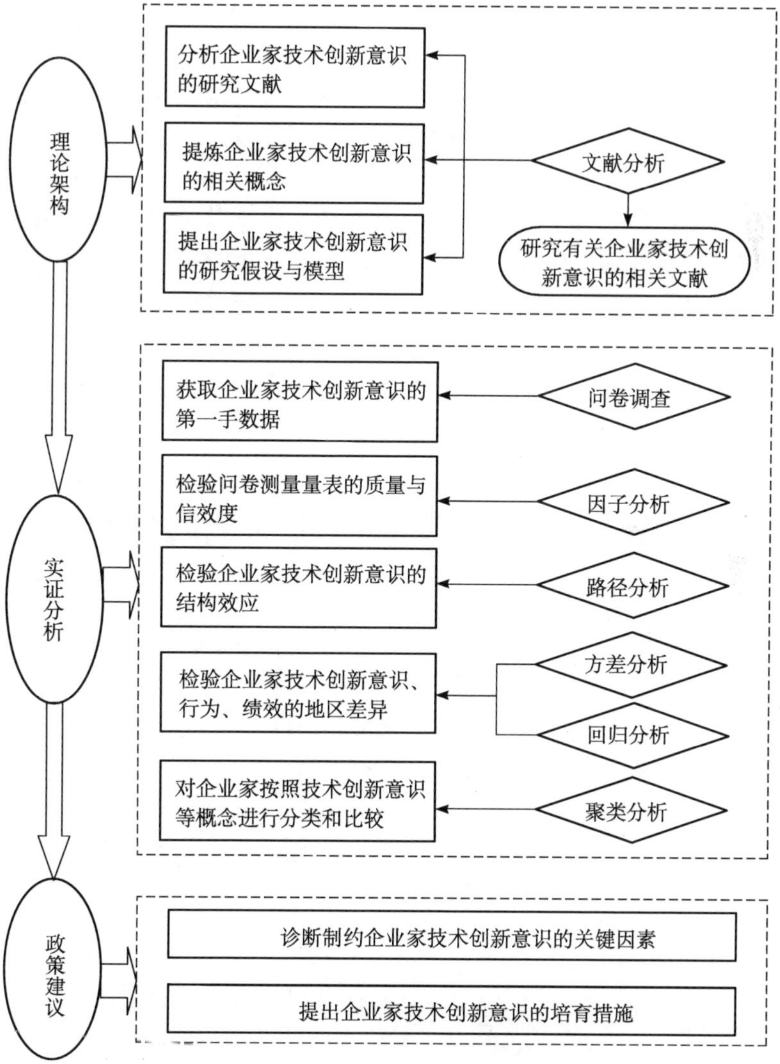

图 3-2 企业家技术创新意识研究的技术路线

（2）因子分析法：对回收的有效问卷数据，首先，采用鉴别度检验方法检查各个量表问题的变异程度，删除变异程度不显著的量表问题；其次，将余下的量表问题按照所对应的构成概念提取因子，进行因子结构效度检验，删除不能归入对应构成概念的量表问题；最后，将通过了结构效度检验的量表问题，分别归入对应的构成概念，进行因子信度检验，删除未能通过信度检验的量表问题。

(3) 结构方程模型方法：将通过了因子分析的量表问题作为企业家技术创新意识、行为、绩效的测度指标，对图 3-1 所示的概念模型进行结构方程模型模拟，检验研究假设 H1～H4 是否成立。

(4) 方差分析法：采用独立样本 t 检验方法，对企业家技术创新意识、行为、绩效等构成概念进行方差变异分析，考察这些构成概念是否存在地区差异。

(5) 多元回归分析法：分别以企业家技术创新意识、企业技术创新行为、企业技术创新绩效等构成概念作为因变量，以问卷样本中企业家所处地区、性别、年龄、职称、学历、毕业专业等分组变量作为自变量，建立多元回归模型，检验企业家技术创新意识、企业技术创新行为、企业技术创新绩效等构成概念是否存在地区差异，推断研究假设 H5～H7 是否成立。

(6) 聚类分析方法：运用 K-means 聚类方法，以企业家技术创新意识、企业技术创新行为、企业技术创新绩效等构成概念的因子得分作为指标，对企业家进行聚类，分析不同类型企业家在技术创新意识、企业技术创新行为、企业技术创新绩效方面的特征与差异。

第二节　企业家技术创新意识问卷调查

一、问卷设计

根据图 3-1 所示的概念模型，对一级概念进行二级概念展开，针对二级概念拟定测度指标，测度指标体系如表 3-1 所示。

表 3-1　企业家技术创新意识的测度指标体系

一级概念	二级概念	测度指标	文献依据
企业家技术创新意识	技术竞争意识	创新的主动性 企业的危机感 新产品的需求	McClelland (1965) Caird (1998) Schumpeter (1965)
	机会捕捉意识	关注技术动态 跟踪市场动态 及时实施项目 超前产品开发	
	技术风险意识	项目风险态度 产品战略 学习能力	

续表

一级概念	二级概念	测度指标	文献依据
企业技术创新行为	技术引进	添购新设备 引进新产品	Schumpeter (1934) Chacke (1988)
	技术开发	非专利技术 发明专利 实用新型专利 外观设计专利 推出的新产品	
	R&D 投入	技术引进投入 技术开发投入	
企业技术创新绩效	财务绩效	销售收入增长率 净利润增长率 销售利润率 投资回报率	Cooper (1986) Cooper 和 Kleinschmidt (1990) Cooper 和 de Brentiani (1991) Rothwell (1974; 1976) Venkatraman and Ramanujam (1986)
	市场绩效	市场占有率 顾客满意度	

根据表 3-1 的测度指标体系，设计企业家技术创新意识调查问卷。为保障概念测度的科学性、可靠性和有效性，在问卷设计中，遵循了以下的程序和方法。

第一，阅读研究相关文献。虽然直接研究技术创新意识的文献不多，但研究技术创新问题的文献不少，其中一些实证类的文献就采用了问卷数据的方法，一些理论类的文献对技术创新相关概念进行了深入剖析，本书借鉴这些文献的论述与方法，使设计的问卷尽可能有相关研究文献的支撑。

第二，与部分企业高层管理者进行访谈。在设计问卷之前，就问卷的结构、内容和形式，访谈了部分企业的高层管理人员，为问卷的设计获得了第一手资料。

第三，学术小组内部研讨。在文献阅读和企业访谈的基础上，设计出问卷初稿，在课题小组内部进行研讨，对问卷的结构、内容和形式进行反复的磋商和修改，形成可供小样本测试的问卷修改稿。

第四，小样本测试。在问卷最终定稿之前，将问卷修改稿发放到部分企业进行小样本调查测试，根据测试的结果对问卷中的测度指标及其表达方式进行修改，最终形成企业家技术创新意识调查问卷的定稿（参见附录 A)。

二、问卷介绍

企业家技术创新意识调查问卷由五个部分构成：①企业家技术创新意识指标体系；②企业技术创新行为指标体系；③企业技术创新绩效指标的重要性判断；④企业技术创新绩效指标体系；⑤被调查企业家及其企业的基本情况。其中，前四个部分为问卷的主体部分，第五部分为问卷的附属部分。问卷的主体部分，一律采用李克特（Liket Scale）量表进行测度。其中，主观题项采用针对某种事物的态度或看法的表达方式，要求被调查者根据自己的主观判断对每一题项进行主观评价（李怀祖，2004）。客观题项则要求被调查者根据企业的实际情况据实回答。

第一部分是企业家技术创新意识指标体系。该部分共有10个指标，分别测度企业家的技术竞争意识（3个指标）、机会捕捉意识（4个指标）和技术风险意识（3个指标）。每个题项以李克特五级量表来衡量，1代表完全不同意，5代表完全同意。其中3、4、6、8、9、10题为反向题，反向计分。

第二部分是企业技术创新行为指标体系。对技术创新行为的衡量，研究者一般采用客观指标（Damanpour and Evan，1984；Damanpour et al.，1989；Han et al.，1998），针对被调查企业的实际创新行为，计算一定时期内企业实际的创新量。我们秉承了这一做法，共设计了9个量表指标，分别测度企业的技术引进（2个指标）、技术开发（5个指标）和R&D投入（2个指标），每个题项均以实际的创新量来衡量。

第三部分是企业技术创新绩效指标的重要性判断。请被调查者分别对问卷中的企业技术创新绩效指标重要性赋权，最低权重为1，最高权重为5。

第四部分是企业技术创新绩效指标体系。首先将企业技术创新绩效划分为财务绩效和市场绩效2个二级概念，分别予以测量。其中，财务绩效使用测量题项4个，市场使用测量题项2个。

第五部分是被调查企业家及其企业的基本情况。这一部分包括企业性质、行业类别、成立年限、员工人数，以及被调查者的性别、年龄、职位、文化程度等基本信息。该部分题项基本属于哑元变量，采用填空和选择方式回答。

三、抽样调查

（一）有效性控制

问卷调查是获取实证数据的重要手段，数据的质量直接影响研究的结果。为保证回收数据的质量和研究结果的可靠性，在问卷调查中采取了如下措施。

1. 分地区、分行业合理布样

为反映不同地区的信息，分别在东部、中部、西部地区开展抽样调查，其中，东部以浙江、江苏为代表，中部以安徽为代表，西部以重庆为代表。为反映不同行业的信息，分别在食品加工、纺织、化工、金属制品、机电设备等众多行业开展问卷调查。为控制企业规模的影响，主要针对中小型工业企业开展问卷调查。与大型企业相比，中小企业的数量众多，在组织、经营、生产、流通上的差异性大，在市场竞争中面临的压力大，为了生存和发展更加有动力尝试采用新的技术，更加期望通过技术创新获取竞争优势。

对被调查人员的选择，主要是针对企业的董事长、总经理等对公司拥有经营决策权的高层管理人员。这些人在身份上较为符合企业家特征，并且他们对自己的企业十分了解，回答问卷更为准确。

2. 多种形式的问卷发放与回收方式

一是采用与答卷人面谈的方式，在相互充分了解的基础上针对问卷的问题进行打分；二是通过邮寄的方式将问卷递送至答卷人，填好后再邮寄回收；三是通过电子邮件的方式将问卷传递至答卷人，填好后再通过电子邮件回收。

当面打分的方式有助于直接沟通和相互解释，问卷的质量较高，但实施成本较大，且不适于大范围的跨地区调查。邮寄或电子邮件的方式有利于大范围的跨地区调查，但不能与答卷人当面交流，问卷质量偏低。

为了提高调查质量和问卷数据的可靠性，主要采取了以下措施：一是通过朋友的推荐和联系来选择企业和答卷人；二是加强与答卷人的信息沟通，如打电话、发邮件、网上在线联系等，“督促”答卷人配合，并尽可能缩短回收周期；三是对答卷人给予一定的调查费用补贴。

（二）抽样过程

问卷调查采用随机抽样调查方法，抽样对象为中小型工业企业，抽样地区为江苏、浙江（代表东部地区），安徽（代表中部地区）和重庆（代表西部地区），抽样时间为 2007 年 8～12 月。总共发放调查问卷 360 份，回收问卷 181 份，回收率为 50.3％。在回收的 181 份问卷中，剔除 35 份回答不全面的问卷，最终的有效样本容量为 146 份，有效率为 80.7％。

四、样本描述统计

共发放问卷 360 份，回收到问卷 181 份，其中有效问卷 146 份，有效问卷率为 80.7％。下面对这 146 份有效问卷进行描述统计分析。

（一）行业分布

在 146 家被调查企业中，从行业分布上看，分别属于轻纺类、机电类、化工类、金属制品类等四大制造业。其中，轻纺类企业占 49％，机电类企业占 26％，化工类企业占 14％，金属制品类企业占 11％（图 3-3）。从产权性质来看，包括私营（77％）、中外合资（11％）、国有控股（5％）、外商独资（2％）、其他（5%）（图 3-4）。

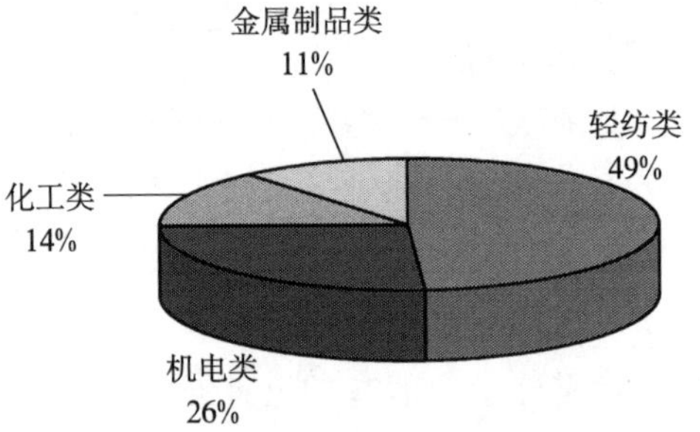

图 3-3　被调查企业的行业分布

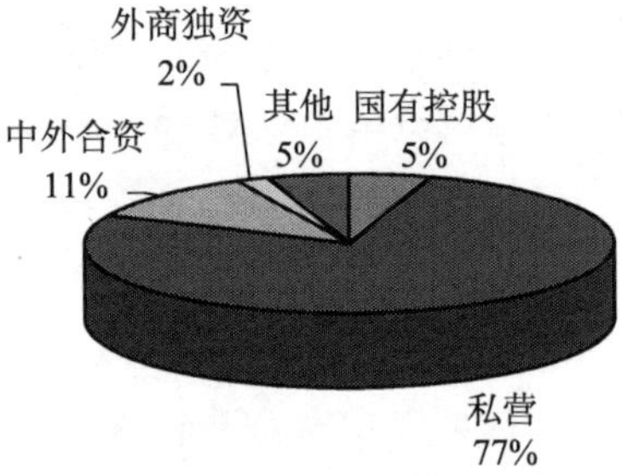

图 3-4　被调查企业的产权性质

（二）企业规模

参照国家统计局的标准，年营业额在 3000 万元至 3 亿元的为中型企业，3000 万元以下的为小型企业。按此标准，在 146 家被调查企业中，中型企业为 71 家，小型企业为 75 家（图 3-5）。被调查企业的员工人数有 19 人以下的，也有 500 人以上的，其中，员工人数 100～299 人的企业最多（占 30%），其次为 50～99 人的企业（占 22%），具体分布情况如图 3-6 所示。

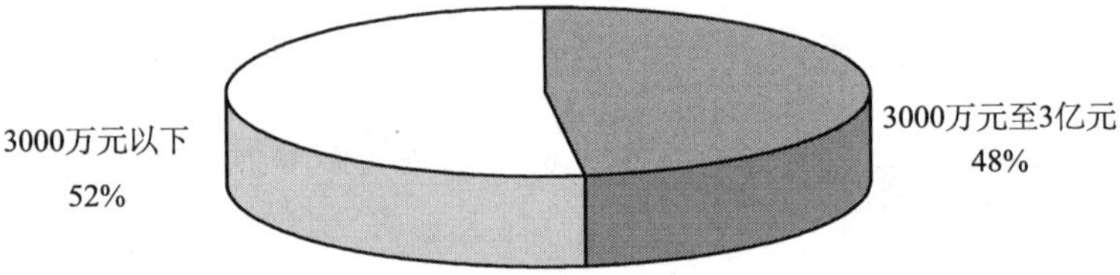

图 3-5　被调查企业的年营业额

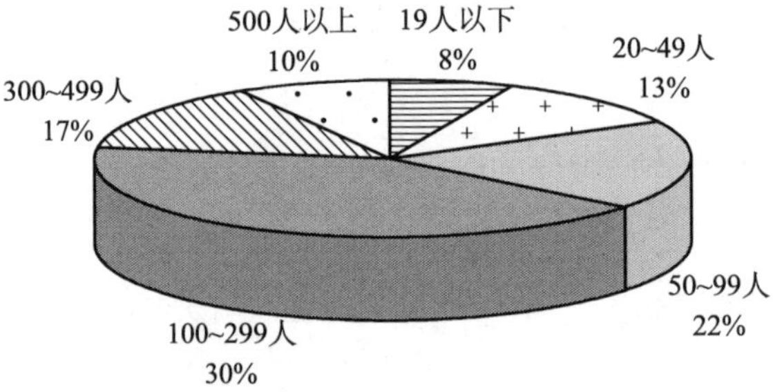

图 3-6　被调查企业的员工人数

（三）被调查者的个人特征

问卷调查对象主要是企业高层管理人员。在受访对象中，男性居多（占

86.3%)，年龄主要集中在35～44岁（占53.42%），文化程度中等居多（占41.09%）。详细情况如表3-2所示。

表3-2 问卷被调查者的基本情况

被调查者的个人特征		人数/人	比重/%
性别	男	126	86.3
	女	20	13.7
年龄	24岁以下	3	2.05
	25～34岁	39	26.71
	35～44岁	78	53.42
	45～54岁	20	13.70
	55～64岁	6	4.12
文化程度	初中	16	10.96
	高中或中专	60	41.09
	大专	42	28.77
	本科	28	19.18

第四章
企业家技术创新意识的结构效应分析

第一节　企业家技术创新意识问卷数据的信效度检验

一、鉴别度检验

为检验企业家技术创新意识问卷中25个量表问题的鉴别度：首先，计算每份有效问卷中全部25个量表问题的得分总和，将问卷中得分总和最高的27%划归到高分组，得分总和最低的27%划归到低分组；然后，就25个量表问题在高分组和低分组之间是否具有显著的差异，作独立样本均值比较的t检验，将t检验结果未达显著性的题项删除，保留达到显著性的题项。t检验结果列于表4-1。

表4-1　企业家技术创新意识问卷量表问题鉴别度t检验

问题	高、低分组均值差	方差齐性检验	问题	高、低分组均值差	方差齐性检验	问题	高、低分组均值差	方差齐性检验
Q1	0.106***	方差齐性	Q10	0.111***	方差不齐	Q19	0.109***	方差不齐
Q2	0.086***	方差不齐	Q11	0.113***	方差齐性	Q20	0.127***	方差不齐
Q3	0.050***	方差齐性	Q12	0.082***	方差不齐	Q21	0.081***	方差不齐
Q4	0.093***	方差齐性	Q13	0.085	方差齐性	Q22	0.083***	方差齐性
Q5	0.110***	方差齐性	Q14	0.095	方差不齐	Q23	0.118***	方差齐性
Q6	0.082***	方差不齐	Q15	0.079	方差不齐	Q24	0.113***	方差不齐
Q7	0.108***	方差不齐	Q16	0.039***	方差不齐	Q25	1.163***	方差不齐
Q8	0.093***	方差齐性	Q17	0.098	方差齐性			
Q9	0.121***	方差齐性	Q18	0.099***	方差不齐			

*** 表示统计显著性水平为1%。

从表4-1独立样本t检验结果可以看出，Q1、Q3、Q4、Q5、Q8、Q9、Q11、Q13、Q17、Q22、Q23等11个题项的高分组与低分组属于方差齐性，根据假定方差相等之t值，Q13、Q17的t检验不显著，表明这两个问题没有通过鉴别度检验，剩余 9 个题项均具有鉴别度。Q2、Q6、Q7、Q10、Q12、Q14、Q15、Q16、Q18、Q19、Q20、Q21、Q24、Q25 等 14 个题项的高分组与低分组属于方差不齐，根据假定方差不相等之 t 值，Q14、Q15 的 t 检验不显著，表明这两个问题没有通过鉴别度检验，剩余 12 个题项均具有鉴别度。据此，在全部 25 个题项中，有 4 个题项（即测度企业技术创新行为概念的 Q13、Q14、Q15、Q17）未能通过鉴别度检验，予以删除，剩下的 21 个题项将继续进行下面的结构效度检验和信度检验。

二、效度检验

效度，即有效性，是指测量工具或手段能够准确测出所需测量的事物的程度。效度检验是实证研究过程中的一个重要环节，只有满足效度要求的实证分析，其结果才具有说服力。

本节将采用 SPSS 结合 Amos 进行验证型因子分析，以评价测度模型的有效性，进而对问卷的结构效度进行验证。检验标准参照通常的经验判断准则，当因子的 KMO 值≥0.7，各题项的载荷均大于 0.50 时，则可以认同由这些题项构成一个因子是有效的（马庆国，2002）。

（一）企业家技术创新意识因子的效度检验

在问卷中，企业家技术创新意识概念之下共有 3 个二级因子、10 个测度变量。首先对企业家技术创新意识之下的 10 个测度变量作整体检验，检验结果如表 4-2 所示，其 KMO ＝ 0.712≥0.7，巴特利特球形检验极度显著，说明 10 个测度变量整体上具有相关性，可以归于同一个一级因子之下。

表 4-2 企业家技术创新意识的 KMO 值及其巴特利特球形检验

KMO 样本测度		0.712
巴特利特球形检验	Approx. Chi-Square	178.825
	自由度（df）	45
	显著性（Sig.）	0.000

然后，取特征值大于 1 的主成分作为二级因子，结果得到 2 个二级因子，共解释了总体方差的 60%以上。各测度变量所对应的因子载荷列于表 4-3。

根据表 3-1 所示的企业家技术创新意识的测度指标体系，测度变量题项 Q1～Q3 表示企业家的技术竞争意识，题项 Q4～Q7 表示企业家的机会捕捉意识，题项 Q8～Q10 表示企业家的技术风险意识。但表 4-3 只提取出了两个因子，其中的因子 $F1$ 中，企业家的机会捕捉意识和技术风险意识明显被归为同一类，这表明企业家的机会捕捉意识与技术风险意识很难明确划分，而且对机会的把握与对风险的承受可能是相辅相成的。为此，可以将测度变量Q4、Q5、Q6、Q8、Q9、Q10归为同一个二级因子，并将因子定义为“企业家技术冒险意识”，表示企业家对潜在机会的敏感程度，可以在不断变化着的环境中寻找和发现机会，并在这一过程中对可能的风险有积极的承受和预期。另外，题项Q7“超前产品开发”未能归入因子$F1$，而是归入了因子$F2$。这表明“超前产品开发”更适合反映企业家的技术竞争意识，据此，可以把Q1～Q3与Q7归为同一个二级因子，并仍然将之定义为“企业家技术竞争意识”。

表 4-3　企业家技术创新意识的二级因子提取

测度变量	指标含义	因子及载荷	
		$F1$	$F2$
Q9	产品战略	0.719	5.15E-02
Q8	项目风险态度	0.689	0.208
Q6	及时实施项目	0.607	−9.14E-02
Q5	跟踪市场动态	0.569	−1.36E-02
Q4	关注技术动态	0.476	0.164
Q10	学习能力	0.472	0.157
Q3	新产品的需求	−4.49E-02	0.768
Q2	企业的危机感	−7.21E-02	0.664
Q1	创新的主动性	0.321	0.663
Q7	超前产品开发	0.396	0.518

（二）企业技术创新行为因子的效度检验

经过鉴别度检验的筛选之后，企业技术创新行为概念之下还剩下Q11、Q12、Q16、Q18、Q19等5个测度变量。对这5个测度变量作整体检验，检验结果如表4-4所示，其KMO＝0.828≥0.7，巴特利特球形检验极度显著，说明这5个测度变量整体上具有相关性，可以归于同一个一级因子之下。

表 4-4　企业技术创新行为的KMO值及其巴特利特球形检验

KMO样本测度		0.828
巴特利特球形检验	Approx. Chi-Square	255.700
	自由度	10
	显著性	0.000

取特征值大于1的主成分作为因子，结果得到1个因子，并解释了总体方差的65％。各测度变量所对应的因子载荷列于表4-5。

表 4-5 企业技术创新行为的因子提取

测度变量	指标含义	因子载荷 $F1$
Q12	引进新产品	0.845
Q18	技术引进投入	0.830
Q19	技术开发投入	0.819
Q16	外观设计专利	0.781
Q11	添购新设备	0.749

（三）企业技术创新绩效因子的效度检验

企业技术创新绩效概念之下共有 Q20、Q21、Q22、Q23、Q24、Q25 等 6 个测度变量。对这 6 个测度变量作整体检验，检验结果如表 4-6 所示，其 KMO＝0.881≥0.7，巴特利特球形检验极度显著，说明这 6 个测度变量整体上具有相关性，可以归于同一个一级因子之下。

表 4-6 企业技术创新绩效的 KMO 值及其巴特利特球形检验

KMO 样本测度		0.881
巴特利特球形检验	Approx. Chi-Square	424.059
	自由度	15
	显著性	0.000

取特征值大于 1 的主成分作为因子，结果得到 1 个因子，并解释了总体方差的 66.453%。各测度变量所对应的因子载荷列于表 4-7。

表 4-7 企业技术创新绩效的因子提取

测度变量	指标含义	因子及载荷 $F1$
Q22	销售利润率	0.898
Q21	净利润增长率	0.882
Q23	投资回报率	0.857
Q24	市场占有率	0.843
Q20	销售收入增长率	0.784
Q25	顾客满意度	0.586

三、信度检验

信度是指测量指标的内部一致性程度（internal consistency），信度检验就是检验测量指标的内部一致性，即检验每一个因子中各个题项是否测量相同或相似的特征。信度检验一般采用 Cronbach α 值进行判断，通常采用 Cronbach α 值大于 0.70 为标准，但在 0.6 以上亦可接受（李怀祖，2004）。据此，对前面效度检验所得到的四个因子进行 Cronbach α 值计算，结果列于表 4-8。

表 4-8 企业家技术创新意识问卷中潜变量的信度值

因子类别	因子名称	Cronbach α 值	测度变量数
外生潜变量	企业家技术竞争意识	0.621 6	4
	企业家技术冒险意识	0.640 8	6
内生潜变量	企业技术创新行为	0.863 9	5
	企业技术创新绩效	0.855 4	6
问卷总体信度		0.818 4	21

从表 4-8 可以看出，内生潜变量企业技术创新行为和企业技术创新绩效的 Cronbach α 值均满足大于 0.70 的要求，外生潜变量企业家技术竞争意识和企业家技术冒险意识的 Cronbach α 值也超过了 0.60，皆是可以接受的。

四、研究假设调整

通过效度检验，我们发现问卷所收敛到的构面并不完全与第三章的初始模型相同。为此，对企业家技术创新意识、企业技术创新行为、企业技术创新绩效概念模型进行调整，结果如图 4-1 所示。

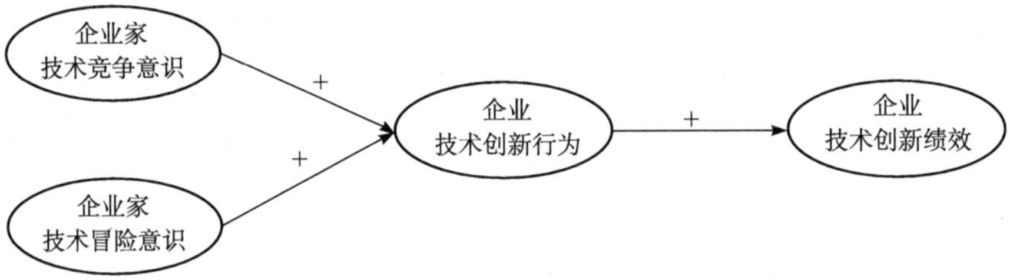

图 4-1 调整后的企业家技术创新意识、企业技术创新行为、企业技术创新绩效概念模型

根据调整后的概念模型，我们对第三章提出的研究假设进行修改，保留原研究假设 H1、H4、H5，将原研究假设 H2、H3 合并为新的研究假设 H2′，将原研究假设 H6、H7 合并为新的研究假设 H6′，整理后列于表 4-9。

表 4-9 调整后的企业家技术创新意识研究假设

H1	企业家的技术竞争意识与企业技术创新行为显著正相关，企业家技术竞争意识的提升将显著促进企业的技术创新行为
H2′	企业家的技术冒险意识与企业技术创新行为显著正相关，企业家技术冒险意识的提升将显著促进企业的技术创新行为
H4	企业技术创新行为与企业技术创新绩效显著正相关，企业技术创新行为的实施可以产生明显的技术经济效果
H5	不同地区企业家的技术竞争意识存在显著差异
H6′	不同地区企业家的技术冒险意识存在显著差异

第二节 企业家技术创新意识的结构关系分析

一、模型拟合

对结构方程模型的拟合主要包括三个方面：一是对模型进行整体上的拟合度评价；二是对模型所包含的因果路径分别进行估计和检验；三是从数量上测算潜变量之间的实际效应（侯杰泰等，2004）。下面将针对图 4-1 调整后的企业家技术创新意识、企业技术创新行为、企业技术创新绩效概念模型，将问卷数据代入 Amos 软件进行模型拟合，验证企业家技术创新意识、企业技术创新行为、企业技术创新绩效之间的相互作用。

（一）模型的总体拟合

将企业家技术创新意识问卷数据及概念模型输入 Amos 软件，计算模型的总体拟合指标，计算结果列于表 4-10。

表 4-10 企业家技术创新意识模型的总体拟合度

拟合指标	指标值	参考标准
卡方	333.889	—
自由度	186	—
卡方/自由度	1.795	<3
拟合优度指数（GFI）	0.804	>0.80
比较拟合指数（CFI）	0.840	>0.80
非正态拟合指数（NNFI）	0.820	>0.80
近似误差均方根（RMSEA）	0.084	<0.1

从表 4-10 可见，模型的“卡方/自由度”比值小于 3；拟合优度指数、比较拟合指数、非正态拟合指数均大于 0.80；近似误差均方根小于 0.1。据此可以认为，图 4-1 调整后的企业家技术创新意识模型总体拟合度检验通过，即模型在总体上是可以接受的。

（二）模型的路径系数估计

继续运行 Amos 软件，对模型所包含的因果路径分别进行估计和检验。

1. 潜变量之间的路径系数估计

潜变量之间的路径系数，是直接反映研究假设效力的。图 4-1 模型中潜变量之间的路径系数估计结果列于表 4-11。

表 4-11 企业家技术创新意识模型的潜变量路径系数

路径关系	标准化路径系数	标准差	t统计量	P值
企业家技术竞争意识→企业技术创新行为	0.384	0.257	2.690	0.007
企业家技术冒险意识→企业技术创新行为	0.294	0.330	2.104	0.035
企业技术创新行为→企业技术创新绩效	0.255	0.298	2.350	0.019

注：路径关系中的箭头表示因果关系，箭头左边为原因变量，右边为结果变量。

从表 4-11 的估计结果可以看出，四个潜变量之间的三条路径，其路径系数的 t 统计量都在 5%的统计水平上显著，且三条路径的标准化系数估计值皆大于 0.2，表明四个潜变量之间的因果关系成立且实际效应较大。

2. 测度变量的路径系数估计

测度变量的路径系数，是支撑研究假设的基础。测度变量路径系数的估计结果列于表 4-12。

表 4-12 企业家技术创新意识模型的测度变量路径系数

路径关系	标准化路径系数	标准差	t统计量	P值
企业家技术竞争意识→创新的主动性	0.621			
企业家技术竞争意识→企业的危机感	0.495	0.206	3.462	0.000
企业家技术竞争意识→新产品的需求	0.530	0.228	3.586	0.000
企业家技术竞争意识→超前产品开发	0.527	0.193	3.578	0.000
企业家技术冒险意识→关注技术动态	0.399			
企业家技术冒险意识→跟踪市场动态	0.355	0.293	2.503	0.012
企业家技术冒险意识→及时实施项目	0.490	0.334	2.972	0.003
企业家技术冒险意识→项目风险态度	0.563	0.361	3.137	0.002
企业家技术冒险意识→产品战略	0.715	0.438	3.282	0.001
企业家技术冒险意识→学习能力	0.341	0.301	2.441	0.015
企业技术创新行为→添购新设备	0.654			
企业技术创新行为→引进新产品	0.769	0.169	6.795	0.000
企业技术创新行为→外观设计专利	0.718	0.172	6.447	0.000
企业技术创新行为→技术引进投入	0.791	0.176	6.932	0.000
企业技术创新行为→技术开发投入	0.771	0.177	6.811	0.000
企业技术创新绩效→销售收入增长率	0.711			
企业技术创新绩效→净利润增长率	0.855	0.157	8.754	0.000
企业技术创新绩效→销售利润率	0.899	0.141	9.166	0.000
企业技术创新绩效→投资回报率	0.839	0.171	8.595	0.000
企业技术创新绩效→市场占有率	0.810	0.163	8.303	0.000
企业技术创新绩效→顾客满意度	0.479	0.139	4.923	0.000

注：路径关系中的箭头表示因果关系，箭头左边为原因变量，右边为结果变量。

由表 4-12 可见，各潜变量对其测度变量的路径系数都在 1%的统计水平上显著，且路径系数的标准化估计值皆大于 0.3，表明各潜变量对其测度变量的因果关系成立且实际效应较大。

综合上面的拟合检验与路径分析结果，可以认为表 4-9 所列的研究假设 H1、

H2′、H4 成立，即有以下结论。

（1）企业家的技术竞争意识与企业技术创新行为显著正相关，企业家技术竞争意识的提升将显著促进企业的技术创新行为（H1）。

（2）企业家的技术冒险意识与企业技术创新行为显著正相关，企业家技术冒险意识的提升将显著促进企业的技术创新行为（H2′）。

（3）企业技术创新行为与企业技术创新绩效显著正相关，企业技术创新行为的实施可以产生明显的技术经济效果（H4）。

将上面的拟合结果代入图 4-1，得到图 4-2 所示的企业家技术创新意识模型的拟合结果示意图。

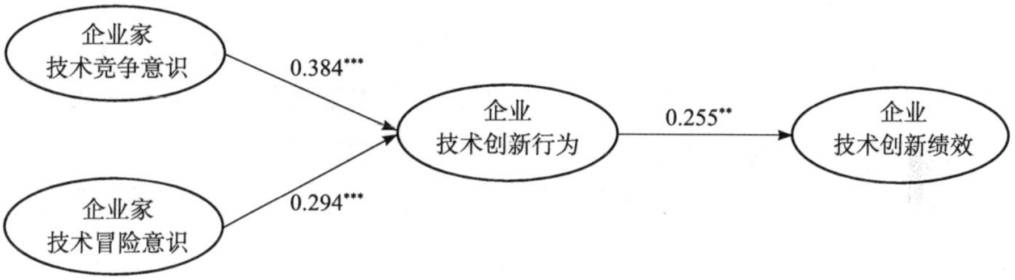

图 4-2　企业家技术创新意识模型的拟合结果

***、** 分别表示统计显著性水平为 1%、5%。

（三）模型的总效应计算

根据图 4-2 中的标准化路径系数，计算潜变量之间的因果影响总效应，结果列于表 4-13。

表 4-13　企业家技术创新意识模型的路径总效应

原因变量	效应分解	结果变量	
		企业技术创新行为	企业技术创新绩效
企业家技术竞争意识	直接效应	0.384	无
	间接效应	无	0.098
	总效应	0.384	0.098
企业家技术冒险意识	直接效应	0.294	无
	间接效应	无	0.075
	总效应	0.294	0.075
企业技术创新行为	直接效应	无	0.255
	间接效应	无	无
	总效应	无	0.255

在表 4-13 中，企业家技术竞争意识、技术冒险意识对企业技术创新行为的总效应分别为 0.384 和 0.294，比较而言，企业家技术竞争意识对技术创新行为的实际影响要更大一些。

另外，企业家技术竞争意识通过企业技术创新行为而间接影响企业技术创新绩效，间接效应值为0.384×0.255＝0.098。类似地，企业家技术冒险意识亦通过企业技术创新行为间接影响企业技术创新绩效，间接效应值为0.294×0.255＝0.075。比较而言，企业家技术竞争意识对企业技术创新绩效的实际影响也要更大一些。

二、企业家技术创新意识的结构效应

1. 企业家技术竞争意识对企业技术创新行为有着显著的正向影响

企业家技术竞争意识对企业技术创新行为的路径系数为0.384，且显著水平*P*达到1%。这表明企业家技术竞争意识对企业技术创新行为有着显著的正向影响，即企业家的技术竞争意识越强烈，企业的技术创新行为就会越明显。因此，培育和提升企业家的技术竞争意识，将会极大地促进企业的技术创新进程。

2. 企业家技术冒险意识对企业技术创新行为有着显著的正向影响

企业家技术冒险意识对企业技术创新行为的路径系数为0.294，且显著性水平达到5%。这表明企业家技术冒险意识对企业技术创新行为有着显著的正向影响，即企业家的技术冒险意识越强烈，企业的技术创新行为就会越明显。因此，培育和提升企业家的技术冒险意识，将会极大地促进企业的技术创新进程。

3. 企业技术创新行为对企业技术创新绩效有着显著的正向影响

企业技术创新行为对企业技术创新绩效的路径系数为0.255，且显著性水平达到5%。这表明企业技术创新行为对企业技术创新绩效有着显著的正向影响，即企业技术创新行为越频繁，企业技术创新绩效就会越高。因此，促进企业的技术创新行为，将会极大地提高企业的技术创新绩效。

企业技术创新行为提高企业技术创新绩效的深层次原因至少有三个方面：一是技术创新使得企业不断降低生产成本，二是技术创新使得企业不断提高产品品质甚至推出全新的产品，三是技术创新使得企业的内部资源得到不断的优化，从而提升了企业的组织实力。

4. 企业家技术创新意识通过企业技术创新行为提升企业技术创新绩效

计算显示，企业家技术竞争意识、技术冒险意识对企业技术创新绩效的间接效应分别为0.098和0.075。这表明，企业家技术创新意识可以通过促进企业技术创新行为而间接提升企业技术创新绩效。因此，培育和提升企业家的技术创新意识，不仅会促进企业的技术创新行为，还会进一步提升企业的技术创新绩效。

企业家技术创新意识作用于企业技术创新绩效的内在机理有两点：一方面，一个拥有强烈技术创新意识的企业家，一定会致力于推进企业的技术进步，假以时日，这样的企业在技术进步速度上一定会超过一般的企业；另一方面，企业家的技术创新意识越强烈，企业的技术创新行为就会越频繁，从概率的意义上讲，这样的企业取得技术经济效果的可能性就会越大。

第五章 企业家技术创新意识分组差异分析

第一节 企业家技术创新意识的地区差异分析

一、不同地区企业家技术创新意识的整体比较

将 146 份问卷样本按照企业所处地区的不同，将其分别归入东部地区、中部地区和西部地区①，分别计算三大地区企业家技术竞争意识、技术冒险意识的均值与方差，结果如表 5-1 所示。

表 5-1 企业家技术创新意识的地区均值与方差

	区域	样本数	均值	标准差	标准均误差
企业家技术竞争意识	东部	55	3.84	0.557 4	0.075 16
	中部	60	3.64	0.701 7	0.090 59
	西部	31	3.58	1.072 4	0.099 14
企业家技术冒险意识	东部	55	3.56	0.417 3	0.056 27
	中部	60	3.33	0.740 9	0.095 66
	西部	31	3.26	1.151 4	0.222 44

由表 5-1 可见，无论是企业家技术竞争意识，还是企业家技术冒险意识，东部地区的平均得分都要高于中部、西部地区。为了检验这种差异是否具有统计上的显著性，对不同地区企业家技术创新意识进行均值比较分析，结果如表 5-2 所示。

① 2000 年国家实施西部大开发战略，西部地区包括四川、重庆、贵州、云南、西藏、陕西、甘肃、青海、宁夏、新疆、广西、内蒙古 12 个省级行政区；中部地区包括山西、吉林、黑龙江、安徽、江西、河南、湖北、湖南 8 个省级行政区；余下的 11 个省级行政区属于东部地区。本书遵循这一分类标准。

表 5-2 不同地区企业家技术创新意识的均值比较分析

自变量	企业所在地区(I)	企业所在地区(J)	均值差(I−J)	标准误	P 值	90%的置信区间	
						低尾	高尾
企业家技术竞争意识	东部	中部	0.199*	0.119	0.094	0.002	0.396
	东部	西部	0.084	0.232	0.717	−0.305	0.421
	中部	西部	−0.387	0.194	0.114	−0.791	0.016
企业家技术冒险意识	东部	中部	0.233**	0.113	0.039	0.045	0.421
	东部	西部	−0.654***	0.108	0.006	−0.999	−0.308
	中部	西部	−0.093	0.101	0.655	−0.341	0.155

***、**、*分别表示统计显著性水平为1%、5%、10%。

由表5-2可见，就企业家技术竞争意识而言，东部地区明显高于中部地区，统计显著性水平达到10%。就企业家技术冒险意识而言，东部地区明显高于中部地区，统计显著性水平达到5%；而东部地区又明显低于西部地区，统计显著性水平达到1%。当然，这是在未控制企业个体差异的情况下得到的结果，并不代表企业家技术创新意识真的存在地区差异。下面，将分析在控制了企业个体差异后，企业家技术创新意识是否仍然存在地区差异。

二、基于计量经济模型的企业家技术创新意识地区差异检验

为了进一步探明企业家技术创新意识、企业技术创新行为及绩效是否真实存在地区差异，分别以企业家技术创新意识等构成概念为因变量，以企业所处地区为核心自变量，以企业家和企业的个体特征为控制自变量，依次建立计量经济模型式（5-1）～式（5-4）。

1. 以企业家技术竞争意识为因变量的计量经济模型

$$\begin{aligned}\text{Zinnoa}=&c+\beta_1\text{west}+\beta_2\text{midd}+\beta_3\text{pri}+\beta_4\text{join}+\beta_5\text{fore}+\beta_6\text{otho}+\beta_7\text{chem}\\&+\beta_8\text{manu}+\beta_9\text{othi}+\beta_{10}\text{nine}+\beta_{11}\text{fotn}+\beta_{12}\text{nite}+\beta_{13}\text{twen}+\beta_{14}\text{fner}\\&+\beta_{15}\text{nner}+\beta_{16}\text{tnnr}+\beta_{17}\text{fnnr}+\beta_{18}\text{fzzr}+\beta_{19}\text{fem}+\beta_{20}\text{athf}+\beta_{21}\text{afof}\\&+\beta_{22}\text{afif}+\beta_{23}\text{asf}+\beta_{24}\text{gen}+\beta_{25}\text{vima}+\beta_{26}\text{othj}+\beta_{27}\text{jun}+\beta_{28}\text{sen}\\&+\beta_{29}\text{junc}+\beta_{30}\text{und}+\beta_{31}\text{gra}+\beta_{32}\text{mid}+\beta_{33}\text{west}+\mu\end{aligned}\tag{5-1}$$

2. 以企业家技术冒险意识为因变量的计量经济模型

$$\begin{aligned}\text{Zinnob}=&c+\beta_1\text{west}+\beta_2\text{midd}+\beta_3\text{pri}+\beta_4\text{join}+\beta_5\text{fore}+\beta_6\text{otho}+\beta_7\text{chem}\\&+\beta_8\text{manu}+\beta_9\text{othi}+\beta_{10}\text{nine}+\beta_{11}\text{fotn}+\beta_{12}\text{nite}+\beta_{13}\text{twen}\\&+\beta_{14}\text{fner}+\beta_{15}\text{nner}+\beta_{16}\text{tnnr}+\beta_{17}\text{fnnr}+\beta_{18}\text{fzzr}+\beta_{19}\text{fem}\\&+\beta_{20}\text{athf}+\beta_{21}\text{afof}+\beta_{22}\text{afif}+\beta_{23}\text{asf}+\beta_{24}\text{gen}+\beta_{25}\text{vima}\\&+\beta_{26}\text{othj}+\beta_{27}\text{jun}+\beta_{28}\text{sen}+\beta_{29}\text{junc}+\beta_{30}\text{und}+\beta_{31}\text{gra}\\&+\beta_{32}\text{mid}+\beta_{33}\text{west}+\mu\end{aligned}\tag{5-2}$$

3. 以企业技术创新行为为因变量的计量经济模型

$$\begin{aligned}Act= & c+\beta_1 west+\beta_2 midd+\beta_3 pri+\beta_4 join+\beta_5 fore+\beta_6 otho+\beta_7 chem \\ & +\beta_8 manu+\beta_9 othi+\beta_{10} nine+\beta_{11} fotn+\beta_{12} nite+\beta_{13} twen \\ & +\beta_{14} fner+\beta_{15} nner+\beta_{16} tnnr+\beta_{17} fnnr+\beta_{18} fzzr+\beta_{19} fem \\ & +\beta_{20} athf+\beta_{21} afof+\beta_{22} afif+\beta_{23} asf+\beta_{24} gen+\beta_{25} vima \\ & +\beta_{26} othj+\beta_{27} jun+\beta_{28} sen+\beta_{29} junc+\beta_{30} und+\beta_{31} gra \\ & +\beta_{32} mid+\beta_{33} west+\mu \end{aligned} \tag{5-3}$$

4. 以企业技术创新绩效为因变量的计量经济模型

$$\begin{aligned}Perfor= & c+\beta_1 west+\beta_2 midd+\beta_3 pri+\beta_4 join+\beta_5 fore+\beta_6 otho+\beta_7 chem \\ & +\beta_8 manu+\beta_9 othi+\beta_{10} nine+\beta_{11} fotn+\beta_{12} nite+\beta_{13} twen \\ & +\beta_{14} fner+\beta_{15} nner+\beta_{16} tnnr+\beta_{17} fnnr+\beta_{18} fzzr+\beta_{19} fem \\ & +\beta_{20} athf+\beta_{21} afof+\beta_{22} afif+\beta_{23} asf+\beta_{24} gen+\beta_{25} vima \\ & +\beta_{26} othj+\beta_{27} jun+\beta_{28} sen+\beta_{29} junc+\beta_{30} und+\beta_{31} gra \\ & +\beta_{32} mid+\beta_{33} west+\mu \end{aligned} \tag{5-4}$$

各个变量的含义列于表 5-3。其中，控制自变量包括企业的产权性质、行业类别、成立年限、员工人数，以及答卷人的性别、年龄、职务、文化程度等八大类。这些控制变量都属于二元分类变量，都要选取一个对照组，对照组不进入模型。

表 5-3 企业家技术创新意识计量模型变量名含义

变量名	含 义	备 注
Zinnoa	企业家技术竞争意识	标准化变量
Zinnob	企业家技术冒险意识	
Act	企业技术创新行为	
Perfor	企业技术创新绩效	
midd	中部地区	二值变量（对照组：东部地区）
west	西部地区	
pri	私营	二值变量（对照组：国企）
join	中外合资	
fore	外商独资	
otho	其他产权形式	
chem	化工行业	二值变量（对照组：轻工业）
manu	制造业	
Othi	其他行业	
nine	成立 5～9 年	二值变量（对照组：成立 3～4 年）
fotn	成立 10～14 年	
nite	成立 15～19 年	
twen	成立 20 年以上	
fner	员工数 20～49 人	二值变量（对照组：员工数 20 人以下）
nner	员工数 50～99 人	
tnnr	员工数 100～299 人	

续表

变量名	含　义	备　注
fnnr	员工数 300～499 人	
fzzr	员工数 500 人以上	
fem	女性	二值变量（对照组：男性）
athf	25～34 岁	二值变量（对照组：年龄 25 岁以下）
afof	35～44 岁	
afif	45～54 岁	
asf	55～64 岁	
gen	总经理	二值变量（对照组：董事长）
vima	副总经理	
othj	其他职务	
jun	初中学历	二值变量（对照组：本科）
sen	高中或中专	
junc	大专	
und	本科	
gra	研究生	

代入问卷数据，分别估计式（5-1）～式（5-4），结果列于表 5-4。根据表 5-4 的估计结果，可以认为，在控制了企业家和企业的个体特征之后，企业家技术创新意识存在纯粹的地理因素效应，具体表现在以下四个方面。

（1）东部地区的企业家技术竞争意识要高于中部、西部地区，且显著性水平分别达到了 15%和 10%。由此，H5 得到验证，即地区差异因素对企业家的技术竞争意识具有显著的影响，不同地区企业家的技术竞争意识存在显著差异。

（2）东部地区的企业家技术冒险意识要高于中部地区，显著性水平达到了 5%；但东部地区与西部地区的企业家技术冒险意识差异不明显。由此，H6′基本成立，即地区差异因素对企业家技术冒险意识具有显著的影响，不同地区企业家的技术冒险意识存在显著差异。

（3）东部地区的企业技术创新行为要高于中部地区，显著性水平达到了 5%；而东部地区与西部地区的企业技术创新行为差异不明显。

（4）东部地区的企业技术创新绩效要高于中部、西部地区，但在统计上尚未达到显著程度。

表 5-4　企业家技术竞争意识关系估计

	企业家技术竞争意识	企业家技术冒险意识	企业技术创新行为	企业技术创新绩效
中部地区	−0.302+	−0.424**	−0.410**	−0.158
西部地区	−0.214*	0.043	0.165	−0.170
其他控制变量	（略）	（略）	（略）	（略）
校正 R02	0.124	0.175	0.565	0.307
样本容量	146	146	146	146

***、**、*、+分别表示统计显著性水平为 1%、5%、10%、15%。对照地区为东部地区。

综上所述，尽管我国东部、中部和西部地区的企业家和企业存在较大的个体差异，但在控制了这些个体特征后，企业家技术竞争意识和技术冒险意识仍然存在明显的地区差异，并且，总体上是东部地区的企业家具有更为强烈的技术创新意识。

第二节　企业家技术创新意识的聚类分析

采用 SPSS15.0 软件，运用 K-means 聚类法，分别就“技术竞争意识-技术冒险意识”组合、“技术创新行为”、“技术创新绩效”等三个维度的分化，对企业家和企业进行分类，并简要分析不同类别的企业家和企业在技术创新意识、行为、绩效方面的差异表现。

一、基于“技术竞争意识-技术冒险意识”组合的企业家分类

根据企业家技术创新意识的两个二级因子“企业家技术竞争意识”和“企业家技术冒险意识”的因子得分组合，采用快速聚类法对问卷样本进行分类，最终将样本中的企业家分成了四种类型——高竞争高冒险型、高竞争低冒险型、低竞争高冒险型、低竞争低冒险型。这四类企业家的技术竞争意识和技术冒险意识的因子得分中心值组合及人数比例，列于表 5-5 中。整体 F 检验表明，四类企业家在技术竞争意识和技术冒险意识的因子得分上都存在显著差异，显著性水平都达到了 1%，分类结果具有统计意义。

表 5-5　企业家“技术竞争意识-技术冒险意识”的四种组合及其因子得分中心值

	高竞争高冒险型	高竞争低冒险型	低竞争高冒险型	低竞争低冒险型	整体统计特征
企业家技术竞争意识得分中心值	0.718	0.342	−3.327	−1.872	F 值 328.142***
企业家技术冒险意识得分中心值	1.578	−0.716	1.929	−0.139	F 值 199.402***
企业家人数/人 占比/%	36 24.66	59 40.41	11 7.53	40 27.40	146 100

*** 表示统计显著性水平为 1%。

(1) 高竞争高冒险型。此类企业家的技术竞争意识中心值最大（0.718），技术冒险意识中心值较大（1.578），表明他们的技术竞争意识很强，同时又具有较强的风险承受能力和进取精神。可以说这一类企业家是技术创新意识最强的，是推动企业技术创新的骨干力量。此类企业家在调查样本中占 1/4。

（2）高竞争低冒险型。此类企业家的技术竞争意识中心值较大（0.342），但技术冒险意识中心值最小（−0.716），表明他们虽然具有较强的技术竞争意识，但缺乏足够的技术冒险意识，属于有想法、无胆量的类型。此类企业家在样本中的占比最大，达40%。

（3）低竞争高冒险型。此类企业家的技术竞争意识中心值最低（−3.327），但技术冒险意识中心值最大（1.929），表明他们虽然具有很强的技术冒险意识，但技术竞争意识太弱，属于胆大但懒惰的类型。此类企业家在样本中的占比最小，不足10%。

（4）低竞争低冒险型。此类企业家的技术竞争意识和技术冒险意识的中心值均比较小，分别为−1.872和−0.139，表明他们的技术竞争意识和技术冒险意识都较弱，属于被动且胆小的类型。此类企业家在样本中的占比达27%。

二、基于“技术创新行为”差异的企业分类

采用快速聚类法，就企业在技术创新行为上的差异进行分类，最终将样本中的企业分成了三种类型——创新行为积极型、创新行为一般型、创新行为消极型。这三类企业技术创新行为因子的得分中心值及企业数量占比列于表5-6中。*F*检验表明，这三类企业之间在因子得分上都存在显著差异，显著性水平都达到了1%，分类结果具有统计意义。

表5-6　企业技术创新行为的三种类型及其因子得分中心值

	创新行为积极型	创新行为一般型	创新行为消极型	总体统计特征
企业技术创新行为得分中心值	1.736	0.214	−1.369	*F*值 225.915***
企业家人数/人	38	49	59	146
占比/%	26.03	33.56	40.41	100

*** 表示统计显著性水平为1%。

（1）创新行为积极型。此类企业的技术创新行为得分中心值最大（1.736），表明其是从事技术创新行为最积极，是技术创新的先锋。但此类企业在样本中的占比最小，只有26%。

（2）创新行为一般型。此类企业的技术创新行为得分中心值居中（0.214），表明其在技术创新行为方面介于积极与消极之间，但可以作为创新者加以培养。此类企业在样本中的占比居中，刚好达1/3。

（3）创新行为消极型。此类企业的技术创新行为得分中心值最小（−1.369），表明其基本上不参与技术创新活动。此类企业较多，在样本中的占比达40%，这也从一个侧面反映了我国企业技术创新的整体状况较为消极。

三、基于“技术创新绩效”差异的企业分类

基于技术创新绩效上的差异，对企业进行快速聚类，根据各个因子的得分值，最终将样本中的企业分成了三种类型——创新绩效高型、创新绩效一般型、创新绩效低型。这三类企业的创新绩效得分中心值及企业数量占比列于表 5-7。F 检验表明，这三类企业在创新绩效因子得分上存在显著差异，显著性水平都达到了 1%，分类结果具有统计意义。

表 5-7　企业技术创新绩效的三种类型及其因子得分中心值

	创新绩效高型	创新绩效一般型	创新绩效低型	总体统计特征
企业技术创新绩效得分中心值	1.466	0.094	−0.986	F 值 198.932***
企业家人数/人	34	68	44	146
占比/%	23.29	46.58	30.13	100

*** 表示统计显著性水平为 1%。

（1）创新绩效高型。此类企业的技术创新绩效得分中心值最大（1.466），表明其获得了最好的技术创新效果。但此类企业在样本中的占比较小，只有 1/4。

（2）创新绩效一般型。此类企业的技术创新绩效得分中心值居中（0.094），表明其的技术创新效果一般。此类企业在样本中的占比最大，达 46%。

（3）创新绩效低型。此类企业的技术创新绩效得分中心值最小（−0.986），表明其的技术创新效果较差。此类企业在样本中的占比达 30%。

本篇小结

企业家是产业中的技术创新主体。企业家技术创新意识、企业技术创新行为和企业技术创新绩效，是本篇研究的三个核心构成概念。本篇基于前文的理论研究构建了“企业家技术创新意识→企业技术创新行为→企业技术创新绩效”的结构方程模型，并在此基础上设计了企业家技术创新意识调查问卷。运用随机抽样数据，分析了企业家技术创新意识、创业技术创新行为和绩效等构成概念之间的相互关系，探讨了东、中、西部地区企业家技术创新意识的地区差异，并基于企业家技术创新意识、企业技术创新行为和绩效等构成概念分别对企业家进行了分类。主要结论及启示包括以下三个方面。

（1）企业家技术创新意识对企业技术创新行为有显著的正向影响，企业技术创新行为对企业技术创新绩效有显著的正向影响。这意味着为了获得更好的企业技术创新绩效，一是要大力培育企业家的技术创新意识，二是要有效激励企业的技术创新行为。

（2）控制其他条件不变，中部、西部地区的企业家技术创新意识要比东部地区弱。这意味着中部、西部地区的企业技术创新文化存在着更大缺陷，为此，中部、西部地区为了赶上东部发达地区，必须更加注重培育企业家的技术创新意识。

（3）基于企业家的技术创新意识进行聚类分析，可以将企业家划分为高竞争高冒险型、高竞争低冒险型、低竞争高冒险型、低竞争低冒险型，其中，高竞争低冒险型占企业家调查样本的比例最大，提示我们应当高度关注企业家技术冒险意识的培育；基于企业技术创新行为进行聚类分析，可以将企业家划分为创新行为积极型、创新行为一般型、创新行为消极型，其中，创新行为消极型占企业家调查样本的比例最大，提示我们应当采取措施激励企业家实施技术创新；基于企业技术创新绩效进行聚类分析，可以将企业家划分为创新绩效高型、创新绩效一般型、创新绩效低型，其中，创新绩效一般型占企业家调查样本的比例最大，提示我们应当创造条件改善企业家的技术创新效果。

高校教师创新篇

第六章 高校教师技术创新意识的概念与测度

第一节　高校教师技术创新意识的概念模型与测量指标设计

一、构成概念定义

高校教师的技术创新意识、技术创新行为和技术创新效果，是本篇研究的三个核心概念，它们都属于构成概念。构成概念是不能直接测量的抽象概念，而只能根据某些显性变量的组合来间接地予以度量。下面将依次给出这三个核心构成概念的定义。

（一）高校教师的技术创新意识

高校教师的技术创新意识，指高校教师基于自身专业发展的目的和社会生产的客观需求，愿意从事技术创新活动，并向生产部门提供智力和技术服务的主观倾向。它是隐藏在意识深处的一种特殊的精神状态，反映了高校教师追求利益成就的主观动机和实现个人社会价值的主观愿望。在这种主观动机和主观愿望的驱动下，高校教师将会偏好于开展技术创新活动。本书按主观倾向的强烈程度，把高校教师的技术创新意识细分为生产关注意识、技术冒险意识和自主创业意识等三个方面（姜富民和周文泳，2000；周龙庚，1998）。

1. 生产关注意识

生产关注意识是指高校教师对生产实践活动——主要是对企业生产活动的主观关注程度，它反映了高校教师寻求自身专业技能的应用出口的倾向，是高校教师参与产学研合作的初始动机来源。

2. 技术冒险意识

技术冒险意识是指高校教师出于技术创新的动机，对商业技术开发风险的承受意识和勇往直前的进取精神，它反映了高校教师参与技术创新的主观决心，是高校教师参与产学研合作的主要动力。

3. 自主创业意识

自主创业意识是指高校教师为了最大限度地参与生产实践，利用自身的技术优势，亲自创办并经营企业的意愿，它反映了高校教师最大限度地参与生产实践的主观倾向，是高校教师参与产学研合作的最高动力。

生产关注意识、技术冒险意识和自主创业意识三者之间，生产关注意识属于纯意识范畴，其主观倾向程度最弱；技术冒险意识是带有行为色彩的意识，其主观倾向程度要强于生产关注意识；自主创业意识亦是带有行为色彩的意识，其主观倾向程度最强。

（二）高校教师的技术创新行为

高校教师的技术创新行为是指高校教师在某种主观动机和主观愿望的驱动下，有意识地将自己的专业技能应用于生产实践活动的一种行动。它是一种可观察到的行为，反映了高校教师对其技术创新意识的践行过程。通过实施技术创新行为，高校教师得以实现自己服务生产的主观愿望，并获得期望的技术创新效果。本书按介入生产活动的强烈程度，把高校教师的技术创新行为细分为服务企业行为和经营企业行为等两个方面（Coduras A，et al.，2008；段昌伟和倪红卫，2006）。

1. 服务企业行为

服务企业行为是指高校教师通过技术咨询、技术贸易、技术合作等方式，将自己的科研成果推向商业化生产领域，为企业提供生产技术服务的行为。一般来说，技术创新行为的强度从技术咨询、技术贸易到技术合作，是逐渐加强的。服务企业的行为，是一种介入生产活动强度较低但目前较为常见的技术创新行为。

2. 经营企业行为

经营企业行为是指高校教师依靠自己的技术优势，通过创办和经营自己的企业，亲自实施对自有技术成果的商业化转化，从而完全投身于生产实践活动的行为。直接经营企业的行为，是一种介入生产活动强度较高、但目前较为少见的技术创新行为。

服务企业行为和经营企业行为，是高校教师参与生产实践活动的两种不同的方式。其中，服务企业行为带有副业的色彩，即其仍然是以高校教职为主业，在保证其主业的前提下适当地参与生产实践活动。反之，经营企业行为则具有主业的色彩，即其不再以高校教职为其主业，而是将主要精力置于自主创业和企业经营活动之中。

（三）高校教师的技术创新效果

高校教师的技术创新效果是指高校教师以自己的智力资源和技术成果，通过投身和参与商业生产实践活动，所取得的技术经济效果。它是一种可观察到的客观结果，反映了高校教师从事技术创新活动的成就，是评估技术创新行为的效率指标。本书主要从技术成果指标、成果商业化指标及企业经营指标等角度，把高校教师的技术创新效果细分为专利技术开发效果、科技成果转化效果和经营企业效果等三个方面（李栋亮，2007；石善冲，2003；O'Shea et al.，2007）。

1. 专利技术开发效果

专利技术开发效果是指高校教师根据生产需求信息，开发出具有商业价值的生产技术，并申报授权专利的情况，具体采用各种类型的专利开发数量来衡量。专利技术开发效果属于纯技术效果，离最终用于生产实践尚有一定的距离。

2. 科技成果转化效果

科技成果转化效果是指高校教师通过技术贸易市场，将自己的科技成果转让给生产企业的情况，具体采用科技成果（包括专利成果与非专利成果）的转让数量来衡量。科技成果转化效果属于经济交易性质的效果，离最终用于生产实践的距离已经不远。

3. 经营企业效果

经营企业效果是指高校教师通过直接经营企业，获得市场份额和财务收益的情况，具体采用企业销售收入、利润、新产品份额等指标来衡量。经营企业效果属于纯经济效果，是在生产实践中已经完全实现了的效果。

对于高校教师来说，鉴于其主业是高校教职，其技术创新效果将以专利技术开发效果和科技成果转化效果为主，而经营企业效果仅发生在少数人身上。另外，从专利技术开发效果、科技成果转化效果到经营企业效果，技术色彩逐渐减少，而经济色彩逐渐增加。

二、假设与模型

（一）研究假设

1. 高校教师的技术创新意识影响其技术创新行为的假设

根据马克思主义哲学观，一方面，物质决定意识；另一方面，意识作为人类所特有的能力，具有高度的主观能动性，它会通过影响人类的行为而对客观世界产生巨大的反作用（马克思和恩格斯，1995）。高校教师的技术创新意识，是意识主体基于自我发展的诉求和社会需求的引导，形成的对参加技术创新活动的一种主观偏好。这种意识一旦形成，就会像人类的其他意识一样具有强烈的主观能动性，它将直接影响主体的技术创新行为，并最终影响技术创新效果。这种影响主要表现在两个方面：其一，技术创新意识是引致技术创新行为的直接动机，正是在技术创新意识的驱动下，才会有技术创新行为的发生；其二，技术创新意识影响着技术创新行为的具体方式。无论是技术创新意识还是技术创新行为，都是一个多维尺度的概念，不同的技术创新意识将会导致不同方式的技术创新行为。

另外，本书的技术创新意识被细分为生产关注意识、技术冒险意识和自主创业意识，其中，生产关注意识属于纯粹的意识，而技术冒险意识属于带有行为色彩的意识，前者可能是后者的直接原因。根据上述讨论，本书就高校教师的技术创新意识对其技术创新行为的影响，提出了以下 7 条研究假设。

H1：高校教师的生产关注意识对其服务企业行为具有显著的正向促进作用，即高校教师关注生产的意识越强，则其服务企业的行为就会越积极。

H2：高校教师的生产关注意识对其经营企业行为具有显著的正向促进作用，即高校教师关注生产的意识越强，则其经营企业的行为就会越积极。

H3：高校教师的生产关注意识对其技术冒险意识具有显著的正向促进作用，即高校教师关注生产的意识越强，则其技术冒险的意识就会越强。

H4：高校教师的技术冒险意识对其服务企业行为具有显著的正向促进作用，即高校教师技术冒险的意识越强，则其服务企业的行为就会越积极。

H5：高校教师的技术冒险意识对其经营企业行为具有显著的正向促进作用，即高校教师技术冒险的意识越强，则其经营企业的行为就会越积极。

H6：高校教师的自主创业意识对其服务企业行为具有显著的正向促进作用，即高校教师自主创业的意识越强，则其服务企业的行为就会越积极。

H7：高校教师的自主创业意识对其经营企业行为具有显著的正向促进作用，即高校教师自主创业的意识越强，则其经营企业的行为就会越积极。

2. 高校教师的技术创新行为影响其技术创新效果的假设

按照个人利益最大化的理性人行为假设，人之所以采取某种行为，是为了达到使自身利益最大化的目标，这一目标或可称为理性行为所追求的行为效果。依此类推，高校教师的技术创新行为应当也是为了实现某种理性的行为效果，这种效果我们称为技术创新效果。据此，可以认为，高校教师的技术创新行为将是其技术创新效果的直接原因。另外，技术创新效果中的专利技术开发效果，是带有行为色彩的效果，它可能也是其他技术创新效果的直接原因。根据上述讨论，本书就高校教师的技术创新行为对其技术创新效果的影响，提出以下 7

条研究假设。

H8：高校教师的服务企业行为对其专利技术开发效果具有显著的正向促进作用，即高校教师服务企业的行为越积极，则其专利技术开发的效果就会越明显。

H9：高校教师的服务企业行为对其科技成果转化效果具有显著的正向促进作用，即高校教师服务企业的行为越积极，则其科技成果转化的效果就会越明显。

H10：高校教师的服务企业行为对其经营企业效果具有显著的正向促进作用，即高校教师服务企业的行为越积极，则其经营企业的效果就会越明显。

H11：高校教师的专利技术开发效果对其科技成果转化效果具有显著的正向促进作用，即高校教师专利技术开发的效果越明显，则其科技成果转化的效果就会越明显。

H12：高校教师的经营企业行为对其专利技术开发效果具有显著的正向促进作用，即高校教师经营企业的行为越积极，则其专利技术开发的效果就会越明显。

H13：高校教师的经营企业行为对其科技成果转化效果具有显著的正向促进作用，即高校教师经营企业的行为越积极，则其科技成果转化的效果就会越明显。

H14：高校教师的经营企业行为对其经营企业效果具有显著的正向促进作用，即高校教师经营企业的行为越积极，则其经营企业的效果就会越明显。

3. 高校教师技术创新意识、行为、效果的地区差异假设

地区之间社会经济发展的不平衡，是一个普遍存在的现象。改革开放 30 多年以来，地区之间的发展不平衡越来越突出。从经济学的角度来看，一个地区的经济发展速度取决于该地区的生产率水平，生产率水平取决于生产要素的数量和质量，而生产要素的数量和质量又取决于掌控生产要素的要素——人。人可以通过技术创新，改进旧的生产要素，生产新的生产要素，进而提升生产率水平，推进经济的发展。可见，人的技术创新行为在经济的发展中发挥着关键的驱动作用。

直观的感觉表明，我国东部地区比中部、西部地区具有更大的创造性，产业上的新技术、新产品往往首先发端于东部地区，之后才逐渐传播到中部、西部地区。这种技术创新进程上的地区差距十分明显，并且还在不断地加剧，长此下去，地区之间发展的不平衡将会变得越来越严重。

是什么因素导致不同地区在技术创新进程上的巨大差距呢？心理学认为，人的行为都是有意识的，特定的行为要受特定意识的支配，技术创新行为亦不例外。影响技术创新行为的意识，不妨称之为技术创新意识。不同的地区在技术创新意识上存在着差异，技术创新意识的差异导致了技术创新行为的差异，技术创新行为的差异最终导致了社会经济发展水平的差异。我们认为高校教师的技术创新意识、行为、效果也存在地区差异，据此，提出以下 3 条研究假设。

H15：高校教师的技术创新意识存在显著的地区差异。

H16：高校教师的技术创新行为存在显著的地区差异。

H17：高校教师的技术创新效果存在显著的地区差异。

（二）概念模型

基于 H1～H14，构造出了高校教师技术创新意识、行为、效果概念模型，如图 6-1 所示。该概念模型将高校教师的技术创新意识分为生产关注意识、技术冒险意识、自主创业意识三个分量，对其服务企业行为和经营企业行为产生直接作用，并通过这两种技术创新行为对其技术创新效果产生间接作用。高校教师的技术创新效果包括专利技术开发效果、科技成果转化效果和经营企业效果。

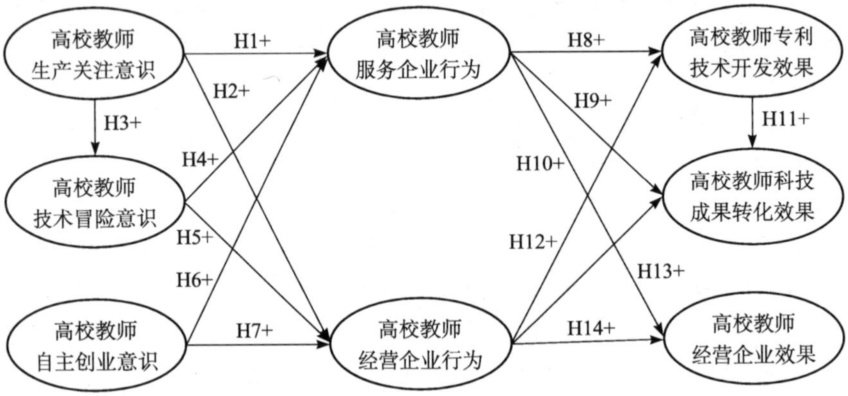

图 6-1　高校教师技术创新意识、行为和效果概念模型

三、方法与思路

（1）基于因子模型的主观问卷调查。基于图 6-1 所示的概念模型，设计高校教师技术创新意识、行为、效果等构成概念的测量问卷，并在访谈和预测试的基础上对问卷进行修改和完善，面向代表性地区的高校进行大样本随机抽样问卷调查。

（2）因子分析法。对回收的有效问卷数据，首先，采用鉴别度检验方法检查各个量表问题的变异程度，删除变异程度不显著的量表问题。其次，将余下的量表问题按照所对应的构成概念提取因子，进行因子结构效度检验，删除不能归入对应构成概念的量表问题。最后，将通过了结构效度检验的量表问题，分别归入对应的构成概念，进行因子信度检验，删除未能通过信度检验的因子。

（3）结构方程模型方法。以通过了因子分析的量表问题作为高校教师技术创新意识、行为、效果的测度变量，对图 6-1 所示的概念模型进行结构方程模型模拟，检验 H1～H14 是否成立。

（4）方差分析法。采用独立样本单因子多变量变异数分析，考察东部、中部、西部高校教师的技术创新意识是否存在地区差异。

（5）多元回归分析法。分别以高校教师的技术创新意识、技术创新行为、技术创新效果等构成概念作为因变量，以样本中高校教师所处地区、性别、年龄、职称、学历、毕业专业等分组变量作为自变量，建立多元回归模型，考察高校教师技术创新意识、行为、效果等构成概念是否存在地区差异，检验H15～H17 是否成立。

（6）聚类分析方法。运用 K-means 聚类方法，以高校教师的技术创新意识、行为、效果等构成概念的因子得分为指标，对高校教师进行聚类，分析不同类型高校教师在技术创新意识、行为、效果方面的特征和差异。

技术路线如图 6-2 所示。

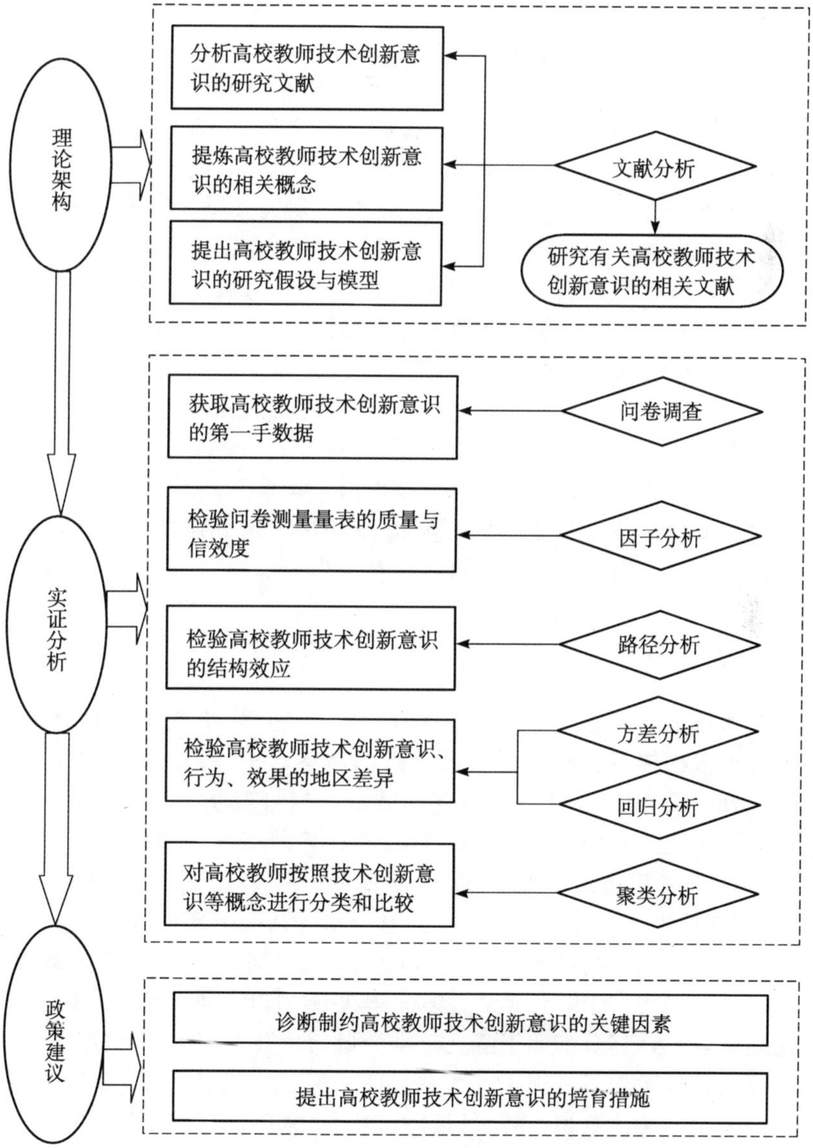

图 6-2 高校教师技术创新意识研究的技术路线

第二节 高校教师技术创新意识问卷调查

一、问卷设计

为保障构成概念测度的科学性、可靠性和有效性，高校教师技术创新意识调查问卷设计，遵循了以下的程序和方法。

第一，阅读研究相关文献。虽然直接研究技术创新意识的文献不多，但研究技术创新问题的文献不少，其中一些实证类的文献就采用了问卷数据的方法，另有一些理论类的文献对技术创新相关概念进行了深入剖析，本书借鉴这些文献的论述与方法，使得设计的问卷尽可能有相关研究文献的支撑。

第二，对部分企业高层管理者进行访谈。在问卷设计之前，访谈了重庆几所高校的教师和科技部门负责人，就问卷的结构、内容和形式，与他们进行面对面的交流，听取他们对问卷设计的宝贵意见。

第三，学术小组内部研讨。在文献阅读和教师访谈的基础上，设计出问卷初稿，在课题小组内部进行研讨，对问卷的结构、内容和形式进行反复的磋商和修改，形成可供小样本测试的问卷修改稿。

第四，小样本测试。在问卷最终定稿之前，选取重庆 30 位高校教师进行预测试，根据测试的结果对问卷中的测度指标及其表达方式进行修改，最终形成定稿的高校教师技术创新意识调查问卷（参见附录 B)。

二、问卷介绍

高校教师技术创新意识调查问卷由四个部分构成：被调查对象的基本情况、技术创新意识指标体系、技术创新行为指标体系、技术创新效果指标体系。问卷的主体部分，除 Q17 采用 0－1 变量形式的二值量表外，其余题项一律采用李克特量表进行测度。其中，主观题项采用针对某种事物的态度或看法的表达方式，要求被调查者根据自己的主观判断对每一题项进行主观评价（李怀祖，2004)。客观题项则要求被调查者根据自身的实际情况据实回答。

第一部分是被调查高校教师的基本情况。这一部分包括答卷人的性别、年龄、技术职称、学历、学位、所在学校、毕业专业等问题。这部分题项除了年龄属于连续变量外，其余都属于哑元分类变量，主要采用填空形式回答。

第二部分是技术创新意识指标体系。这一部分共设计了 10 个指标，分别测度高校教师的生产关注意识、技术冒险意识、自主创业意识。

第三部分是技术创新行为指标体系。这一部分共设计了 9 个指标，分别测度高校教师的服务企业行为和经营企业行为。

第四部分是技术创新效果指标体系。这一部分共设计了9个指标，分别测度高校教师的专利技术开发效果、科技技术创新效果、经营企业效果。

高校教师技术创新意识、行为、效果的测度指标体系如表6-1所示。

表6-1　高校教师技术创新意识、行为、效果测度指标体系

一级概念	二级概念	测度指标	量表数量
技术创新意识	生产关注意识	Q1 技术应用 Q2 技术输出 Q3 技术支持能力 Q4 技术合作意愿 Q5 主动合作态度	5
	技术冒险意识	Q8 敢于冒险精神 Q9 坚持不懈精神 Q10 挫折承受意愿	3
	自主创业意识	Q11 创办企业 Q12 转行企业	2
技术创新行为	服务企业行为	Q13 技术咨询服务 Q14 研发和技术合作 Q15 生产技术转让 Q18 企业兼职 Q19 专利技术开发 Q6 曾经与企业的技术合作 Q7 与企业合作的满意度	7
	经营企业行为	Q16 曾经创办企业 Q17 正在经营企业	2
技术创新效果	专利技术开发效果	Q20 实用新型专利累计数量 Q21 发明专利累计数量 Q22 外观设计专利累计数量 Q23 登记的科技成果累计数量	4
	科技成果转化效果	Q24 转让的专利累计数量 Q25 转让的科技成果累计数量 Q26 转让专利和科技成果的销售收入 Q27 转让专利和科技成果的净利润	4
	经营企业效果	Q28 新产品占企业销售收入的比率	1
合计			28

三、抽样调查

（1）调查对象：工科、非“211”工程院校中参与科研和教学的一线教师。

（2）调查地区：分别在我国的东部、中部和西部地区开展调查。其中，东部地区调查上海、南京和杭州的部分高校，中部地区调查了武汉、长沙的部分高校，西部地区调查重庆、西安的部分高校（表6-2）。

表 6-2 高校教师技术创新意识问卷调查地区分布表

地区	调查城市 1	调查城市 2	调查城市 3
东部	上海	南京	杭州
中部	武汉	长沙	
西部	重庆	西安	

（3）调查方式：采用实地调研、当面访谈的方式。在问卷完成的过程中，与答卷人面对面沟通，在相互充分了解的基础上针对问卷的问题进行打分，并给予被调查者一定的调查费用补贴，确保了调查质量和问卷数据的可靠性。

（4）调查实施时间：2008 年 5 月，在重庆部分高校进行试调查。2009 年 6 月至 2010 年 1 月分别在东部、中部和西部地区进行正式调查。

（5）问卷回收情况：总计发放调查问卷 646 份，回收 646 份。其中，有效问卷 543 份，有效回收率 84.06%。无效问卷判定的标准如下：①问卷缺失数据较多；②回答问题过于随意；③对相关问题的回答有较多的自相矛盾。

四、样本描述统计

（一）调查对象的分组分布情况

在 543 份有效问卷中，被调查高校教师的分组分布情况列于表 6-3。

表 6-3 高校教师技术创新意识调查对象的分组分布情况

分组特征	分组类别	人数/人	占有效样本人数比例/%	分组特征	分组类别	人数/人	占有效样本人数比例/%
地区	东部	152	28	学位	学士	64	11.8
	中部	150	27.6		硕士	269	49.5
	西部	241	44.4		博士	178	32.8
性别	男	376	69.2	毕业专业	IT 类	147	27.1
					机械电子类	124	22.8
	女	167	30.8		理学类	62	11.4
年龄	40 岁以下	340	62.6		生化食药环	71	13.1
	40～60 岁	193	56.8		交通建筑类	66	12.2
	60 岁以上	10	1.5		经济管理类	30	5.5
职称	初级	40	7.4		人文社科类	16	2.9
	中级	229	42.2	所从事一级学科	IT 类	116	21.4
	副高	150	27.6		机械电子类	108	19.9
	高级	114	21		理学类	40	7.4
学历	中专	1	0.2		生化食药环	79	14.5
	大专	3	0.6		交通建筑类	92	16.9
	本科	101	18.6		经济管理类	29	5.3
	研究生	435	80.1		人文社科类	4	0.9

（1）被调查教师的地区分布。西部地区占比最高，为 44%，东部和中部基本相同，分别为 28%和 27.6%，如图 6-3 所示。

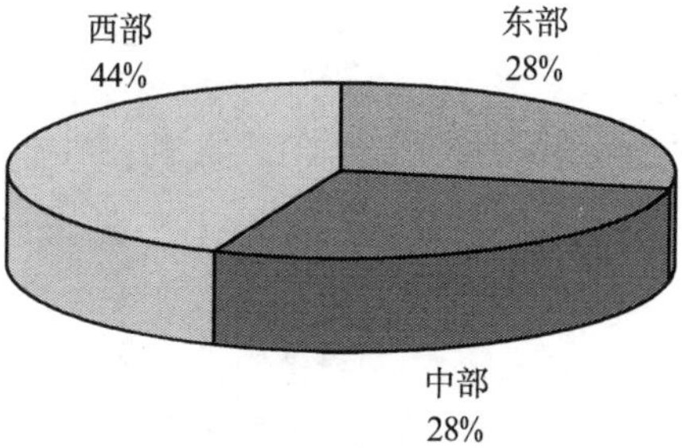

图 6-3　被调查教师的地区分布情况

（2）被调查教师的性别分布。男性教师有 376 人，占 69%，女性教师有 167 人，占 31%，如图 6-4 所示。这与被调研高校主要以理工科高校为主有关。

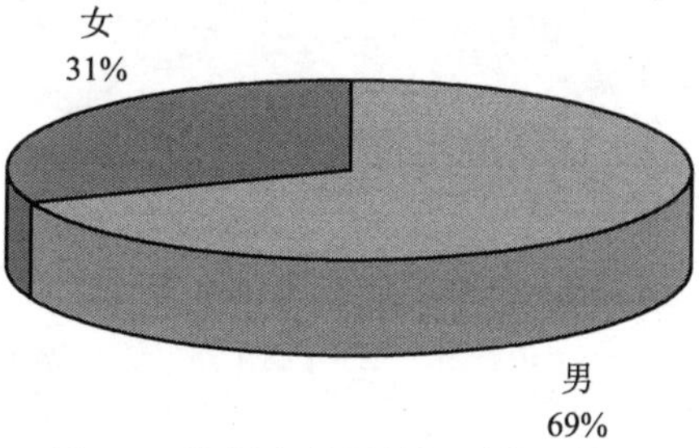

图 6-4　被调查教师的性别分布情况

（3）被调查教师的年龄分布。以 40 岁以下的中青年教师为主，占 52%，其次是 40～60 岁的教师，占 47%，如图 6-5 所示。

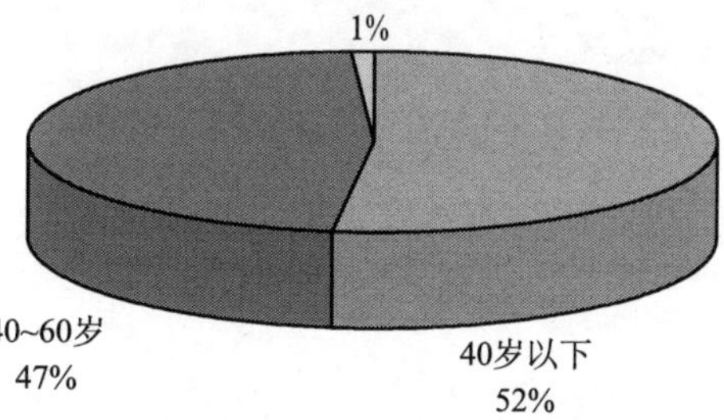

图 6-5　被调查教师的年龄分布情况

（4）被调查教师的职称分布。中级职称最多，占 43%，其次是副高和高级，分别占 28%和 21%，如图 6-6 所示。

（5）被调查教师的学历分布。以研究生为主，占 80%，本科占 19%，本科以下很少，占 1%，如图 6-7 所示。这与高校教师的学历情况一致。

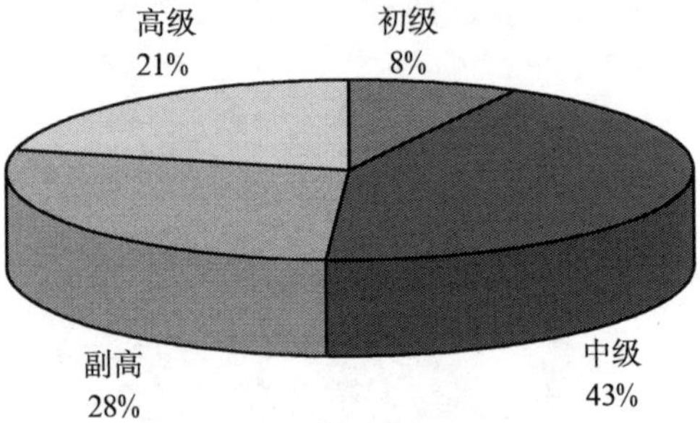

图 6-6 被调查教师的职称分布情况

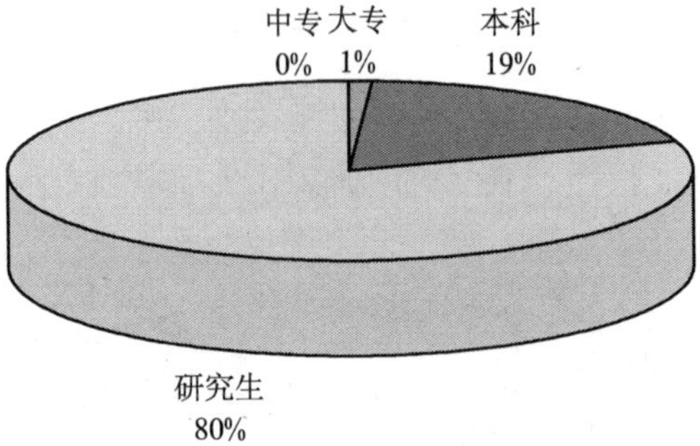

图 6-7 被调查教师的学历分布情况

（6）被调查教师的学位分布。硕士学位占 52%，博士学位占 35%，学士学位占 13%，如图 6-8 所示。

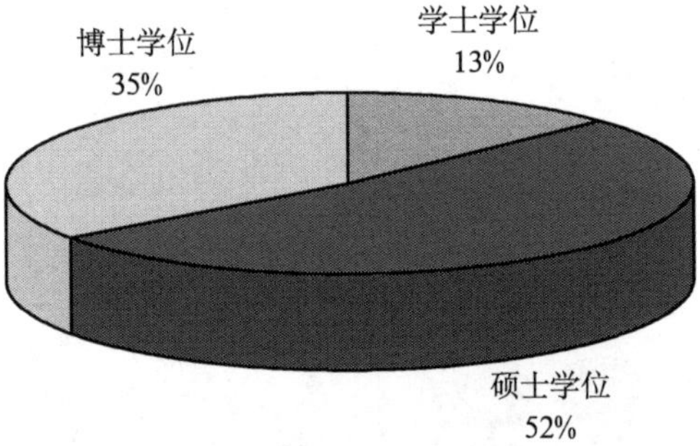

图 6-8 被调查教师的学位分布情况

（7）被调查教师的专业分布。IT 类专业人数最多（21.4%），其余专业分别为机械电子类（19.9%）、交通建筑类（16.9%）、生化食药环类（14.5%）、理学类（7.4%）、经济管理类（5.3%）、人文社科类（0.9%）。被调查教师的毕业专业和现从事一级学科都表现为 IT 类和机械电子类专业人数最多，经济管理类和人文社科类专业最少，这与我们以理工科专业教师为调查对象的要求是基本一致的（图 6-9）。

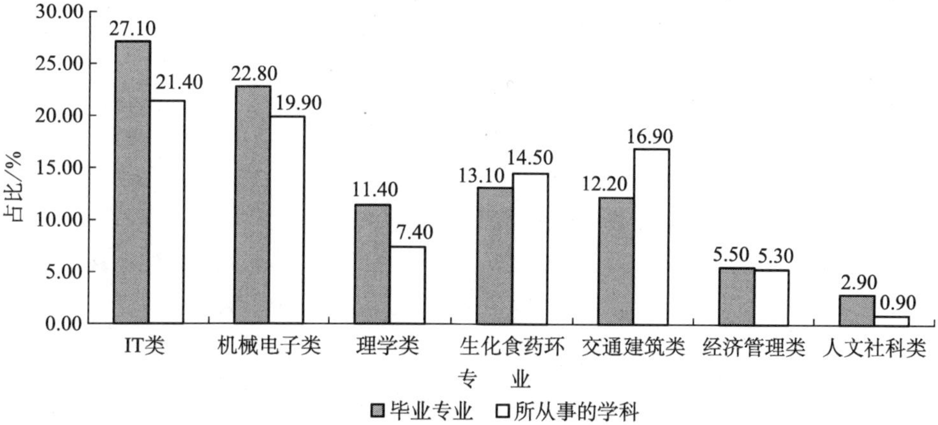

图 6-9 被调查教师的毕业专业和从事的一级学科分布情况

(二) 量表问题的描述统计

在回收的 543 份有效问卷中，经营企业效果所对应的 4 个问题 Q7、Q26、Q27 和 Q28，其回答人数分别只有 394 人、128 人、127 人和 67 人，回答率太低，不适宜作进一步的统计分析。问题 Q17 属于二值量表问题，本书暂不考虑对其作分析。这样就只剩下 Q1～Q6、Q8～Q16、Q18～Q25 等 23 个问卷问题，用于下面的后续统计分析。

对调查回收的 543 份有效问卷，就其 Q1～Q6、Q8～Q16、Q18～Q25 等 23 个问卷问题，计算每个问题的样本容量、最小值、最大值、均值和标准差，计算结果如表 6-4 所示。在回收的 543 份问卷中，23 个量表问题的回答人数（样本容量）都在 541 人以上，单题回答率在 99%以上。所有量表问题全部完整回答的人数为 534 人，完整回答率达到 98%。

表 6-4 高校教师技术创新意识量表问题的描述统计

问题编号	Q1	Q2	Q3	Q4	Q5	Q6	Q8	Q9	Q10	Q11	Q12	Q13
样本容量	542	542	541	543	542	541	543	541	543	542	543	542
最小值	1	1	2	1	1	1	1	1	1	1	1	1
最大值	5	5	5	5	5	5	5	5	5	5	5	5
均值	4.30	4.46	4.14	4.29	3.83	2.83	3.71	4.06	3.81	3.22	2.55	2.65
标准差	0.85	0.71	0.77	0.76	0.85	1.52	0.86	0.74	0.80	1.04	0.96	1.05
问题编号	Q14	Q15	Q16	Q18	Q19	Q20	Q21	Q22	Q23	Q24	Q25	整体
样本容量	543	543	542	542	543	543	543	543	542	542	543	534
最小值	1	1	1	1	1	1	1	1	1	1	1	
最大值	5	5	5	5	5	5	5	5	5	5	5	
均值	2.48	1.79	1.22	1.06	1.61	1.84	1.46	1.49	1.16	1.95	1.21	
标准差	1.09	1.00	0.63	0.83	1.01	0.97	1.01	0.62	1.31	0.65	0.88	

23 个量表问题的最小值除了 Q3 为 2 外，其余皆为 1；最大值皆为 5。

从量表问题的均值看，总体上处于1.14～4.46。技术创新意识问题（Q1～Q5，Q8～Q12）的均值都较大，普遍在3以上，其中，生产关注意识问题（Q1～Q5）的均值最大，基本上都在4以上；技术冒险意识问题（Q8～Q10）的均值次之，基本上都接近于4；自主创业意识问题（Q11～Q12）的均值再次之，在3附近。技术创新行为问题（Q6，Q13～Q16，Q18）的均值偏小，都在3以下，其中，服务企业行为问题（Q6，Q13～Q15）的均值基本上在1.5～3；经营企业行为问题（Q16，Q18）的均值则不足1.5。技术创新效果问题(Q19～Q25）的均值最小，基本上都在2以下。上述23个量表问题的均值分布说明，高校教师普遍具有较高的技术创新意识，但实际从事技术创新的行为尚不主动，最终产生的技术创新效果更是偏弱。

从量表问题的标准差看，总体上处于0.62～1.52，皆具备程度不等的变异性。其中，服务企业行为问题（Q6，Q13～Q15）和部分技术创新效果问题（Q19，Q21，Q23）的标准差较大，基本在1以上；自主创业意识问题（Q11～Q12）的标准差次之，接近于1；其余问题的标准差都在1以下。上述23个量表问题的标准差特征说明，各个量表问题的取值既有良好的变异性，又具备较高的精度性，适合作进一步的统计分析。

第七章 高校教师技术创新意识的结构效应分析

第一节 高校教师问卷数据的信效度检验

一、鉴别度检验

为检验表 6-4 所列 23 个量表问题的鉴别度，首先，计算每份有效问卷中全部 23 个量表问题的得分总和，将得分总和最高的 27%划归到高分组，得分总和最低的 27%划归到低分组。然后，就 23 个量表问题在高分组和低分组之间是否具有显著差异，作独立样本均值比较的 t 检验。t 检验结果显示如表 7-1 所示。检验结果显示，23 个量表问题皆具备显著的鉴别度，且显著度都达到了 1%的高水平。据此，表 6-4 所列的 23 个量表问题皆通过了鉴别度检验，并将继续进行下面的结构效度检验和信度检验。

表 7-1 高校教师技术创新意识量表问题总得分高、低分组均值差异 t 检验

问题	高、低分组均值差	方差齐性检验	问题	高、低分组均值差	方差齐性检验	问题	高、低分组均值差	方差齐性检验
Q1	0.096***	方差不齐	Q10	0.082***	方差齐性	Q19	0.109***	方差不齐
Q2	0.081***	方差齐性	Q11	0.113***	方差齐性	Q20	0.118***	方差不齐
Q3	0.080***	方差齐性	Q12	0.111***	方差不齐	Q21	0.081***	方差不齐
Q4	0.083***	方差齐性	Q13	0.095***	方差齐性	Q22	0.127***	方差不齐
Q5	0.087***	方差不齐	Q14	0.085***	方差不齐	Q23	0.083***	方差不齐
Q6	0.110***	方差不齐	Q15	0.079***	方差不齐	Q24	0.100***	方差不齐
Q8	0.090***	方差齐性	Q16	0.039***	方差不齐	Q25	1.163***	方差不齐
Q9	0.081***	方差齐性	Q18	0.099***	方差不齐			

*** 表示统计显著性水平为 1%。

二、结构效度检验

效度，即有效性，是指测量工具或手段能够准确测出所需测量的事物的程度。效度检验是实证研究过程中的一个重要环节，只有满足效度要求的实证分析，其结果才具有说服力。

（一）结构效度判别准则

参照学术界的一般标准，并结合本书的研究要求，按照以下 4 条判别准则，对前面已经通过了鉴别度检验的 23 个量表问题（Q1～Q6、Q8～Q16、Q18～Q25），进行结构效度检验。

结构效度判别准则 1——因子提取数量准则：所提取因子的数量，要求全体因子对总方差的累积解释比重达到 70%，且各因子的初始特征值最好超过 1 或在 1 附近。

结构效度判别准则 2——整体结构效度判别准则：全体量表问题的 KMO 值≥0.70，巴特利特球形检验在 0.05 水平上显著，则该全体量表问题在整体上适合进行因子分析（马庆国，2002）。

结构效度判别准则 3——单项结构效度判别准则：单项量表问题的因子共同度≥0.50，经方差最大化旋转后的最大因子载荷绝对值≥0.50，则该单项量表问题适合进行因子归类。

结构效度判别准则 4——因子构成准则：构成一个因子的所有量表问题应当具有类似的物理含义，并且尽量避免单问题因子的情形。

（二）第一次结构效度检验结果

对前述 23 个量表问题，按照结构效度判别准则 1，采用主成分法提取到 8 个因子。这 8 个因子对总方差的累积解释比重为 71.37%，KMO 值为 0.887，巴特利特球形检验显著性水平达到了 1%，表明这 23 个量表问题在整体上适合进行因子分析（表 7-2）。对所提取的 8 个因子进行方差最大化旋转，得到上述 23 个量表问题的正交因子载荷矩阵。其中，第 3 号因子系由物理含义完全不同的问题 Q5 和 Q8～Q10 构成，且 Q5 的最大因子载荷 0.366＜0.50，说明第 3 号因子的构成理由不足。第 7 号因子和第 8 号因子分别是由问题 Q18 和 Q23 构成的单问题因子。另外，问题 Q16 被划入由 Q24、Q25 构成的第 5 号因子，在物理含义上有冲突。据此，将结构效度较差的 Q5、Q16、Q18、Q23 等 4 个量表问题剔除，再对余下的 19 个量表问题（Q1～Q4、Q6、Q8～Q15、Q19～Q22、Q24～Q25）进行第二次结构效度检验。

表 7-2　第一次因子分析的 KMO 检验和巴特利特球形检验

KMO 样本测度		0.887
巴特利特球形检验	Approx. Chi-Square	8852.397
	自由度	497
	显著性	0.000

（三）第二次结构效度检验结果

对余下的 19 个量表问题（Q1～Q4、Q6、Q8～Q15、Q19～Q22、Q24～Q25），按照结构效度判别准则 1，采用主成分法提取到 6 个因子。这 6 个因子对总方差的累积解释比重为 69.81%，KMO 值为 0.871，巴特利特球形检验显著性水平达到了 1%，表明这 19 个量表问题在整体上适合于进行因子分析（表 7-3）。

表 7-3　第二次因子分析的 KMO 检验和巴特利特球形检验

KMO 样本测度		0.871
巴特利特球形检验	Approx. Chi-Square	8033.580
	自由度	435
	显著性	0.000

对所提取的 6 个因子进行方差最大化旋转，得到上述 19 个量表问题的正交因子载荷矩阵。全部 19 个量表问题的因子共同度皆>0.50，最大因子载荷都为正值且皆>0.50（表 7-4），且构成同一因子的量表问题都具有类似的物理含义。据此认为，这 19 个量表问题通过了结构效度检验。

表 7-4　通过了结构效度检验的 19 个量表问题的因子载荷矩阵（经方差最大化旋转）

题项	因子载荷					
	$F1'$	$F2'$	$F3'$	$F4'$	$F5'$	$F6'$
Q6	0.778	0.122	0.188	0.106		
Q13	0.807	0.141				0.16
Q14	0.785	0.311	0.152	0.132	0.154	
Q15	0.689	0.299		0.12	0.312	0.114
Q19	0.418	0.752				
Q20	0.198	0.809			0.238	
Q21	0.215	0.818			0.173	
Q22		0.559			0.527	0.14
Q1	0.125		0.775			
Q2			0.771	0.264		
Q3			0.611	0.287		
Q4		−0.115	0.633	0.339		
Q8	0.195		0.208	0.745		0.186
Q9	0.102		0.278	0.814		
Q10			0.258	0.795		0.115
Q24	0.167	0.43			0.747	0.11
Q25	0.447	0.142			0.737	
Q11			0.26	0.153	0.178	0.868
Q12						0.734

三、信度检验

前述 19 个量表问题（Q1～Q4、Q6、Q8～Q15、Q19～Q22、Q24～Q25）通过了结构效度检验，但由它们构成的 6 个因子还需要作进一步的信度检验。

（一）信度检验判别标准

参照学术界的一般标准，并结合本书的研究要求，按照下面的判别准则，对由量表问题所构成的 6 个抽象因子进行信度检验：因子的整体 Cronbach α 值≥0.60，且删除其中某一量表问题后的 Cronbach α 值没有明显提高，则判定该因子通过信度检验。

（二）信度检验结果

按照信度检验判别准则，依次对表 7-4 中的 6 个因子（$F1'$～$F6'$）进行信度检验，检验结果列于表 7-5。

表 7-5 因子信度检验结果

$F1'$	Cronbach α 值		$F2'$	Cronbach α 值		$F3'$	Cronbach α 值	
	整体	删除后		整体	删除后		整体	删除后
Q6	0.839	0.842	Q19	0.82	0.761	Q1	0.745	0.716
Q13		0.789	Q20		0.733	Q2		645
Q14		0.749	Q21		0.735	Q3		0.688
Q15		0.809	Q22		0.838	Q4		0.7
$F4'$	Cronbach α 值		$F5'$	Cronbach α 值		$F6'$	Cronbach α 值	
	整体	删除后		整体	删除后		整体	删除后
Q8	0.795	0.769	Q24	0.697		Q11	0.567	
Q9		0.68	Q25			Q12		
Q10		0.717						

检验结果显示，除第 6 号因子 $F6'$未能通过信度检验外，其余 5 个因子都满足了信度要求。据此，将表 7-4 中因子 $F6'$所对应的量表问题 Q11、Q12 剔除，再对余下的 17 个量表问题（Q1～Q4、Q6、Q8～Q10、Q13～Q15、Q19～Q22、Q24～Q25）作结构效度检验和信度检验。对 17 个量表问题进行结构效度检验，采用主成分法提取到 5 个因子。这 5 个因子对总方差的累积解释比重为 70.65%，KMO 值为 0.873，巴特利特球形检验显著性水平达到了 1%，表明这 17 个量表问题在整体上适合进行因子分析。对所提取的 5 个因子进行方差最大化旋转，发现问题 Q22 被划入由 Q24、Q25 构成的第 5 号因子，在物理含义上有冲突。将 Q22 剔除后，再对余下的 16 个量表问题继续进行结构效度检验和信度检验，最终通过了结构效度检验和信度检验，并得到了表 7-6 所示的因子划分结果。

表 7-6 通过了结构效度检验和信度检验的量表问题因子载荷矩阵（经方差最大化旋转）

题项	因子载荷				
	*F*1	*F*2	*F*3	*F*4	*F*5
Q1	0.742				
Q2	0.794				
Q3	0.644				
Q4	0.645				
Q8		0.76			
Q9		0.809			
Q10		0.806			
Q6			0.776		
Q13			0.833		
Q14			0.784		
Q15			0.648		
Q19				0.773	
Q20				0.817	
Q21				0.842	
Q24					0.75
Q25					0.801

（三）因子命名

对表 7-6 构成的 5 个因子 *F*1～*F*5，可按其对应的量表问题予以命名。其中，第 1 个因子 *F*1 由量表问题 Q1～Q4 构成，而 Q1～Q4 在问卷设计时是用来度量生产关注意识的，据此可以将 *F*1 命名为生产关注意识因子。第 2 个因子 *F*2 由量表问题 Q8～Q10 构成，而 Q8～Q10 在问卷设计时是用来度量技术冒险意识的，据此可以将 *F*2 命名为技术冒险意识因子。第 3 个因子 *F*3 由量表问题 Q6、Q13～Q15 构成，而 Q6、Q13～Q15 在问卷设计时是用来度量服务企业行为的，据此可以将 *F*3 命名为服务企业行为因子。第 4 个因子 *F*4 由量表问题 Q19～Q21 构成，而 Q19～Q21 在问卷设计时是用来度量专利技术开发效果的，据此可以将 *F*4 命名为专利技术开发效果因子。第 5 个因子 *F*5 由量表问题 Q24、Q25 构成，而 Q24、Q25 在问卷设计时是用来度量科技成果转化效果的，据此可以将 *F*5 命名为科技成果转化效果因子（表 7-7）。

表 7-7 高校教师技术创新意识、行为、效果构成因子命名表

因子	因子命名	组成问题
*F*1	生产关注意识	Q1～Q4
*F*2	技术冒险意识	Q8～Q10
*F*3	服务企业行为	Q6、Q13～Q15
*F*4	专利技术开发效果	Q19～Q21
*F*5	科技成果转化效果	Q24、Q25

四、研究假设的调整

通过上述论证和筛选，鉴于经营企业效果所对应的问题回答率太低，自主创业意识和经营企业行为所对应的问题未能通过检验筛选，因此，对自主创业意识、经营企业行为和经营企业效果这3个构成概念不宜再作进一步的分析。据此，在最初设立的关于高校教师技术创新意识、行为、效果的假设（原H1～H14）中，剔除含有自主创业意识、经营企业行为和经营企业效果的8个研究假设（原H2～H7，H11～H14），对保留的6个研究假设重新定义如下（H1′～H6′）。

（一）高校教师的技术创新意识影响其技术创新行为的假设

H1′：高校教师的生产关注意识对其服务企业行为具有显著的正向促进作用，即高校教师关注生产的意识越强，则其服务企业的行为就会越积极。

H2′：高校教师的生产关注意识对其技术冒险意识具有显著的正向促进作用，即高校教师关注生产的意识越强，则其技术冒险的意识就会越强。

H3′：高校教师的技术冒险意识对其服务企业行为具有显著的正向促进作用，即高校教师技术冒险的意识越强，则其服务企业的行为就会越积极。

（二）高校教师的技术创新行为影响其技术创新效果的假设

H4′：高校教师的服务企业行为对其专利技术开发效果具有显著的正向促进作用，即高校教师服务企业的行为越积极，则其专利技术开发的效果就会越明显。

H5′：高校教师的服务企业行为对其科技成果转化效果具有显著的正向促进作用，即高校教师服务企业的行为越积极，则其科技成果转化的效果就会越明显。

H6′：高校教师的专利技术开发效果对其科技成果转化效果具有显著的正向促进作用，即高校教师专利技术开发的效果越明显，则其科技成果转化的效果就会越明显。

根据调整后的H1′～H6′，以及表7-7所构成的因子及其与相应量表问题对应关系，构造结构路径模型如图7-1所示。

图7-1的含义与H1′～H6′是完全对应的，即高校教师的生产关注意识（$F1$）对其服务企业行为（$F3$）具有直接的正向影响，对其技术冒险意识（$F2$）具有直接的正向影响；高校教师的技术冒险意识（$F2$）对其服务企业行为（$F3$）具有显著的正向影响；高校教师的服务企业行为（$F3$）对其专利技术开发效果（$F4$）具有显著的正向影响，对其科技成果转化效果（$F5$）具有显著的正向影响；高校教

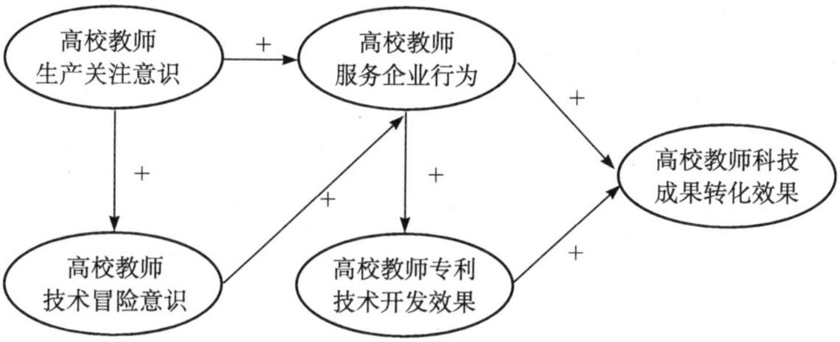

图 7-1 调整后的高校教师技术创新意识、行为和效果之间的结构路径模型

师的专利技术开发效果（*F*4）对其科技成果转化效果（*F*5）具有显著的正向影响。此外，各个因子还分别是构成该因子的对应量表问题的直接原因。

（三）高校教师的技术创新意识、行为及效果的地区差异假设

鉴于自主创业意识、经营企业行为和经营企业效果这 3 个构成概念不宜再作进一步的分析。据此，对最初设立的关于地区差异影响高校教师技术创新意识、行为、效果的假设（原 H15～H17）进行调整和补充。

H7′：高校教师的生产关注意识存在显著的地区差异。

H8′：高校教师的技术冒险意识存在显著的地区差异。

H9′：高校教师的服务企业行为存在显著的地区差异。

H10′：高校教师的专利技术开发效果存在显著的地区差异。

H11′：高校教师的科技成果转化效果存在显著的地区差异。

第二节 高校教师技术创新意识的结构关系分析

一、模型拟合

（一）拟合度检验

对图 7-1 所构造的结构路径模型，首先作整体拟合度检验，即评判模型输出的各种拟合指标是否满足参考要求，以检验所提出的变量间关联模式与实际数据的拟合程度。运用回收的 543 份有效问卷数据，由 Amos 算出的模型整体拟合度指标列于表 7-8 中。

由表 7-8 可见，图 7-1 模型的单位自由度卡方指标 $\chi^2/\mathrm{df}=3.543<4$，比较拟合指数＝0.934＞0.90，非正态拟合指数 NNFI（TLI）＝0.908＞0.90，近似

误差均方根=0.068<0.1，且其90%的置信区间为（0.061，0.076），也在0.1之内。参照结构路径分析的一般准则，我们认为模型的整体拟合程度较好，拟合结果在总体上可以接受。

表 7-8 高校教师技术创新意识结构模型的总体拟合指标

拟合指标	显示值	参考值
卡方	347.222	—
自由度	98	—
卡方/自由度	3.543	<5
比较拟合指数	0.934	>0.90
非正态拟合指数	0.908	>0.9
近似误差均方根	0.068	<0.1

（二）路径系数估计

模型通过拟合度检验后，即可进行路径系数估计，来评价方程对数据的解释能力和对假设的验证情况。图7-1模型标准化路径系数的估计值及显著性检验结果如表7-9所示。

表 7-9 高校教师技术创新意识结构模型路径系数的估计及显著性检验

	标准化路径系数	标准差	t统计量	P值
生产关注意识→技术创新行为	0.161	0.172	1.913	0.056
生产关注意识→技术冒险意识	0.709	0.083	10.151	0.000
技术冒险意识→技术创新行为	0.223	0.142	2.686	0.007
服务企业行为→专利技术开发效果	0.629	0.044	11.282	0.000
服务企业行为→科技成果转化效果	0.332	0.029	5.319	0.000
专利技术开发效果→科技成果转化效果	0.525	0.039	7.979	0.000

由表7-9可以看出，图7-1模型所列的六条路径中，每一条路径系数的t统计量都在10%的水平上具有统计显著性，也就是说模型中每一条路径都具有统计显著性（图7-2）。

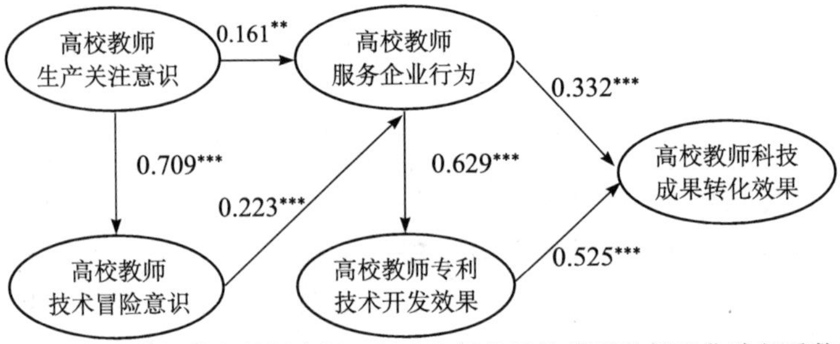

图 7-2 高校教师技术创新意识、行为和效果结构模型的标准化路径系数图

***、** 分别表示统计显著性水平为1%、5%。

再观察测量模型路径系数，检验结果如表 7-10 所示。可以看出相应的 t 统计量均大于 1.96 的参考值，表明各路径系数在 $P=0.05$ 的水平上具有统计显著性，且路径系数大多数介于 0.5～0.9。据此，可以认为图 7-1 测量模型有效。

表 7-10 高校教师技术创新意识测量模型路径系数的估计及显著性检验

	标准化路径系数	标准差	t 统计量	P 值
Q1 ← 生产关注意识	0.595			
Q2 ← 生产关注意识	0.736	0.086	11.971	0.000
Q3 ← 生产关注意识	0.681	0.091	11.485	0.000
Q4 ← 生产关注意识	0.644	0.087	11.095	0.000
Q8 ← 技术冒险意识	0.702	0.67	14.827	0.000
Q9 ← 技术冒险意识	0.810	0.61	16.288	0.000
Q10 ← 技术冒险意识	0.755			
Q6 ← 服务企业行为	0.679			
Q13 ←服务企业行为	0.747	0.49	15.494	0.000
Q14 ←服务企业行为	0.903	0.54	17.761	0.000
Q15 ← 服务企业行为	0.769	0.47	15.876	0.000
Q19 ← 专利技术开发效果	0.791	0.051	18.849	0.000
Q20 ← 专利技术开发效果	0.781	0.049	18.606	0.000
Q21 ← 专利技术开发效果	0.818			
Q24 ← 科技成果转化效果	0.749			
Q25 ← 科技成果转化效果	0.747	0.098	13.720	0.000

综合模型拟合度检验和路径系数估计的结果，本篇就高校教师的技术创新意识、技术创新行为和技术创新效果之间的结构效应，所提出的 H1′～ H6′，经过实际数据的结构路径分析，所有研究假设均获得通过。这一结果，完全证实了高校教师的技术创新意识促进技术创新行为，技术创新行为提升技术创新效果的推断。

（三）总效应计算

图 7-2 中所示的模型路径均为直接影响（direct effect）路径，即从概念模型中所涉及的直接相连的路径系数出发所得到的。为彻底说明整个概念模型路径的全部影响，还需要检测路径的间接影响（indirect effect），以及各个变量相互之间的总影响（total effect），总的影响 = 直接影响 + 间接影响。

根据图 7-2 标准化路径系数计算总效应，计算结果如表 7-11 所示。

表 7-11 高校教师技术创新意识路径总效应

原因变量	效应分解	结果变量		
		技术创新行为	专利技术开发效果	成果转化效果
生产关注意识	直接效应	0.161		
	间接效应	0.163	0.204	0.214
	总效应	0.324	0.204	0.214

续表

原因变量	效应分解	结果变量		
		技术创新行为	专利技术开发效果	成果转化效果
技术冒险意识	直接效应	0.223		
	间接效应		0.14	0.148
	总效应	0.223	0.14	0.148
技术创新行为	直接效应		0.629	0.332
	间接效应			0.330
	总效应		0.629	0.662

如表 7-11 所示，高校教师的生产关注意识对技术创新行为的总效应为 0.324，而技术冒险意识对技术创新行为的总效应为 0.223，生产关注意识对技术创新行为的影响比技术冒险意识的大。

技术创新行为对专利技术开发效果的总效应为 0.629，对科技成果转化效果的总效应为 0.662，技术创新行为更能有效地促进科技成果转化。

生产关注意识对专利技术开发效果的总效应为 0.204，对科技成果转化效果的总效应为 0.214，而技术冒险意识对专利技术开发效果的总效应为 0.14，对科技成果转化效果的总效应为 0.148，可以看出，生产关注意识对技术创新效果的影响比技术冒险意识要强。

二、结构效应分析结论

根据图 7-2 的标准化路径系数的 t 检验情况，可以得出以下六点结论。

(1) 高校教师的生产关注意识对其服务企业行为有显著的直接正向影响，其标准化系数为 0.161，显著性水平达到了 1%，即高校教师的生产关注意识提高一个单位，其服务企业行为会提高 0.161 个单位。因此，H1′成立。

(2) 高校教师的生产关注意识对其技术冒险意识有显著的直接正向影响，其标准化系数为 0.709，显著性水平达到了 1%，即高校教师的生产关注意识提高一个单位，其技术冒险意识会提高 0.709 个单位。因此，H2′成立。

(3) 高校教师的技术冒险意识对其服务企业行为有显著的直接正向影响，其标准化系数为 0.223，显著性水平达到了 1%，即高校教师的技术冒险意识提高一个单位，其服务企业行为会提高 0.223 个单位。因此，H3′成立。

(4) 高校教师的服务企业行为对其专利技术开发效果有显著的直接正向影响，其标准化系数为 0.629，显著性水平达到了 1%，即高校教师的服务企业行为提高一个单位，其专利技术开发效果会提高 0.629 个单位。因此，H4′成立。

(5) 高校教师的服务企业行为对其科技成果转化效果有显著的直接正向影响，其标准化系数为 0.332，显著性水平达到了 1%，即高校教师的服务企业行为提高一个单位，其科技成果转化效果会提高 0.332 个单位。因此，H5′成立。

（6）高校教师的专利技术开发效果对其科技成果转化效果有显著的直接正向影响，其标准化系数为 0.525，显著性水平达到了 1%，即高校教师的专利技术开发效果提高一个单位，其科技成果转化效果会提高 0.525 个单位。因此，H6′成立。

第八章

高校教师技术创新意识分组差异分析

第一节　高校教师特征的地区差异分析

一、不同地区高校教师技术创新意识的单因素方差分析

采用单因素方差分析法，判断东部、中部、西部高校教师的技术创新意识是否存在显著的地区差异。选用 SPSS16.0 中 Scheffe 法，检验结果如表 8-1 所示。

表 8-1　不同地区高校教师技术创新意识比较结果

自变量	高校所在地区 (I)	高校所在地区 (J)	均值差 (I—J)	标准误差	P 值	90%的置信区间	
						低尾	高尾
生产关注意识	东部	中部	−0.6835**	0.2543	0.0207	−1.2824	−0.0846
	东部	西部	−0.5149*	0.2455	0.0918	−1.0926	0.0629
	中部	西部	0.1687	0.2452	0.7708	−0.4085	0.7458
技术冒险意识	东部	中部	−0.6808***	0.2159	0.0051	−1.1894	−0.1721
	东部	西部	−0.7734***	0.2074	0.0007	−1.2617	−0.2852
	中部	西部	−0.0926	0.1990	0.8875	−0.5610	0.3757

***、**、*分别表示统计显著性水平为1%、5%、10%。

从表 8-1 可以看出，东部高校教师的生产关注意识显著低于中部、西部高校教师，均值差分别为 0.6835 和 0.5149，显著性水平分别为 5%和 10%；中部高校教师的生产关注意识与西部高校教师无显著差异。

东部高校教师的技术冒险意识显著低于中部、西部高校教师，均值差分别为 0.6808 和 0.7734，显著性水平均为 1%；中部高校教师的技术冒险意识与西部高校教师无显著差异。

二、高校教师技术创新意识、行为、效果函数估计

分别以高校教师的技术创新意识、技术创新行为、技术创新效果等构成概

念为因变量，以样本中高校教师所处地区、性别、年龄、职称、学历、毕业专业等分组变量为自变量，建立多元回归模型，进一步分析高校教师技术创新意识、行为及效果等构成概念的分组差异，检验 H15～H17 是否成立。

1. 以高校教师生产关注意识为因变量的计量经济模型

$$\text{Con-concern} = c + \beta_1 \text{east-reg} + \beta_2 \text{midd-reg} + \beta_3 \text{male} + \beta_4 \text{age} + \beta_5 \text{mid-tit} + \beta_6 \text{vic-tit} + \beta_7 \text{hig-tit} + \beta_8 \text{sec-edu} + \beta_9 \text{ter-edu} + \beta_{10} \text{mas-edu} + \beta_{11} \text{mas-deg} + \beta_{12} \text{doc-deg} + \beta_{13} \text{sub-mac} + \beta_{14} \text{sub-eco} + \beta_{15} \text{sub-envi} + \beta_{16} \text{sub-hum} + \beta_{17} \text{sub-str} + \mu \tag{8-1}$$

2. 以高校教师技术冒险意识为因变量的计量经济模型

$$\text{Con-risk} = c + \beta_1 \text{east-reg} + \beta_2 \text{midd-reg} + \beta_3 \text{male} + \beta_4 \text{age} + \beta_5 \text{mid-tit} + \beta_6 \text{vic-tit} + \beta_7 \text{hig-tit} + \beta_8 \text{sec-edu} + \beta_9 \text{ter-edu} + \beta_{10} \text{mas-edu} + \beta_{11} \text{mas-deg} + \beta_{12} \text{doc-deg} + \beta_{13} \text{sub-mac} + \beta_{14} \text{sub-eco} + \beta_{15} \text{sub-env} + \beta_{16} \text{sub-hum} + \beta_{17} \text{sub-str} + \mu \tag{8-2}$$

3. 以高校教师服务企业行为为因变量的计量经济模型

$$\text{Act-tran} = c + \beta_1 \text{east-reg} + \beta_2 \text{midd-reg} + \beta_3 \text{male} + \beta_4 \text{age} + \beta_5 \text{mid-tit} + \beta_6 \text{vic-tit} + \beta_7 \text{hig-tit} + \beta_8 \text{sec-edu} + \beta_9 \text{ter-edu} + \beta_{10} \text{mas-edu} + \beta_{11} \text{mas-deg} + \beta_{12} \text{doc-deg} + \beta_{13} \text{sub-mac} + \beta_{14} \text{sub-eco} + \beta_{15} \text{sub-envi} + \beta_{16} \text{sub-hum} + \beta_{17} \text{sub-str} + \mu \tag{8-3}$$

4. 以高校教师专利技术开发效果为因变量的计量经济模型

$$\text{Eff-res} = c + \beta_1 \text{east-reg} + \beta_2 \text{midd-reg} + \beta_3 \text{male} + \beta_4 \text{age} + \beta_5 \text{mid-tit} + \beta_6 \text{vic-tit} + \beta_7 \text{hig-tit} + \beta_8 \text{sec-edu} + \beta_9 \text{ter-edu} + \beta_{10} \text{mas-edu} + \beta_{11} \text{mas-deg} + \beta_{12} \text{doc-deg} + \beta_{13} \text{sub-mac} + \beta_{14} \text{sub-eco} + \beta_{15} \text{sub-envi} + \beta_{16} \text{sub-hum} + \beta_{17} \text{sub-str} + \mu \tag{8-4}$$

5. 以高校教师成果转化效果为因变量的计量经济模型

$$\text{Eff-tran} = c + \beta_1 \text{east-reg} + \beta_2 \text{midd-reg} + \beta_3 \text{male} + \beta_4 \text{age} + \beta_5 \text{mid-tit} + \beta_6 \text{vic-tit} + \beta_7 \text{hig-tit} + \beta_8 \text{sec-edu} + \beta_9 \text{ter-edu} + \beta_{10} \text{mas-edu} + \beta_{11} \text{mas-deg} + \beta_{12} \text{doc-deg} + \beta_{13} \text{sub-mac} + \beta_{14} \text{sub-eco} + \beta_{15} \text{sub-envi} + \beta_{16} \text{sub-hum} + \beta_{17} \text{sub-str} + \mu \tag{8-5}$$

模型中的变量含义说明如表 8-2 所示。

表 8-2　高校教师技术创新意识、行为、效果计量模型中的变量名称及其含义

变量名	含 义	备 注
生产关注意识	Con-concern	
技术冒险意识	Con-risk	
服务企业行为	Act-tran	标准化变量
专利技术开发效果	Eff-res	
成果转化效果	Eff-tran	

续表

变量名	含 义	备 注
东部高校 中部高校	east-reg midd-reg	二值变量（对照组：西部高校）
男性	male	二值变量（对照组：女性）
年龄	age	连续变量
中级职称 副高级职称 高级职称	mid-tit vic-tit hig-tit	二值变量（对照组：初级职称）
中专学历 大专学历 研究生学历	sec-edu ter-edu mas-edu	二值变量（对照组：本科学历）
硕士学位 博士学位	mas-deg doc-deg	二值变量（对照组：学士学位）
IT类专业 机械电子类专业 生化食药环类专业 交通建筑类专业 理学类专业 人文社科类专业	sub-it sub-mac sub-envi sub-str sub-sci sub-eco	二值变量（对照组：经济管理类专业）
随机扰动项	u	均值为0、方差为常数

利用计量经济分析软件Eviews3.0，分别对上述模型进行计算，得到表8-3所示的估计结果。

表8-3 高校教师技术创新意识、行为、效果的分组差异估计结果

变量	生产关注意识（模型（8-1））	技术冒险意识（模型（8-2））	服务企业行为（模型（8-3））	专利技术开发效果（模型（8-4））	成果转化效果（模型（8-5））
东部高校	基组	基组	基组	基组	基组
中部高校	0.167 012*	0.228 422**	0.222 525**	0.005 021	0.131 834*
西部高校	0.138 823*	0.253 559***	−0.150 189	−0.135 627	0.053 268
其他控制变量	（略）	（略）	（略）	（略）	（略）
N	543	543	543	543	543
校正R^2	0.031 449	0.042 37	0.113 054	0.058 701	0.088 154

***、**、*分别表示统计显著性水平为1%、5%、10%。

由表8-3的估计结果，可以得出以下结论。

1. 高校教师生产关注意识的分组差异

东部、中部、西部地区高校教师的生产关注意识存在显著地区差异，其中东部地区高校教师的生产关注意识显著低于中部、西部地区的高校教师，显著性水平均达到10%。由此，H7′成立。

2. 高校教师技术冒险意识的分组差异

东部、中部、西部地区高校教师的技术冒险意识存在显著地区差异，其中东部地区高校教师的技术冒险意识显著低于中部、西部地区的高校教师，显著性水平均达到1%。由此，H8′成立。

3. 高校教师服务企业行为的分组差异

东部地区高校教师的服务企业行为显著弱于中部地区的高校教师，显著性水平达到5%。东部高校教师的服务企业行为与西部高校教师无显著差异。由此，H9′基本成立。

4. 高校教师专利技术开发效果的分组差异

东部、中部、西部地区高校教师的专利技术开发效果不存在显著差异，H10′不成立。

5. 高校教师成果转化效果的分组差异

东部地区高校教师成果转化效果显著弱于中部地区的高校教师，显著性水平达到10%。东部高校教师的成果转化效果与西部高校教师无显著差异。由此，H11′基本成立。

三、对高校教师技术创新意识分组差异结果的讨论与政策建议

1. 关于东部地区高校教师的技术创新意识显著低于中部、西部高校教师的讨论

方差分析和回归分析的结果都显示，东部、中部、西部高校教师在生产关注意识和技术冒险意识方面均存在显著差异，东部地区教师明显低于中部、西部高校教师。

在生产关注意识方面，由于生产关注意识包含了高校教师对所从事学科知识的发展和其在相关生产领域应用情况的关注，这不仅仅是高校教师从事科研工作的需要，同时也是教学工作的需要，中部崛起战略和西部大开发战略让中部、西部高校教师更加关注行业动态。

在技术冒险意识方面，冒险意愿和强烈程度既和冒险主体的个性特征有关，同时更与其所处的环境有关。高风险往往意味着高回报，冒险主体的经济条件对其冒险意识具有很大的影响作用。东部地区高校普遍处于经济发达地区，其工作环境和薪酬待遇比中部、西部地区的高校教师优越，相对于中部、西部高校教师，他们更倾向于稳定，而不是冒险。

2. 对高校教师技术创新意识分组差异结果的政策建议

对于中部、西部地区的高校教师而言，应该从改善其科研环境，提高其工作待遇等方面入手，发挥其技术冒险意识强的优势，帮助其完成冒险意识到冒险行为的转化。

对于东部地区的高校教师而言，应该通过将项目研发和技术创新等科研工作纳入考核范围，或给予完成技术创新的高校教师更多奖励的方式，激励其增强技术冒险意识，在技术冒险方面投入更多精力。

第二节　高校教师技术创新意识的聚类分析

采用SPSS软件，运用K-means聚类分析方法，分别基于“生产关注意识-技术冒险意识”、“服务企业行为”、“专利技术研发效果-科技成果转化效果”三类组合对高校教师进行分类，分析不同类型高校教师在技术创新意识、行为、效果方面的特征和差异。

一、基于“生产关注意识-技术冒险意识”的高校教师分类

根据高校教师“生产关注意识-技术冒险意识”两者的因子得分组合，采用快速聚类法，对543份有效问卷进行分类，最终将高校教师分成了四种类型：高关注高冒险型、高关注低冒险型、低关注高冒险型、低关注低冒险型。这四类高校教师的生产关注意识和技术冒险意识得分的中心值组合及人数比例，列于表8-4。F检验表明，四类高校教师在生产关注意识和技术冒险意识的因子得分上都存在显著差异，显著性水平都达到了1%，这说明分类结果具有统计意义。

表8-4　高校教师“生产关注意识-技术冒险意识”组合的四种类型及其因子得分中心值

	高关注高冒险型	高关注低冒险型	低关注高冒险型	低关注低冒险型	总体统计特征
高校教师生产关注意识得分中心值	0.218	0.732	−5.319	−1.094	F值 328.142***
高校教师技术冒险意识得分中心值	1.088	−0.606	1.669	−0.293	F值 199.402***
高校教师人数/人	160	209	5	163	537
占比/%	29.80	38.92	0.18	31.10	100

*** 表示统计显著性水平为1%。

(1) 高关注高冒险型。此类高校教师的生产关注意识中心值较大(0.218)，技术冒险意识中心值最大(1.088)，表明他们比较关注生产活动，同时又具有很强的风险承受能力和进取精神。可以说他们是高校技术创新意识最强的一部分人，也是推动高校技术创新的主要力量。高关注高冒险型高校教师在样本中比例较大，为29.80%。对此类教师，高校应该从培养教师的生产关注意识和技术冒险意识这两方面着手，从源头上提升科技创新意识，并扩大这部分人群在教师中的比重。

(2) 高关注低冒险型。此类高校教师的生产关注意识中心值最大 (0.732)，但技术冒险意识中心值则最小 (－0.606)，表明他们虽然具有很强的生产关注意识，但缺乏足够的技术冒险意识。高关注低冒险型高校教师在样本中的比例最大，为 38.93%。对此类教师，高校应积极通过改善科研创新和技术创新条件，从政策和体制两方面降低科研成果开发和转化的风险性，同时强化高校教师在科研开发和技术创新中的冒险意识和风险承受能力。

(3) 低关注高冒险型。此类高校教师的生产关注意识中心值最低(－5.319)，但冒险意识中心值最大 (1.669)，表明他们虽然具有很强的技术冒险意识，但缺乏足够的生产关注意识。低关注高冒险型高校教师在样本中比例最小，仅仅为 0.18%。由于科技成果是否能满足生产实践的需求是其能否顺利转化的关键因素，所以，对此类教师，要提高其生产关注意识，高校可以通过定期收集和发布生产单位技术需求信息，以及与生产单位合作开展技术或产品研发等途径来调高此类高校教师在成果研发和转化中的生产关注意识。

(4) 低关注低冒险型。此类高校教师的生产关注意识和冒险意识的中心值均比较小，分别为－1.094 和－0.293，表明他们的生产关注意识和技术冒险意识都较差。低关注低冒险型高校教师在样本中比例较大，为 31.10%，仅次于高关注低冒险型高校教师。高校应该采取相应措施，争取提高此类教师对生产的关注程度和对技术开发的风险意识，从根本上提高其技术创新意识，进而激发技术创新行为，提升技术创新效果。

二、基于“服务企业行为”的高校教师分类

根据高校教师服务企业行为的因子得分，采用快速聚类法，对 543 份有效问卷进行分类，最终将高校教师分成了三种类型——创新行为积极型、创新行为一般型、创新行为消极型。这三类高校教师技术创新行为因子的得分中心值及人数比例列于表 8-5。*F* 检验表明，三类高校教师之间在因子得分上都存在显著差异，显著性水平都达到了 1%，这说明分类结果具有统计意义。表 8-5 列出了这三类高校教师的分组分布特征。

表 8-5 高校教师技术创新行为的三种类型及其因子得分中心值

	创新行为积极型	创新行为一般型	创新行为消极型	总体统计特征
高校教师服务企业行为得分中心值	1.270	0.088	－1.150	*F* 值 433.925***
高校教师人数/人	139	227	171	537
占比/%	25.88	42.27	31.84	100

*** 表示统计显著性水平为 1%。

(1) 创新行为积极型。此类高校教师的技术创新行为得分中心值最大(1.270)，表明他们的技术创新行为最为频繁，是高校技术创新的中坚力量。创新行为积极型高校教师在样本中的比例最小，为25.88%。对此类教师，高校应该采取措施，鼓励高校教师的技术创新行为，扩大创新行为积极型教师的比重，发挥其在技术创新中带头作用。

(2) 创新行为一般型。此类高校教师的技术创新行为得分中心值较大(0.088)，介于最积极和最消极之间。创新行为一般型高校教师在样本中比例最大，为42.27%。对此类教师，高校应该采取有效措施，积极促使创新行为一般型教师向创新行为积极型教师群体转变，进而扩大技术创新行为的参与主体。

(3) 创新行为消极型。此类高校教师的技术创新行为得分中心值最小(−1.150)，他们是高校技术创新活动参与程度最不积极的教师群体。创新行为消极型高校教师在样本中的比例较多，为31.84%。这一部分人数占比例较大，是导致高校科技技术创新行为低下的主要人群。因此，高校应该通过提高其技术创新意识、改善科研环境或提高薪酬待遇等措施来使这部分人变被动参与为主动参与，从消极型向一般型过渡，再向积极型转变。

三、基于“专利技术研发效果-科技成果转化效果”的高校教师分类

根据高校教师“专利技术研发效果-科技成果转化效果”两者的因子得分组合，采用快速聚类法，对543份有效问卷进行分类，最终将高校教师分成了四种类型：高研发高转化型，高研发低转化型，低研发高转化型，低研发低转化型。这四类高校教师的专利技术研发效果和科技成果转化效果的得分中心值组合及人数比例如表8-6所示。*F*检验表明，四类高校教师在专利技术研发效果和科技成果转化效果因子得分上都存在显著差异，显著性水平都达到了1%，这说明分类结果具有统计意义。

表8-6 高校教师“专利技术研发效果-科技成果转化效果”组合的四种类型及其因子得分中心值

	高研发高转化型	高研发低转化型	低研发高转化型	低研发低转化型	总体统计特征
高校教师专利技术研发效果得分中心值	2.622	1.546	−0.555	−0.365	*F*值 363.156***
高校教师科技成果转化效果得分中心值	3.402	−0.634	2.201	−0.183	*F*值 443.053***
高校教师人数/人	13	86	38	400	537
占比/%	2.42	16.01	7.08	74.49	100

*** 表示统计显著性水平为1%。

(1) 高研发高转化型。此类高校教师的专利技术研发效果得分中心值最高(2.622)，同时科技成果转化效果的得分中心值也最高(3.402)，表明他们的专

利技术研发效果和科技成果转化效果都最好。高研发高转化型教师是高校技术创新中的中坚力量和榜样人群，但在样本中的比例最小，仅为 2.42%。对此类教师，高校应该加大对技术创新活动的奖励制度，并积极宣传，扩大这一教师群体的比重。

(2) 高研发低转化型。此类高校教师的专利技术研发效果得分中心值较高(1.546)，而科技成果转化效果则最低（—0.634)，表明他们虽然取得了较多的专利技术研发成果，但是最终能够用于生产活动的较少。高研发低转化型高校教师在样本中比例较低，为 16.01%。此类高校教师虽然在专利技术研发方面取得较好的成绩，但是最终完成成果转化的却并不尽如人意。对此类教师，高校应该提高科技成果的应用性，培养生产导向性的科技成果研发意识。

(3) 低研发高转化型。此类高校教师的科技成果转化效果得分中心值较高(2.201)，而专利技术研发效果得分中心值却最低（—0.555)，表明他们取得的专利技术研发成果大多数能够用于生产实践活动，但成果并不多。低研发高转化型高校教师在样本中比例也较低，为 7.08%。对此类教师，高校应该鼓励和支持技术创新活动，增加科技成果的取得数量。

(4) 低研发低转化型。此类高校教师的专利技术研发效果得分中心值较低(—0.365)，同时科技成果转化效果得分中心值也比较低（—0.183)，这表明他们技术创新效果最差。令人担忧的是，低研发低转化型高校教师在样本中占到了大多数，达到了 74.49%。这直接反映了高校技术创新效果不尽如人意的现状。

本篇小结

高校教师是学术上的技术创新主体。高校教师的技术创新意识、技术创新行为和技术创新效果，是本篇的三个核心概念。本篇基于前文的理论研究构建了“高校教师技术创新意识→高校教师技术创新行为→高校教师技术创新效果”的结构方程模型，并在此基础上设计了高校教师技术创新意识调查问卷。运用随机抽样数据，分析了高校教师技术创新意识、行为和效果等构成概念之间的相互关系，探讨了东部、中部、西部地区高校教师技术创新意识的地区差异，并基于高校教师技术创新意识、行为和效果等构成概念分别对高校教师进行了分类。主要结论及启示包括以下三个方面。

（1）高校教师技术创新意识对其技术创新行为有显著的正向影响，高校教师技术创新行为对其技术创新效果有显著的正向影响，这意味着为了获得更好的高校教师技术创新效果，一要大力培育高校教师的技术创新意识，二要有效激励高校教师的技术创新行为。

（2）总体上，在控制其他条件不变的情况下，中部、西部地区高校教师的技术创新意识、技术创新行为、技术创新效果均高于东部地区高校教师，这一结果刚好与企业家相反，这意味着中部、西部地区的知识阶层在学术创新上并不落后于东部地区，为此，中部、西部地区应当着力构建有利于新技术商业化的制度和文化，激励本地区的知识分子参与新技术在企业的产业化应用。

（3）基于高校教师的技术创新意识进行聚类分析，可以将高校教师划分为高关注高冒险意识型、高关注低冒险意识型、低关注高冒险意识型、低关注低冒险意识型，其中，高关注低冒险意识型占高校教师调查样本的比例最大，提醒我们应当高度关注高校教师技术冒险意识的培育；基于高校教师技术创新行为进行聚类分析，可以将高校教师划分为创新行为积极型、创新行为一般型、创新行为消极型，其中，创新行为一般型占高校教师调查样本的比例最大、积极型最小，提醒我们应当采取措施激励高校教师实施技术创新；基于高校教师技术创新效果进行聚类分析，可以将高校教师划分为高研发高转化型、高研发低转化型、低研发高转化型、低研发低转化型，其中，约 3/4 为低研发低转化型，提醒我们促进高校教师的技术研发和成果转化的任务仍然艰巨。

大学生创新篇

第九章
大学生技术创新意识的概念与测度

第一节　大学生技术创新构成概念与研究假设

一、构成概念定义

大学生的技术创新意识、技术创新行为和技术创新成果，是本篇的三个核心概念，它们都属于构成概念，是不能直接测量的抽象概念，只能根据某些显性变量来间接地予以度量。下面将依次给出这三个核心构成概念的定义。

（一）大学生技术创新意识

大学生技术创新意识是指大学生对技术创新的一种主观偏好，是指大学生基于自身专业学习的目的和社会生产的客观需求，愿意主动参加各种创新活动，愿意向生产部门提供智力和技术服务的主观倾向。它是大学生进行技术创新活动的出发点和内在动力。在这种主观动机的驱使下，大学生会偏好于参与技术创新和技术服务活动。根据主观倾向的强烈程度，本书将大学生的技术创新意识细分为技术关注意识、主动创新意识、技术开发意识和冒险意识（毛祖恒，2001；冯正刚，2002；周懿，2008）。

（1）技术关注意识是指大学生对生产实践活动和技术发展动态的关注程度。前者主要表现在对企业生产中技术需求情况的注意，后者则主要表现为对专业技术发展现状及发展趋势的关注。技术关注意识的心理紧张程度较低，其主观倾向程度较弱。

（2）主动创新意识是指大学生基于自身兴趣和自我发展的需求，对创新活动和科技竞赛等活动的主观偏好和主动意识。它反映了大学生参与技术创新活动的主观决心，是大学生技术创新活动的主要动力。主动创新意识带有行为色彩，心理紧张程度较高，主观倾向程度较强。

（3）技术开发意识是指大学生对专利开发和商业技术开发活动的主观意识。它反映了大学生参与技术开发活动的主观决心，是大学生参与技术开发的主要动力。技术开发意识的心理紧张程度较高，主观倾向程度较强。

（4）冒险意识是指大学生对技术创新、创业过程中可能出现的挫折和风险的承受意识和冒险精神。它主要反映大学生对创新创业风险的主观态度与心理感受。冒险意识的心理紧张程度较高，但其主观倾向程度较弱。

（二）大学生技术创新行为

大学生技术创新行为是指大学生在某种主观动机和主观愿望的驱使下，有意识地将自己的专业知识应用于生产与社会实践活动的行为。它是一种可观察到的行为，反映了大学生对其技术创新意识的实践过程。根据实践活动的深入程度，本书把大学生的技术创新行为细分为技术服务行为、模拟实践行为和学术活动行为（赵川平和魏志渊，2000；唐良宝，2003）。

（1）技术服务行为是指大学生通过企业兼职、技术合作等方式，为生产单位或研究机构提供生产技术服务的行为。技术服务行为直接面向生产实践，实践深入程度最深。

（2）模拟实践行为是指大学生运用专业知识，参加模仿实践情境的各种技术竞赛、创业竞赛的行为，如数模竞赛、电子制作大赛、创业大赛等。模拟实践行为的实践深入程度低于技术服务行为，但仍具有较强的实践背景。

（3）学术活动行为是指大学生为提高自己的技术创新能力，参与各种学术交流和学术研究的行为，如参加学术社团、参与科研活动、撰写学术论文等。学术研究行为偏重于知识创新，实践深入程度最低。

（三）大学生技术创新成果

大学生技术创新成果是指大学生通过自己的技术创新行为，所取得的各种技术成果。它是一种可观察到的客观结果，反映了大学生从事技术创新活动的成就，是评估技术创新行为的效率指标。本书将大学生的技术创新成果细分为技术研发成果和科技竞赛成果（彭熙和邓成超，2002；张鹏和于兰，2005）。

（1）技术研发成果是指大学生通过参加技术研发活动所取得的专利技术成果和科研成果。具体包括开发的专利数量、完成的科研项目、发表的研究论文等。

（2）科技竞赛成果是指大学生通过参加模拟竞赛活动所取得的竞赛成果。具体包括科技竞赛获奖、创业竞赛获奖、数模竞赛获奖等。

二、假设与模型

（一）大学生的技术创新意识影响其技术创新行为的假设

大学生的技术创新意识，是大学生对技术创新的一种主观偏好。这种意识一旦形成，就会像人类的其他意识一样具有强烈的主观能动性，它将直接影响大学生的技术创新行为，并最终影响其技术创新成果。可以认为，技术创新意识是导致技术创新行为的直接动机，正是在技术创新意识的驱使下，才会有技术创新行为的发生。本书将技术创新意识细分为技术关注意识、主动创新意识、技术开发意识和冒险意识。其中，主动创新意识和技术开发意识的行为倾向较强，可以认为主动创新意识和技术开发意识的行为将直接作用于技术创新行为；而技术关注意识和冒险意识的行为倾向较弱，对技术创新行为的影响较为间接，需要通过主动创新意识和技术开发意识作为中介。据此，提出以下 10 条研究假设。

H1：大学生的技术关注意识对其主动创新意识具有显著的正向促进作用，即大学生的技术关注意识越强，则其主动创新意识就会越强。

H2：大学生的技术关注意识对其技术开发意识具有显著的正向促进作用，即大学生的技术关注意识越强，则其技术开发意识就会越强。

H3：大学生的冒险意识对其主动创新意识具有显著的正向促进作用，即大学生的冒险意识越强，则其主动创新意识就会越强。

H4：大学生的冒险意识对其技术开发意识具有显著的正向促进作用，即大学生的冒险意识越强，则其技术开发意识就会越强。

H5：大学生的主动创新意识对其技术服务行为具有显著的正向促进作用，即大学生的主动创新意识越强，则其技术服务行为就会越积极。

H6：大学生的主动创新意识对其模拟实践行为具有显著的正向促进作用，即大学生的主动创新意识越强，则其模拟实践行为就会越积极。

H7：大学生的主动创新意识对其学术活动行为具有显著的正向促进作用，即大学生的主动创新意识越强，则其学术活动行为就会越积极。

H8：大学生的技术开发意识对其技术服务行为具有显著的正向促进作用，即大学生的技术开发意识越强，则其技术服务行为就会越积极。

H9：大学生的技术开发意识对其模拟实践行为具有显著的正向促进作用，

即大学生的技术开发意识越强，则其模拟实践行为就会越积极。

H10：大学生的技术开发意识对其学术活动行为具有显著的正向促进作用，即大学生的技术开发意识越强，则其学术活动行为就会越积极。

（二）大学生的技术创新行为影响其技术创新成果的假设

行为导致结果。我们不妨称技术创新行为的结果为技术创新成果。大学生的技术创新行为，无论是技术服务行为、模拟实践行为，还是学术活动行为，都会在客观上提升大学生的技术创新能力，并产生相应的客观效果。一般来说，技术创新行为越积极，技术创新成果就会越显著。本书将大学生的技术创新行为细分为技术服务行为、模拟实践行为和学术活动行为，将大学生的技术创新成果细分为技术研发成果和科技竞赛成果，由此，提出以下6条研究假设。

H11：大学生的技术服务行为对其技术研发成果具有显著的正向促进作用，即大学生的技术服务行为越积极，则其技术研发成果就会越明显。

H12：大学生的技术服务行为对其科技竞赛成果具有显著的正向促进作用，即大学生的技术服务行为越积极，则其技术竞赛成果就会越明显。

H13：大学生的模拟实践行为对其技术研发成果具有显著的正向促进作用，即大学生的模拟实践行为越积极，则其技术研发成果就会越明显。

H14：大学生的模拟实践行为对其科技竞赛成果具有显著的正向促进作用，即大学生的模拟实践行为越积极，则其科技竞赛成果就会越明显。

H15：大学生的学术活动行为对其技术研发成果具有显著的正向促进作用，即大学生的学术活动行为越积极，则其技术研发成果就会越明显。

H16：大学生的学术活动行为对其科技竞赛成果具有显著的正向促进作用，即大学生的学术活动行为越积极，则其科技竞赛成果就会越明显。

（三）大学生技术创新意识的地区差异假设

意识源于实践，并受到主体所处环境的约束。从环境影响的角度看，大学生的技术创新意识、技术创新行为和技术创新成果既要受所在大学环境的影响，又要受入学前生源所在地环境的影响。环境具有明显的地理分化，不同地区所提供的环境是有明显差异的。在我国，最大的地理分区是将全国划分为东部、中部和西部地区，东部、中部和西部的社会经济发展水平的差异和环境的差异，势必会造成大学生在技术创新意识、技术创新行为、技术创新成果上的地区差异。据此，提出以下 6 条研究假设。

H17：就读于不同高校的大学生，其技术创新意识存在显著的地区差异。

H18：就读于不同高校的大学生，其技术创新行为存在显著的地区差异。

H19：就读于不同高校的大学生，其技术创新成果存在显著的地区差异。

H20：不同生源地的大学生，其技术创新意识存在显著的地区差异。

H21：不同生源地的大学生，其技术创新行为存在显著的地区差异。

H22：不同生源地的大学生，其技术创新成果存在显著的地区差异。

（四）大学生技术创新“意识→行为→成果”的概念模型

根据 H1～H16，构建大学生技术创新“意识→行为→成果”的概念模型如图 9-1 所示。

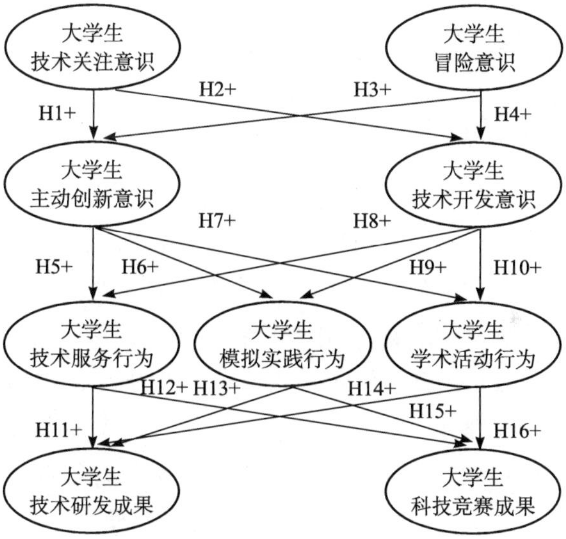

图 9-1　大学生技术创新意识的概念模型

三、方法与思路

(1) 文献研究：在已有理论研究的基础上，通过文献研究，提炼出大学生技术创新意识、大学生技术创新行为、大学生技术创新成果等核心构成概念的定义，提出大学生技术创新意识影响其技术创新行为，技术创新行为影响其技术创新成果的研究假设和模型。

(2) 问卷调查法：根据大学生技术创新意识、行为、成果的概念模型，设计大学生技术创新意识、行为、成果等构成概念的测量问卷，并在访谈和预测试的基础上对问卷进行修改和完善，面向代表性地区的高校进行大样本随机抽样问卷调查，获取大学生关于技术创新的第一手数据。

(3) 验证性因子分析法：运用SPSS统计软件对回收的有效问卷进行统计分析，包括鉴别度检验、结构效度检验、结构区分效度检验、因子信度检验，验证测量量表与实际因子归类结果的吻合度。

(4) 结构方程模型方法：利用通过鉴别度、信效度检验的量表数据，按照概念模型，运用Amos软件进行结构方程模型的数据拟合，检验大学生技术创新意识、行为与成果之间的研究假设，同时得到标准化的路径系数。得出有关大学生技术创新意识与技术创新成果关系的模型和研究结论。

(5) 单因素方差分析法：按照被调查者高校所在地区，将被调查者分为东部高校组、中部高校组、西部高校组，再运用SPSS软件进行单因素方差分析(ANVOA)，考察不同地区高校大学生技术创新意识、技术创新行为、技术创新成果的地区差异；按照被调查者生源所在地区，将被调查者分为东部生源组、中部生源组、西部生源组，再运用SPSS软件进行单因素方差分析，考察不同生源地大学生技术创新意识、技术创新行为、技术创新成果的地区差异。

(6) 多元回归分析法：以大学生技术关注意识、大学生主动创新意识、大学生技术开发意识、大学生冒险意识、大学生技术服务行为、大学生学术活动行为、大学生技术研发成果和大学生科技竞赛成果为因变量，以高校所在地区、生源地为自变量，以大学生的性别、年龄、年级、所学专业等为控制变量，建立计量经济模型，考察大学生技术创新意识、技术创新行为和技术创新成果在不同地区高校大学生和不同生源地大学生中的得分差异。

(7) 聚类分析方法：运用K-means快速聚类方法，分别以大学生技术创新意识、行为、成果的各因子为指标，依据其因子得分进行聚类。基于"技术关注意识-主动创新意识-冒险意识-技术开发意识"组合的因子得分差异，对大学生进行聚类分析；基于大学生"技术服务行为-学术活动行为"组合的因子得分差异，对大学生进行聚类分析；基于大学生"技术研发成果-科技竞赛成果"组合的因子得分差异，对大学生进行聚类分析。

技术路线如图9-2所示。

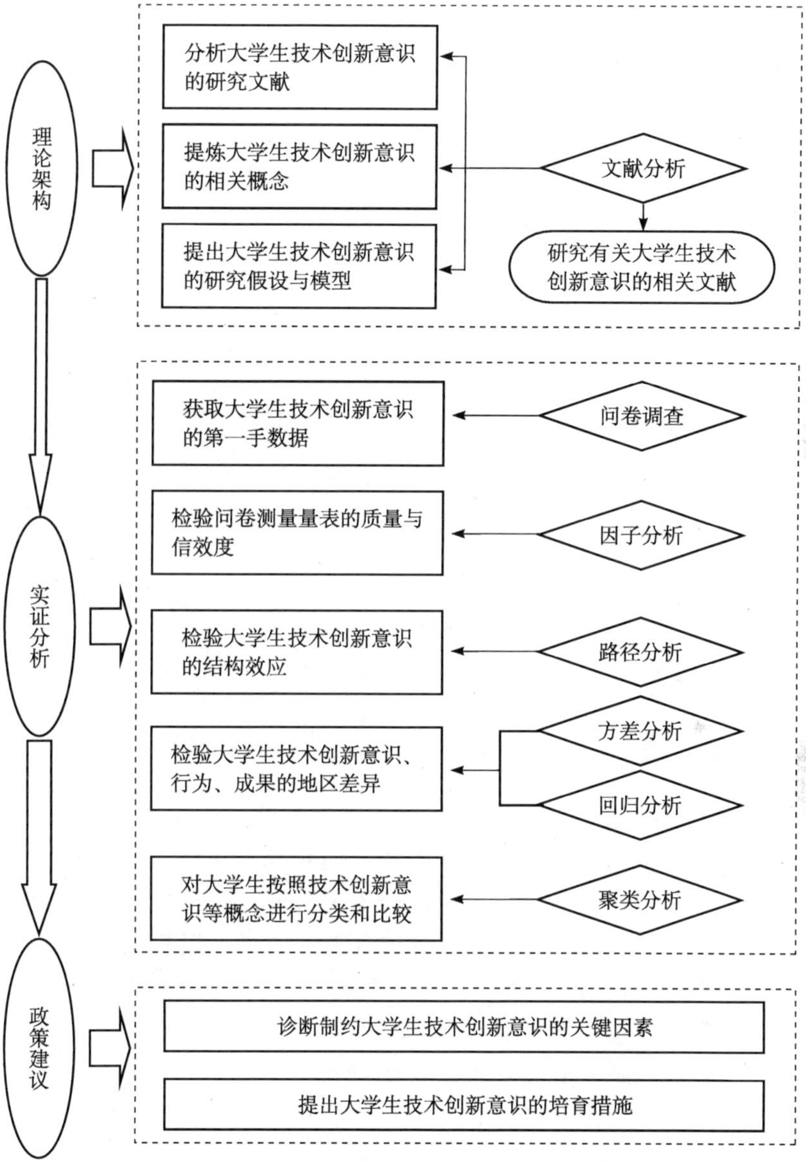

图 9-2　大学生技术创新意识研究的研究路线

第二节　大学生技术创新意识问卷调查

一、问卷设计

为保障构成概念测度的科学性、可靠性和有效性，大学生技术创新意识调查问卷设计，遵循了以下的程序和方法。

第一，阅读研究相关文献。虽然直接研究技术创新意识的文献不多，但研究技术创新问题的文献不少，其中一些实证类的文献就采用了问卷数据的方法，另有一些理论类的文献对技术创新相关概念进行了深入剖析，本书借鉴这些文献的论述与方法，使得设计的问卷尽可能有相关研究文献的支撑。

第二，学术小组内部研讨。在文献阅读的基础上，设计出问卷初稿，在课题小组内部进行研讨，对问卷的结构、内容和形式进行反复的磋商和修改，形成可供小样本测试的问卷修改稿。

第三，小样本测试。在问卷最终定稿之前，在重庆邮电大学选取 30 名大学生进行预测试，根据测试的结果对问卷中的测度指标及其表达方式进行修改，最终形成定稿的大学生技术创新意识调查问卷（参见附录 C）。

二、问卷介绍

大学生技术创新意识调查问卷由四个部分构成：被调查对象的基本情况、大学生技术创新意识指标体系、大学生技术创新行为指标体系、大学生技术创新成果指标体系。问卷问题均采用标准的 5 分制李克特量表。为了方便答卷人回答，节约答卷人的思考时间，同时减少答卷人的惯性误答，全部问卷问题统一采用正向提问的方式，即没有反向题。

第一部分是被调查大学生的基本情况，包括答卷人的性别、年龄、年级、生源地、所学专业、所在学校、家庭收入等问题。

第二部分是大学生技术创新意识指标体系，共设计了 10 个指标来衡量大学生的技术创新意识，分别侧重考察大学生的技术关注意识、主动创新意识、冒险意识、技术开发意识。

第三部分是大学生技术创新行为指标体系，共设计了 9 个指标来衡量大学生的技术创新行为，分别侧重考察大学生的技术服务行为、模拟实践行为、学术活动行为。

第四部分是大学生技术创新成果指标体系，共设计了 9 个指标来衡量大学生技术创新成果，分别侧重考察大学生的技术研发成果、科技竞赛成果。

大学生技术创新意识调查问卷的指标体系如表 9-1 所示。

表 9-1　大学生技术创新意识问卷指标体系

一级概念	二级概念	测度指标	量表数量
技术创新意识	技术关注意识	Q1 关注本专业技术发展动态 Q2 关注企业对技术的需求信息	2
	主动创新意识	Q3 主动参加各种技术竞赛 Q4 主动参加各种创新创业活动 Q5 主动作商业策划	3
	技术开发意识	Q6 想着进行专利开发 Q7 想着进行商业技术开发	2
	冒险意识	Q8 从事风险性大的创新创业活动 Q9 创办企业 Q10 挫折承受意愿	3
技术创新行为	技术服务行为	Q11 与企业进行技术合作 Q12 为企业做技术兼职	2
	模拟实践行为	Q13 参加科技创新类竞赛 Q14 参加创业计划大赛 Q15 参加数模竞赛	3
	学术活动行为	Q16 参加学术社团 Q17 参加学术交流活动 Q18 参与科研工作 Q19 撰写学术论文	4
技术创新成果	技术研发成果	Q20 开发的专利技术数量 Q21 开发的非专利技术数量 Q22 开发新产品数量 Q23 完成科研项目数量 Q24 发表论文数量 Q25 科研能力的提高程度	6
	科技竞赛成果	Q26 科技创新竞赛所获奖励次数 Q27 创业计划大赛所获得奖励次数 Q28 数学建模竞赛所获得奖励次数	3
合计			28

三、抽样调查

（1）调查对象：高校大学生。

（2）调查地区：分别在我国的东部地区、中部地区和西部地区开展调查。其中，东部地区调查江苏、浙江、上海的 6 所高校，中部地区调查湖南、湖北的 4 所高校，西部地区调查重庆、陕西的 6 所高校。

（3）调查方式：采用实地调研、当面访谈的方式完成。在问卷完成的过程中，与答卷人面对面沟通，在相互充分了解的基础上针对问卷的问题进行打分，并给予被调查者一定的调查费用补贴，确保了调查质量和问卷数据的可靠性。

（4）调查实施时间：2009 年 10 月，在重庆邮电大学进行小样本预调查，2009 年 10 月至 2010 年 1 月，分别在东部、中部和西部地区高校进行正式调查。

（5）问卷回收情况：总共发放调查问卷 600 份，其中，东部高校 160 份，中部高校 140 份，西部高校 300 份，回收问卷 600 份，回收率 100%。在回收的 600 份问卷中，剔除 7 份回答不全面的问卷，最终的有效样本容量为 593 份，有效率为 98.8%。

四、样本描述统计

（一）调查对象的分组分布情况

对回收的 593 份有效调查问卷进行数据录入整理，统计结果如表 9-2 所示。

表 9-2 大学生技术创新意识样本个人特征统计表

分类指标		比例/%	分类指标		比例/%
性别	男	66.44	生源地	东部	34.21
	女	33.56		中部	32.63
年龄	<20 岁	2.44		西部	33.16
	20～23 岁	90.42	所学专业	IT 类	20.72
	>23 岁	7.14		机械电子类	29.53
所在年级	大一	2.58		交通建筑类	16.93
	大二	13.25		理学类	6.91
	大三	41.31		人文社科类	7.43
	大四	41.31		生化食药环类	14.51
	研一	1.21		经济管理类	3.97
	研二	0.34			

答卷人性别分布情况：女性占 33.56%，男性占 66.44%，如图 9-3 所示。

答卷人年龄分布情况：20 岁以下占 2.44%，20～23 岁占 90.42%，23 岁以上占 7.14%。如图 9-4 所示。

答卷人年级分布情况：大一为 2.24%，大二为 13.25%，大三为 41.31%，大四为 41.31%，研一为 1.21%，研二为 0.34%，如图 9-5 所示。

答卷人生源地分布情况：东部生源地 34.21%，中部生源地 32.63%，西部生源地 33.16%，如图 9-6 所示。

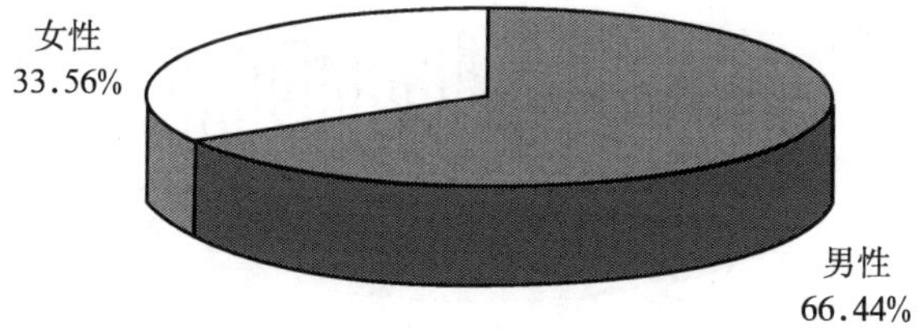

图 9-3 答卷人性别分布情况

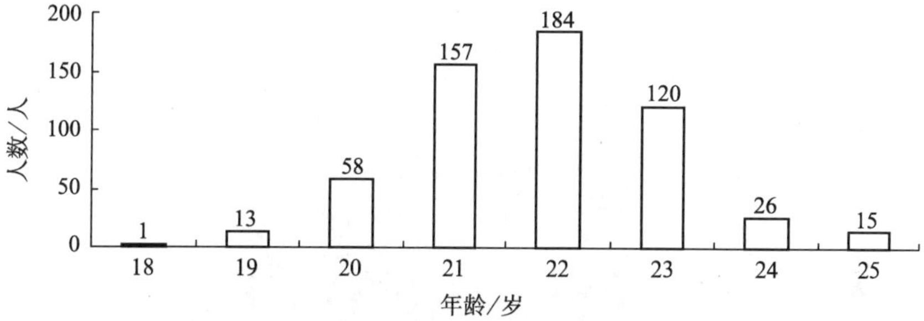

图 9-4 答卷人年龄正态分布图

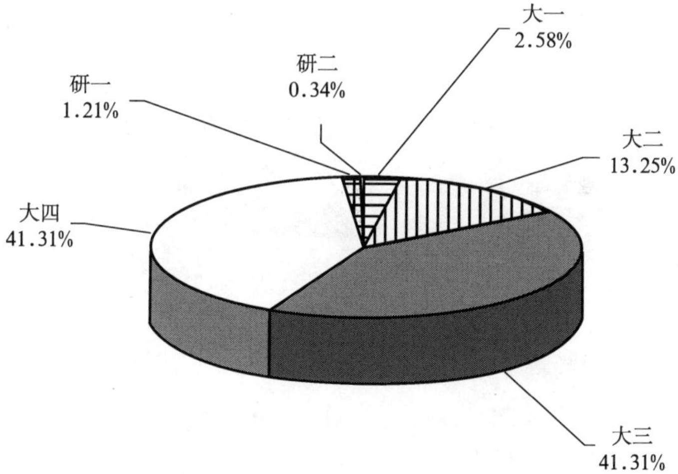

图 9-5 答卷人年级分布情况

答卷人的专业分布情况：IT 类为 20.72%，机械电子类为 29.53%，交通建筑类为 16.93%，理学类为 6.91%，人文社科类为 7.43%，生化食药环类为 14.51%，经济管理类为 3.97%，如图 9-7 所示。

答卷人的高校所在地分布情况：东部高校的大学生有 160 人，占 26.98%；中部高校的大学生有 140 人，占 23.61%；西部高校的大学生有 293 人，占 49.41%。具体情况如图 9-8 所示。

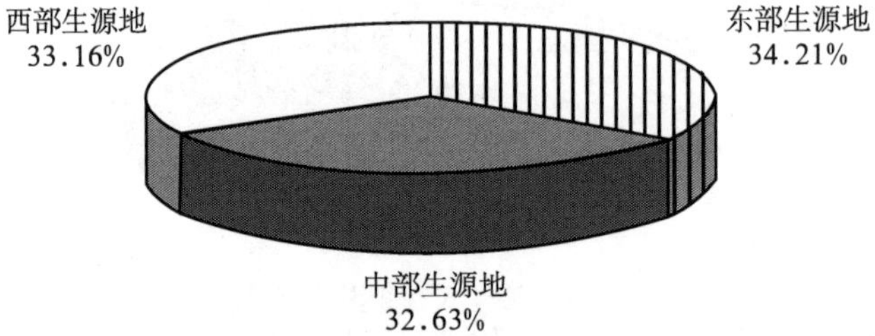

图 9-6　答卷人生源地分布情况

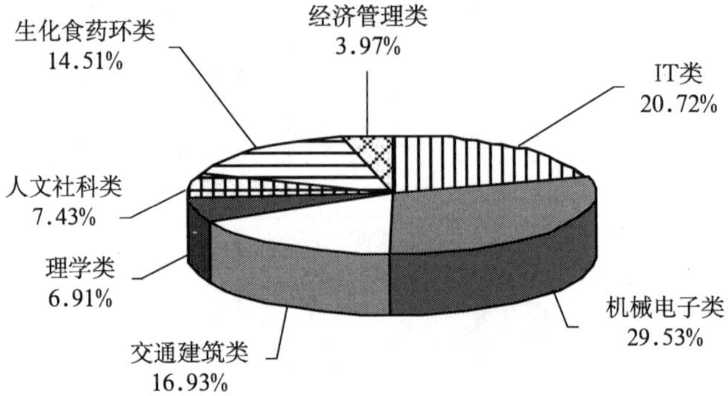

图 9-7　答卷人专业分布情况

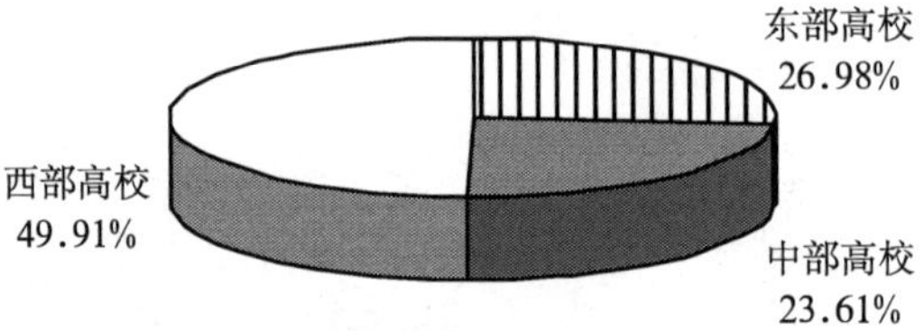

图 9-8　答卷人高校所在地分布情况

（二）量表问题的描述性统计

对回收的 593 份有效问卷，分别计算 28 个量表问题的样本容量、最小值、最大值、均值和标准差。计算结果如表 9-3 所示。

由表 9-3 可见，各量表问题的样本容量都在 590 以上，单题回答率都超过了 99.5%。对 28 个量表问题全部完整回答的人数为 582 人，完整回答率达到 98%。各量表问题得分的最小值皆为 1，最大值皆为 5。

从量表问题的均值看，各量表问题的平均得分处于 1.37～3.64，其中，技术创新意识问题（Q1～Q10）得到最大均值 3.11，技术创新行为问题（Q10～Q19）的均值为 1.93，技术创新成果问题（Q20～Q28）得到最小均值 1.67。

从量表问题的标准差看，各量表问题的标准差变动处于 0.77～1.19，其中，技术创新成果问题的标准差都在 0.9 以下。总体上看，各个量表问题的取值既有良好的变异性，又具备较高的精度性，适合作进一步的统计分析。

表 9-3　大学生技术创新意识 28 个量表问题的描述统计

问题编号	Q1	Q2	Q3	Q4	Q5	Q6	Q7	Q8	Q9	Q10	Q11	Q12	Q13	Q14
样本容量	593	593	593	593	593	593	591	592	593	593	593	593	593	590
最小值	1	1	1	1	1	1	1	1	1	1	1	1	1	1
最大值	5	5	5	5	5	5	5	5	5	5	5	5	5	5
均值	3.45	3.39	2.88	2.96	2.70	2.76	2.92	3.01	3.40	3.64	1.64	1.88	2.12	1.86
标准差	1.04	1.00	1.08	1.04	1.05	1.16	1.14	1.13	1.19	1.00	0.98	1.10	1.09	1.04

问题编号	Q15	Q16	Q17	Q18	Q19	Q20	Q21	Q22	Q23	Q24	Q25	Q26	Q27	Q28
样本容量	593	592	591	591	593	593	593	592	592	593	593	593	593	593
最小值	1	1	1	1	1	1	1	1	1	1	1	1	1	1
最大值	5	5	5	5	5	5	5	5	5	5	5	5	5	5
均值	1.68	2.44	2.29	1.82	1.63	1.40	1.58	1.44	1.50	1.38	3.24	1.62	1.44	1.37
标准差	0.98	1.08	1.03	1.04	0.95	0.85	0.89	0.83	0.87	0.77	1.19	0.93	0.85	0.84

第十章 大学生技术创新意识的结构效应分析

第一节　大学生技术创新问卷数据的信效度检验

一、鉴别度检验

采用27%分位，将回收的593份有效问卷，按照量表得分总和划分出高分组和低分组，分别就28个量表问题在高分组和低分组之间是否具有显著的差异，作独立样本均值比较的 t 检验。t 检验结果如表10-1所示。检验结果表明，28个量表问题，都具备显著的鉴别度，且显著度都达到了1%的高水平。这意味着所有题项均能鉴别出不同受试者的反应程度。

表10-1　大学生技术创新意识28个量表问题总得分高、低分组均值差异 t 检验结果

量表问题	均值差	方差齐性检验	量表问题	均值差	方差齐性检验
Q1	0.918***	方差齐性	Q15	1.284***	方差不齐
Q2	0.910***	方差齐性	Q16	1.443***	方差齐性
Q3	1.563***	方差不齐	Q17	1.627***	方差不齐
Q4	1.632***	方差齐性	Q18	1.600***	方差不齐
Q5	1.455***	方差不齐	Q19	1.283***	方差不齐
Q6	1.592***	方差不齐	Q20	1.144***	方差不齐
Q7	1.634***	方差不齐	Q21	1.270***	方差不齐
Q8	1.114***	方差齐性	Q22	1.145***	方差不齐
Q9	1.022***	方差齐性	Q23	1.219***	方差不齐
Q10	0.715***	方差不齐	Q24	0.988***	方差不齐
Q11	1.276***	方差不齐	Q25	1.287***	方差不齐
Q12	1.621***	方差不齐	Q26	1.482***	方差不齐
Q13	1.823***	方差不齐	Q27	1.213***	方差不齐
Q14	1.619***	方差不齐	Q28	1.026***	方差不齐

*** 表示统计显著性水平为1%。

二、结构效度检验

(一) 结构效度判别准则

参照学术界的一般标准，并结合本书的研究要求，按照以下三条判别准则，对前面已经通过了鉴别度检验的 28 个量表问题进行结构效度检验。①因子提取：因子提取数量为 8 个，且全体因子对总方差的累积解释比重≥65%。②整体结构效度：全体量表问题的 KMO 值≥0.70，巴特利特球形检验在 0.05 水平上显著。③单项结构效度：单个量表问题的因子共同度≥0.50，经方差最大化旋转后的最大因子载荷绝对值≥0.50，且不存在因子归类冲突。

(二) 结构效度检验结果

对前述 28 个量表问题，按照结构效度判别准则，采用主成分法提取到 8 个因子。这 8 个因子对总方差的累积解释比重为 68.526%，KMO 值为 0.904，巴特利特球形检验显著性水平达到了 1%，表明这 28 个量表问题在整体上适合于进行因子分析。对所提取的 8 个因子进行方差最大化旋转，得到上述 28 个量表问题的因子载荷矩阵及其因子归类结果。其中，第 8 个因子仅由 Q25 构成，所涵盖的题项内容太少，将 Q25 剔除，再对余下的 27 个量表问题（Q1～Q24、Q26～Q28）进行第二次结构效度检验。

按照同样的方法和准则，对余下的 27 个量表问题作第二次结构效度检验，发现 Q18、Q19 总是与不同的因子归类在一起，将 Q18、Q19 剔除，再对余下的 25 个量表问题（Q1～Q17、Q20、Q24、Q26～Q28）进行第三次结构效度检验。

按照同样的方法和准则，对余下的 25 个量表问题作第三次结构效度检验，发现 Q13、Q14、Q15、Q24 总是与不同的因子归类在一起，将 Q13、Q14、Q15、Q24 剔除，再对余下的 21 个量表问题（Q1～Q12、Q16、Q17、Q20～Q23、Q26～Q28）进行第四次结构效度检验。

按照同样的方法和准则，对余下的 21 个量表问题作第四次结构效度检验，共提取到 8 个因子，且 8 个因子不存在任何冲突。这 8 个因子对总方差的累积解释比重为 74.399%，KMO 值为 0.828，巴特利特球形检验显著性水平达到了 1%（表 10-2）。表明这 21 个量表问题在整体上适合进行因子分析。

表 10-2　KMO 值和巴特利特球形检验结果

KMO 样本测度		0.828
巴特利特球形检验	Approx. Chi-Square	255.700
	自由度	10
	显著性	0.000

对所提取的 8 个因子进行方差最大化旋转，得到上述 21 个量表问题的因子载荷矩阵及其因子归类结果，如表 10-3 所示。

表 10-3　通过了结构效度检验的 21 个量表问题的因子载荷矩阵

量表问题	因子载荷							
	*F*1	*F*2	*F*3	*F*4	*F*5	*F*6	*F*7	*F*8
Q1	0.866							
Q2	0.832							
Q3		0.745						
Q4		0.829						
Q5		0.692						
Q6			0.832					
Q7			0.783					
Q8				0.741				
Q9				0.760				
Q10				0.731				
Q11					0.769			
Q12					0.767			
Q16						0.795		
Q17						0.758		
Q20							0.785	
Q21							0.837	
Q22							0.774	
Q23							0.727	
Q26								0.693
Q27								0.773
Q28								0.746

由表 10-3 可见，全部 21 个量表问题的因子共同度皆大于 0.50，最大因子载荷都为正值且皆大于 0.50，且构成同一因子的量表问题都具有类似的物理含义。据此认为，这 21 个量表问题通过了结构效度检验。

(三) 因子归类与命名

对于表 10-3 构成的 8 个因子 *F*1～*F*8，可按其对应的量表问题予以命名(表 10-4)。其中，第 1 个因子由量表问题 Q1、Q2 构成，而 Q1、Q2 在问卷设计时是用来度量大学生的技术关注意识，据此可以将其命名为大学生技术关注意识因子（*F*1）。第 2 个因子由量表问题 Q3～Q5 构成，而 Q3～Q5 在问卷设计时是用来度量大学生的主动创新意识，据此可以将其命名为大学生主动创新意识因子（$F2$）。第 3 个因子由量表问题 Q6、Q7 构成，而 Q6、Q7 在问卷设计时是用来度量大学生的技术开发意识，据此可以将其命名为大学生技术开发意识因子（$F3$）。第 4 个因子由量表问题 Q8～Q10 构成，而 Q8～Q10 在问卷设计时是用来度量大学生的冒险意识，据此可以将其命名为大学生冒险意识因子（$F4$）。第 5 个因子由量表问题 Q11、Q12 构成，而 Q11、Q12 在问卷设计时是用来度量大学生的技术服务行为，据此可以将其命名为大学生技术服务行为因子（$F5$）。第 6 个因子由量表问题 Q16、Q17 构成，而 Q16、Q17 在问卷设计时是用来度量大学生的学术活动行为，据此可以将其命名为大学生学术活动行为因子（$F6$）。第 7 个因子由量表问题 Q20～Q23 构成，而 Q20～Q23 在问卷设计时是用来度量大学生的技术研发成果，据此可以将其命名为大学生技术研发成果因子（$F7$）。第 8 个因子由量表问题 Q26～Q28 构成，而 Q26～Q28 在问卷设计时是用来度量大学生的科技竞赛成果，据此可以将其命名为大学生科技竞赛成果因子（$F8$）。

表 10-4　通过了结构效度检验的因子归类及因子命名

因子编号	因子命名	构成因子的量表问题
$F1$	大学生技术关注意识因子	Q1、Q2
$F2$	大学生主动创新意识因子	Q3、Q4、Q5
$F3$	大学生技术开发意识因子	Q6、Q7
$F4$	大学生冒险意识因子	Q8、Q9、Q10
$F5$	大学生技术服务行为因子	Q11、Q12
$F6$	大学生学术活动行为因子	Q16、Q17
$F7$	大学生技术研发成果因子	Q20、Q21、Q22、Q23
$F8$	大学生科技竞赛成果因子	Q26、Q27、Q28

三、信度检验

前述 21 个量表问题（Q1～Q12、Q16～Q17、Q20～Q23、Q26～Q28）通过了结构效度检验，但由它们构成的 8 个因子还需要作进一步的信度检验。

（一）信度检验判别准则

参照学术界的一般标准，并结合本书的研究要求，对表 10-4 所列的 8 个因子，按照下面的判别准则分别进行信度检验：因子的整体 Cronbach α 值$\geqslant$0.65，且删除其中某一量表问题后的 Cronbach α 值没有明显提高，则判定该因子通过信度检验。

（二）信度检验结果

参照信度检验判别准则，依次对表 10-4 中的 8 个因子（$F1$～$F8$）进行信度检验。检验结果列于表 10-5。

表 10-5　各因子信度检验结果

*F*1	Cronbach *α* 值		*F*2	Cronbach *α* 值		*F*3	Cronbach *α* 值		*F*4	Cronbach *α* 值	
	整体	删除后		整体	删除后		整体	删除后		整体	删除后
Q1	0.7579		Q3		0.7147	Q6			Q8		0.6445
Q2			Q4	0.775	0.5919	Q7	0.7717		Q9	0.6833	0.5373
			Q5		0.7801				Q10		0.5814
*F*5	Cronbach *α* 值		*F*6	Cronbach *α* 值		*F*7	Cronbach *α* 值		*F*8	Cronbach *α* 值	
	整体	删除后		整体	删除后		整体	删除后		整体	删除后
Q11	0.7765		Q16	0.6829		Q20		0.8164	Q26		0.7813
Q12			Q17			Q21	0.8582	0.8104	Q27	0.8157	0.7016
						Q22		0.8125	Q28		0.7584
						Q23		0.8378			

检验结果显示，全部 8 个因子的整体 Cronbach *α* 值大于 0.65 的临界值标准，且删除某一量表问题并未明显提高因子的 Cronbach *α* 值。据此，可以认为表 10-4 中的 8 个因子全部通过信度检验。

四、研究假设调整

通过上述论证和筛选，鉴于大学生模拟实践行为所对应的问题未能通过检验筛选，因此，对大学生模拟实践行为这个构成概念不宜再作进一步的分析。据此，在最初设立的关于大学生技术创新意识、行为、成果的假设（原 H1～H16）中，剔除含有模拟实践行为的 4 个假设（原 H6、原 H9、原 H13、原 H14）。

（一）大学生的技术创新意识影响其技术创新行为的假设

H1′：大学生的技术关注意识对其主动创新意识具有显著的正向促进作用，即大学生的技术关注意识越强，则其主动创新意识就会越强。

H2′：大学生的技术关注意识对其技术开发意识具有显著的正向促进作用，即大学生的技术关注意识越强，则其技术开发意识就会越强。

H3′：大学生的冒险意识对其主动创新意识具有显著的正向促进作用，即大学生的冒险意识越强，则其主动创新意识就会越强。

H4′：大学生的冒险意识对其技术开发意识具有显著的正向促进作用，即大学生的冒险意识越强，则其技术开发意识就会越强。

H5′：大学生的主动创新意识对其技术服务行为具有显著的正向促进作用，即大学生的主动创新意识越强，则其技术服务行为就会越积极。

H6′：大学生的主动创新意识对其学术活动行为具有显著的正向促进作用，

即大学生的主动创新意识越强，则其学术活动行为就会越积极。

H7′：大学生的技术开发意识对其技术服务行为具有显著的正向促进作用，即大学生的技术开发意识越强，则其技术服务行为就会越积极。

H8′：大学生的技术开发意识对其学术活动行为具有显著的正向促进作用，即大学生的技术开发意识越强，则其学术活动行为就会越积极。

（二）大学生的技术创新行为影响其技术创新成果的假设

H9′：大学生的技术服务行为对其技术研发成果具有显著的正向促进作用，即大学生的技术服务行为越积极，则其技术研发成果就会越明显。

H10′：大学生的技术服务行为对其科技竞赛成果具有显著的正向促进作用，即大学生的技术服务行为越积极，则其科技竞赛成果就会越明显。

H11′：大学生的学术活动行为对其技术研发成果具有显著的正向促进作用，即大学生的学术活动行为越积极，则其技术研发成果就会越明显。

H12′：大学生的学术活动行为对其科技竞赛成果具有显著的正向促进作用，即大学生的学术活动行为越积极，则其科技竞赛成果就会越明显。

根据调整后的研究假设（H1′～H12′），以及表 10-4 所构造的 8 个因子及其与各个量表问题的对应关系，构造结构路径模型如图 10-1 所示。

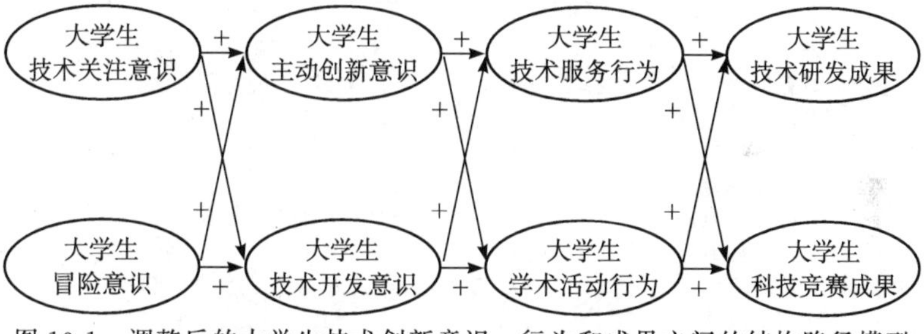

图 10-1 调整后的大学生技术创新意识、行为和成果之间的结构路径模型

第二节 大学生技术创新意识的结构关系分析

一、模型拟合

（一）拟合度检验

对图 10-1 所构造的结构路径模型，首先作整体拟合度检验，运用回收的

593 份有效问卷数据，由 Amos 算出的模型整体拟合度指标列于表 10-6 中。

表 10-6 大学生技术创新意识、行为和效果结构关系的总体拟合指标

拟合指标	显示值	参考值
卡方/自由度	4.328	<5
比较拟合指数	0.897	>0.8
近似误差均方根	0.071 [0.066，0.077]	<0.1

图 10-1 模型的卡方=766，自由度=177，卡方/自由度=4.328<5；比较拟合指数为 0.897>0.8；近似误差均方根为 0.071<0.1，且其 90%的置信区间为 [0.066，0.077]，也在 0.1 之内。据此可以认为，图 10-1 的总体拟合程度较好（侯杰泰等，2004）。

（二）路径系数估计

模型通过拟合度检验后，即可进行路径系数估计，来评价方程对数据的解释能力和对假设的验证情况。图 10-1 模型标准化路径系数的估计值及显著性检验结果如表 10-7 所示。

表 10-7 大学生技术创新意识结构模型路径系数的估计及显著性检验

	标准化路径系数	标准差	t 统计量	P 值
技术关注意识→主动创新意识	0.459	0.056	8.260	0.000
技术关注意识→技术开发意识	0.323	0.059	5.433	0.000
冒险意识→主动创新意识	0.493	0.071	6.981	0.000
冒险意识→技术开发意识	0.898	0.098	9.167	0.000
主动创新意识→技术服务行为	0.253	0.055	4.643	0.000
主动创新意识→学术活动行为	0.501	0.064	7.833	0.000
技术开发意识→技术服务行为	0.119	0.045	2.641	0.008
技术开发意识→学术活动行为	0.094	0.049	1.903	0.057
技术服务行为→科技竞赛成果	0.587	0.048	12.252	0.000
技术服务行为→技术研发成果	0.634	0.049	12.820	0.000
学术活动行为→科技竞赛成果	0.212	0.039	5.495	0.000
学术活动行为→技术研发成果	0.155	0.038	4.105	0.000

根据表 10-7 的数据可以看出，该结构方程模型路径中，每一条路径系数的 t 统计量都在 10%的水平上具有统计显著性，也就是说模型中每一条路径都具有统计显著性（图 10-2）。

再观察测量模型路径系数，检验结果如表 10-8 所示。可以看出相应的 t 统计量均大于 1.96 的参考值，表明各负载系数在 $P=0.05$ 的水平上具有统计显著性。且负载系数大多数介于 0.6～0.9。因此，原测量模型有效。

综合模型拟合度检验和路径系数估计的结果，本篇就大学生的技术创新意识、技术创新行为和技术创新成果之间的结构效应，提出 12 条研究假设 H1′～H12′，经过运用实际数据的结构路径分析，所有研究假设均获得通过。这一研

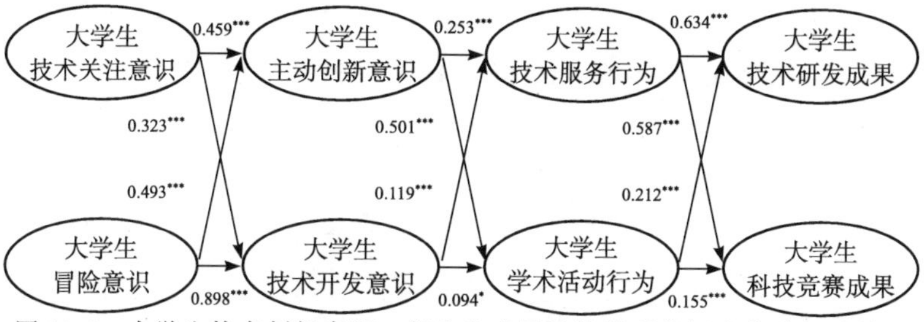

图 10-2　大学生技术创新意识、行为和成果结构模型的标准化路径系数图

***、* 分别表示统计显著性水平为 1% 和 10%。

究结果，完全证实了大学生的技术创新意识促进技术创新行为，技术创新行为提升技术创新成果的推断。

表 10-8　大学生技术创新意识测量模型路径系数的估计及显著性检验

	标准化路径系数	标准差	t 统计量	P 值
Q1←技术关注意识	0.724			
Q2←技术关注意识	0.833	0.113	9.838	0.000
Q3←主动创新意识	0.720			
Q4←主动创新意识	0.843	0.070	16.012	0.000
Q5←主动创新意识	0.627	0.67	14.827	0.000
Q6←技术开发意识	0.752	0.076	12.427	0.000
Q7←技术开发意识	0.815			
Q8←冒险意识	0.600	0.108	10.223	0.000
Q9←冒险意识	0.704	0.126	10.879	0.000
Q10←冒险意识	0.612			
Q11←技术服务行为	0.748			
Q12←技术服务行为	0.747	0.073	15.423	0.000
Q16←学术活动行为	0.659	0.093	9.625	0.000
Q17←学术活动行为	0.770			
Q20←技术研发成果	0.780			
Q21←技术研发成果	0.779	0.055	18.976	0.000
Q22←技术研发成果	0.795	0.051	19.365	0.000
Q23←技术研发成果	0.713	0.055	17.233	0.000
Q26←科技竞赛成果	0.727	0.066	16.246	0.000
Q27←科技竞赛成果	0.807	0.061	17.586	0.000
Q28←科技竞赛成果	0.751			

（三）总效应计算

图 10-2 中所示的模型路径均为直接影响（direct effect）路径，即从概念模型中所涉及的直接相连的路径系数出发所得到的。为彻底说明整个概念模型路径的全部影响，还需要检测路径的间接影响（indirect effect），及各个变量相互之间的总影响（total effect），总的影响 ＝ 直接影响 ＋ 间接影响。

根据图 10-2 标准化路径系数计算总效应，计算结果如表 10-9 所示。

表 10-9 大学生技术创新意识各项路径效应分解

原因变量	效应分解	主动创新意识	技术开发意识	技术服务行为	学术活动行为	技术研发成果	科技竞赛成果
技术关注意识	直接效应	0.459	0.323				
	间接效应			0.155	0.26	0.153	0.131
	总效应	0.459	0.323	0.155	0.26	0.153	0.131
冒险意识	直接效应	0.493	0.898				
	间接效应			0.232	0.331	0.217	0.187
	总效应	0.493	0.898	0.232	0.331	0.217	0.187
主动创新意识	直接效应			0.253	0.501		
	间接效应					0.267	0.266
	总效应			0.253	0.501	0.267	0.266
技术开发意识	直接效应			0.119	0.094		
	间接效应					0.095	0.084
	总效应			0.119	0.094	0.095	0.084
技术服务行为	直接效应					0.634	0.587
	间接效应						
	总效应					0.634	0.587
学术活动行为	直接效应					0.212	0.155
	间接效应						
	总效应					0.212	0.155

由表 10-9 可见，大学生技术关注意识对其主动创新意识仅有 0.459 的直接效应，对其技术开发意识仅有 0.323 的直接效应，通过主动创新意识和技术开发意识两个中介变量对其技术服务行为有 0.155 的间接效应，通过主动创新意识和技术开发意识两个中介变量对其学术活动行为有 0.260 的间接效应，通过四个中介变量对其技术研发成果有 0.153 的间接效应，通过四个中介变量对其科技竞赛成果有 0.131 的间接效应。

大学生冒险意识对其主动创新意识仅有 0.493 的直接效应，对其技术开发意识仅有 0.898 的直接效应，通过主动创新意识和技术开发意识两个中介变量对其技术服务行为有 0.232 的间接效应，通过主动创新意识和技术开发意识两个中介变量对其学术活动行为有 0.331 的间接效应，通过四个中介变量对其技术研发成果有 0.217 的间接效应，通过四个中介变量对其科技竞赛成果有 0.187 的间接效应。

大学生主动创新意识对其技术服务行为仅有 0.253 的直接效应，对其学术活动行为仅有 0.501 的直接效应，通过技术服务行为和学术活动行为两个中介变量对其技术研发成果有 0.267 的间接效应，通过技术服务行为和学术活动行为两个中介变量对其科技竞赛成果有 0.266 的间接效应。

大学生技术开发意识对其技术服务行为仅有 0.119 的直接效应，对其学术活动行为仅有 0.094 的直接效应，通过技术服务行为和学术活动行为两个中介变量对其技术研发成果有 0.095 的间接效应，通过技术服务行为和学术活动行为两个中介变量对其科技竞赛成果有 0.084 的间接效应。

二、结构效应分析结论

从图 10-2 的标准化路径系数的 t 检验情况，可以得出以下结论。

(1) 大学生技术关注意识（$F1$）对大学生主动创新意识（$F2$）有显著的直接正向影响，其标准化系数为 0.459，显著性水平达到了 1%，即大学生技术关注意识提高 1 个单位，其主动创新意识会提高 0.459 个单位。因此，H1′成立。

(2) 大学生技术关注意识（$F1$）对大学生技术开发意识（$F3$）有显著的直接正向影响，其标准化系数为 0.323，显著性水平达到了 1%，即大学生技术关注意识提高 1 个单位，其技术开发意识会提高 0.323 个单位。因此，H2′成立。

(3) 大学生冒险意识（$F4$）对大学生主动创新意识（$F2$）有显著的直接正向影响，其标准化系数为 0.493，显著性水平达到了 1%，即大学生冒险意识提高 1 个单位，其主动创新意识会提高 0.493 个单位。因此，H3′成立。

(4) 大学生冒险意识（$F4$）对大学生技术开发意识（$F3$）有显著的直接正向影响，其标准化系数为 0.898，显著性水平达到了 1%，即大学生冒险意识提高 1 个单位，其技术开发意识会提高 0.898 个单位。因此，H4′成立。

(5) 大学生主动创新意识（$F2$）对大学生技术服务行为（$F5$）有显著的直接正向影响，其标准化系数为 0.253，显著性水平达到了 1%，即大学生主动创新意识提高 1 个单位，其技术服务行为会提高 0.253 个单位。因此，H5′成立。

(6) 大学生主动创新意识（$F2$）对大学生学术活动行为（$F6$）有显著的直接正向影响，其标准化系数为 0.501，显著性水平达到了 1%，即大学生主动创新意识提高 1 个单位，其学术活动行为会提高 0.501 个单位。因此，H6′成立。

(7) 大学生技术开发意识（$F3$）对大学生技术服务行为（$F5$）有显著的直接正向影响，其标准化系数为 0.119，显著性水平达到了 1%，即大学生技术开发意识提高 1 个单位，其技术服务行为会提高 0.119 个单位。因此，H7′成立。

(8) 大学生技术开发意识（$F3$）对大学生学术活动行为（$F6$）有显著的直接正向影响，其标准化系数为 0.094，显著性水平达到了 10%，即大学生技术开发意识提高 1 个单位，其学术活动行为会提高 0.094 个单位。因此，H8′成立。

(9) 大学生技术服务行为（$F5$）对大学生技术研发成果（$F7$）有显著的直接正向影响，其标准化系数为 0.634，显著性水平达到了 1%，即大学生技术服务行为提高 1 个单位，其技术研发成果会提高 0.634 个单位。因此，H9′成立。

（10）大学生技术服务行为（*F*5）对大学生科技竞赛成果（*F*8）有显著的直接正向影响，其标准化系数为 0.587，显著性水平达到了 1%，即大学生技术服务行为提高 1 个单位，其科技竞赛成果会提高 0.587 个单位。因此，H10′成立。

（11）大学生学术活动行为（*F*6）对大学生技术研发成果（*F*7）有显著的直接正向影响，其标准化系数为 0.212，显著性水平达到了 1%，即大学生学术活动行为提高 1 个单位，其技术研发成果会提高 0.212 个单位。因此，H11′成立。

（12）大学生学术活动行为（*F*6）对大学生科技竞赛成果（*F*8）有显著的直接正向影响，其标准化系数为 0.155，显著性水平达到了 1%，即大学生学术活动行为提高 1 个单位，其科技竞赛成果会提高 0.155 个单位。因此，H12′成立。

第十一章 大学生技术创新意识分组差异分析

第一节　大学生技术创新意识的地区差异分析

一、不同地区大学生技术创新意识的单因素方差分析

（一）不同高校所在地区的大学生技术创新意识单因素方差分析

将回收的593份问卷，按照高校所在地区分为东部高校组、中部高校组、西部高校组，运用SPSS中的Scheffe法进行单因素方差分析，检验结果如表11-1所示。

表11-1　不同高校所在地大学生技术创新意识、行为和成果的多重比较结果

自变量	高校所在地区（I）	高校所在地区（J）	均值差（I－J）	标准误	P值	95%的置信区间	
						低尾	高尾
主动创新意识	东部	中部	－0.637***	0.106	0.000	－0.896	－0.378
	东部	西部	－0.992***	0.090	0.000	－1.212	－0.771
	中部	西部	－0.355***	0.094	0.001	－0.586	－0.124
技术关注意识	东部	中部	－0.426***	0.113	0.001	－0.704	－0.148
	东部	西部	－0.518***	0.096	0.000	－0.755	－0.282
	中部	西部	－0.093	0.101	0.655	－0.341	0.155
技术开发意识	东部	中部	－0.684***	0.109	0.000	－0.950	－0.417
	东部	西部	－0.835***	0.092	0.000	－1.062	－0.609
	中部	西部	－0.152	0.097	0.292	－0.389	0.086
冒险意识	东部	中部	－0.382***	0.112	0.003	－0.657	－0.106
	东部	西部	－0.615***	0.096	0.000	－0.849	－0.380
	中部	西部	－0.233*	0.100	0.067	－0.478	0.013
技术服务行为	东部	中部	－0.064	0.112	0.849	－0.340	0.212
	东部	西部	－0.529***	0.096	0.000	－0.764	－0.295
	中部	西部	－0.465***	0.100	0.000	－0.711	－0.219
学术活动行为	东部	中部	－0.203	0.110	0.185	－0.473	0.068
	东部	西部	－0.714***	0.094	0.000	－0.944	－0.484
	中部	西部	－0.512***	0.098	0.000	－0.752	－0.271

续表

自变量	高校所在地区（I）	高校所在地区（J）	均值差（I－J）	标准误	*P* 值	95%的置信区间	
						低尾	高尾
技术研发成果	东部	中部	－0.121	0.109	0.541	－0.388	0.146
	东部	西部	－0.751***	0.093	0.000	－0.978	－0.524
	中部	西部	－0.630***	0.097	0.000	－0.868	－0.393
科技竞赛成果	东部	中部	0.088	0.113	0.737	－0.189	0.365
	东部	西部	－0.437***	0.096	0.000	－0.673	－0.202
	中部	西部	－0.525***	0.100	0.000	－0.772	－0.279

***、* 分别表示统计显著性水平为1%、10%。

由表11-1可知，东部高校大学生的主动创新意识显著低于中部、西部高校大学生，均值差分别为0.637和0.992，显著性水平均为1%；中部高校大学生的主动创新意识显著低于西部高校大学生，均值差为0.355，显著性水平为1%。

东部高校大学生的技术关注意识显著低于中部、西部高校大学生，均值差分别为0.426和0.518，显著性水平均为1%；中部高校大学生的技术关注意识与西部高校大学生无显著差异。

东部高校大学生的技术开发意识显著低于中部、西部高校大学生，均值差分别为0.684和0.835，显著性水平均为1%；中部高校大学生的技术开发意识与西部高校大学生无显著差异。

东部高校大学生的冒险意识显著低于中部、西部高校大学生，均值差分别为0.382和0.615，显著性水平均为1%；中部高校大学生的冒险意识显著低于西部高校大学生，均值差为0.233，显著性水平为10%。

西部高校大学生的技术服务行为显著高于东部、中部高校大学生，均值差为0.529和0.465，显著性水平均为1%；东部高校大学生的技术服务行为与中部高校大学生无显著差异。

西部高校大学生的学术活动行为显著高于东部、中部高校大学生，均值差分别为0.714和0.512，显著性水平均为1%；东部高校大学生的学术活动行为与中部高校大学生无显著差异。

西部高校大学生的技术研发成果显著高于东部、中部高校大学生，均值差分别为0.751和0.630，显著性水平均为1%；东部高校大学生的技术研发成果与中部高校大学生无显著差异。

西部高校大学生的科技竞赛成果显著高于东部、中部高校大学生，均值差分别为0.437和0.525，显著性水平均为1%；东部高校大学生的科技竞赛成果与中部高校大学生无显著差异。

（二）不同生源地大学生技术创新意识的单因素方差分析

将回收的593份有效问卷，按照生源所在地分为东部生源地组、中部生源地组、西部生源地组，运用 SPSS 中的 Scheffe 法进行单因素方差分析，检验结果如表 11-2 所示。

表 11-2 不同生源地大学生技术创新意识、行为和成果的多重比较结果

自变量	生源地 (I)	生源地 (J)	均值差 (I−J)	标准误	P 值	95%的置信区间	
						低尾	高尾
主动创新意识	东部	中部	−0.324***	0.099	0.005	−0.568	−0.080
	东部	西部	−0.676***	0.099	0.000	−0.920	−0.432
	中部	西部	−0.352***	0.100	0.002	−0.598	−0.106
技术关注意识	东部	中部	−0.194	0.102	0.165	−0.444	0.056
	东部	西部	−0.335***	0.102	0.005	−0.585	−0.085
	中部	西部	−0.141	0.103	0.389	−0.393	0.111
技术开发意识	东部	中部	−0.253**	0.101	0.046	−0.502	−0.004
	东部	西部	−0.432***	0.101	0.000	−0.681	−0.184
	中部	西部	−0.180	0.102	0.214	−0.431	0.071
冒险意识	东部	中部	−0.117	0.101	0.509	−0.365	0.131
	东部	西部	−0.393***	0.101	0.001	−0.641	−0.146
	中部	西部	−0.276**	0.102	0.026	−0.526	−0.026
技术服务行为	东部	中部	−0.088	0.102	0.687	−0.338	0.161
	东部	西部	−0.287**	0.102	0.019	−0.536	−0.038
	中部	西部	−0.199	0.102	0.153	−0.450	0.053
学术活动行为	东部	中部	−0.231*	0.101	0.075	−0.480	0.018
	东部	西部	−0.503***	0.101	0.000	−0.752	−0.254
	中部	西部	−0.272**	0.102	0.030	−0.523	−0.021
技术研发成果	东部	中部	−0.143	0.099	0.353	−0.386	0.100
	东部	西部	−0.562***	0.099	0.000	−0.805	−0.319
	中部	西部	−0.418***	0.100	0.000	−0.663	−0.173
科技竞赛成果	东部	中部	0.023	0.102	0.974	−0.226	0.273
	东部	西部	−0.275**	0.102	0.026	−0.524	−0.026
	中部	西部	0−.298**	0.103	0.015	−0.550	−0.047

***、**、*分别表示统计显著性水平为1%、5%、10%。

由表 11-2 可知，东部生源地大学生的主动创新意识显著低于中部、西部生源地大学生，均值差分别为 0.324 和 0.676，显著性水平均为 1%；中部生源地大学生的主动创新意识显著低于西部生源地大学生，均值差为 0.352，显著性水平为 1%。

东部生源地大学生的技术关注意识显著低于西部生源地大学生，均值差为 0.335，显著性水平为 1%；中部生源地大学生的技术关注意识与东部、西部生源地大学生均无显著差异。

东部生源地大学生的技术开发意识显著低于中部、西部生源地大学生，均值差分别为 0.253 和 0.432，显著性水平分别为 5%和 1%；中部生源地大学生的技术开发意识与西部生源地大学生无显著差异。

西部生源地大学生的冒险意识显著高于东部、中部生源地大学生，均值差为0.393和0.276，显著性水平分别为1%和5%；东部生源地大学生的冒险意识与中部生源地大学生无显著差异。

东部生源地大学生的技术服务行为显著低于西部生源地大学生，均值差为0.287，显著性水平均为5%；中部生源地大学生的技术服务行为与东部、西部生源地大学生均无显著差异。

东部生源地大学生的学术活动行为显著低于中部、西部生源地大学生，均值差分别为0.231和0.503，显著性水平分别为10%和1%；中部生源地大学生的学术活动行为显著低于西部生源地大学生，均值差为0.272，显著性水平为5%。

西部生源地大学生的技术研发成果显著高于东部、中部生源地大学生，均值差分别为0.562和0.418，显著性水平均为1%；东部生源地大学生的技术研发成果与中部生源地大学生无显著差异。

西部生源地大学生的科技竞赛成果显著高于东部、中部生源地大学生，均值差分别为0.275和0.298，显著性水平均为5%；东部生源地大学生的科技竞赛成果与中部生源地大学生无显著差异。

二、大学生技术创新意识地区差异的多元回归分析

（一）大学生技术创新意识地区差异的计量模型构建

以大学生技术关注意识、大学生主动创新意识、大学生技术开发意识、大学生冒险意识、大学生技术服务行为、大学生学术活动行为、大学生技术研发成果和大学生科技竞赛成果为因变量，以高校所在地区、生源地为自变量，以大学生的性别、年龄、年级、所学专业等为控制变量，建立计量经济模型，考察大学生技术创新意识、技术创新行为和技术创新成果在不同地区高校大学生和不同生源地大学生中的得分差异。构建的计量经济模型，如式（11-1）～式（11-8）所示。模型中的变量含义说明如表11-3所示。

表11-3　大学生技术创新意识计量模型中的变量名称及其含义

变量名	含义	备注
Con-concern	技术关注意识	标准化变量
Con-initiative	主动创新意识	
Con-develop	技术开发意识	
Con-risk	冒险意识	
Beh-service	技术服务行为	
Ben-academic	学术活动行为	
Res-research	技术研发成果	
Res-competition	科技竞赛成果	
col-center	中部高校	二值变量（对照组：东部高校）

续表

变量名	含义	备注
col-west	西部高校	二值变量（对照组：东部高校）
hom-center hom-west	中部生源地 西部生源地	二值变量（对照组：东部生源地）
female	女性	二值变量（对照组：男性）
age	年龄	连续变量
fres soph juni seni grad1	大一学生 大二学生 大三学生 大四学生 研一学生	二值变量（对照组：研二学生）
it mech tran sci hum envi	IT 类专业 机械电子类专业 建筑运输类专业 理学类专业 人文社科类专业 生化食药环类专业	二值变量（对照组：经济管理类专业）
u	随机扰动项	均值为 0、方差为常数

1. 以大学生技术关注意识为因变量的计量模型

$$\text{Con-concern} = c + \beta_1 \text{col-center} + \beta_2 \text{col-west} + \beta_3 \text{hom-center} + \beta_4 \text{hom-west} + \beta_5 \text{female} + \beta_6 \text{age} + \beta_7 \text{fres} + \beta_8 \text{soph} + \beta_9 \text{juni} + \beta_{10} \text{seni} + \beta_{11} \text{grad1} + \beta_{12} \text{it} + \beta_{13} \text{mech} + \beta_{14} \text{tran} + \beta_{15} \text{sci} + \beta_{16} \text{hum} + \beta_{17} \text{envi} + \mu \quad (11\text{-}1)$$

2. 以大学生主动创新意识为因变量的计量模型

$$\text{Con-initiative} = c + \beta_1 \text{col-center} + \beta_2 \text{col-west} + \beta_3 \text{hom-center} + \beta_4 \text{hom-west} + \beta_5 \text{female} + \beta_6 \text{age} + \beta_7 \text{fres} + \beta_8 \text{soph} + \beta_9 \text{juni} + \beta_{10} \text{seni} + \beta_{11} \text{grad1} + \beta_{12} \text{it} + \beta_{13} \text{mech} + \beta_{14} \text{tran} + \beta_{15} \text{sci} + \beta_{16} \text{hum} + \beta_{17} \text{envi} + \mu \quad (11\text{-}2)$$

3. 以大学生技术开发意识为因变量的计量模型

$$\text{Con-develop} = c + \beta_1 \text{col-center} + \beta_2 \text{col-west} + \beta_3 \text{hom-center} + \beta_4 \text{hom-west} + \beta_5 \text{female} + \beta_6 \text{age} + \beta_7 \text{fres} + \beta_8 \text{soph} + \beta_9 \text{juni} + \beta_{10} \text{seni} + \beta_{11} \text{grad1} + \beta_{12} \text{it} + \beta_{13} \text{mech} + \beta_{14} \text{tran} + \beta_{15} \text{sci} + \beta_{16} \text{hum} + \beta_{17} \text{envi} + \mu \quad (11\text{-}3)$$

4. 以大学生冒险意识为因变量的计量模型

$$\text{Con-risk} = c + \beta_1 \text{col-center} + \beta_2 \text{col-west} + \beta_3 \text{hom-center} + \beta_4 \text{hom-west} + \beta_5 \text{female} + \beta_6 \text{age} + \beta_7 \text{fres} + \beta_8 \text{soph} + \beta_9 \text{juni} + \beta_{10} \text{seni} + \beta_{11} \text{grad1} + \beta_{12} \text{it} + \beta_{13} \text{mech} + \beta_{14} \text{tran} + \beta_{15} \text{sci} + \beta_{16} \text{hum} + \beta_{17} \text{envi} + \mu \quad (11\text{-}4)$$

5. 以大学生技术服务行为为因变量的计量模型

$$\text{Beh-service} = c + \beta_1 \text{col-center} + \beta_2 \text{col-west} + \beta_3 \text{hom-center} + \beta_4 \text{hom-west} + \beta_5 \text{female} + \beta_6 \text{age} + \beta_7 \text{fres} + \beta_8 \text{soph} + \beta_9 \text{juni} + \beta_{10} \text{seni} + \beta_{11} \text{grad1} + \beta_{12} \text{it} + \beta_{13} \text{mech} + \beta_{14} \text{tran} + \beta_{15} \text{sci} + \beta_{16} \text{hum} + \beta_{17} \text{envi} + \mu \quad (11\text{-}5)$$

6. 以大学生学术活动行为为因变量的计量模型

$$\text{Ben-academic} = c + \beta_1 \text{col-center} + \beta_2 \text{col-west} + \beta_3 \text{hom-center} + \beta_4 \text{hom-west} + \beta_5 \text{female} + \beta_6 \text{age} + \beta_7 \text{fres} + \beta_8 \text{soph} + \beta_9 \text{juni} + \beta_{10} \text{seni} + \beta_{11} \text{grad1} + \beta_{12} \text{it} + \beta_{13} \text{mech} + \beta_{14} \text{tran} + \beta_{15} \text{sci} + \beta_{16} \text{hum} + \beta_{17} \text{envi} + \mu \quad (11\text{-}6)$$

7. 以大学生技术研发成果为因变量的计量模型

$$\text{Res-research} = c + \beta_1 \text{col-center} + \beta_2 \text{col-west} + \beta_3 \text{hom-center} + \beta_4 \text{hom-west} + \beta_5 \text{female} + \beta_6 \text{age} + \beta_7 \text{fres} + \beta_8 \text{soph} + \beta_9 \text{juni} + \beta_{10} \text{seni} + \beta_{11} \text{grad1} + \beta_{12} \text{it} + \beta_{13} \text{mech} + \beta_{14} \text{tran} + \beta_{15} \text{sci} + \beta_{16} \text{hum} + \beta_{17} \text{envi} + \mu \quad (11\text{-}7)$$

8. 以大学生科技竞赛成果为因变量的计量模型

$$\text{Res-competition} = c + \beta_1 \text{col-center} + \beta_2 \text{col-west} + \beta_3 \text{hom-center} + \beta_4 \text{hom-west} + \beta_5 \text{female} + \beta_6 \text{age} + \beta_7 \text{fres} + \beta_8 \text{soph} + \beta_9 \text{juni} + \beta_{10} \text{seni} + \beta_{11} \text{grad1} + \beta_{12} \text{it} + \beta_{13} \text{mech} + \beta_{14} \text{tran} + \beta_{15} \text{sci} + \beta_{16} \text{hum} + \beta_{17} \text{envi} + \mu \quad (11\text{-}8)$$

（二）大学生技术创新意识地区差异的计量模型估计结果讨论

利用计量经济分析软件 Eviews3.0，分别对上述模型进行计算，为简便起见，这里仅列出核心变量，即高校所在地区和生源地的估计结果（表 11-4～表 11-6）。

由表 11-4 可得，西部高校的大学生的技术关注意识、主动创新意识、技术开发意识和冒险意识均强于东部高校大学生，其显著性水平均达到了 1%；中部高校的大学生的技术开发意识和冒险意识强于东部高校大学生，其显著性水平也达到了 1%，但是在技术关注意识和主动创新意识上不存在明显差异。东部、中部、西部生源地的大学生在技术关注意识、主动创新意识、技术开发意识和冒险意识方面都没有明显的差异。这说明东部、中部、西部高校大学生的技术创新意识的差异主要体现在技术开发意识和冒险意识方面，而技术关注意识和主动创新意识方面的差异相对来说要小些。据此，我们所提出的 H17 基本上成立。

表 11-4 大学生技术创新意识的地区差异估计

自变量	技术关注意识（F1）	主动创新意识（F2）	技术开发意识（F3）	冒险意识（F4）
中部高校（对照：东部高校）	0.1118 (0.1055)	−0.0976 (0.1011)	0.6248*** (0.1261)	0.4737*** (0.1530)
西部高校（对照：东部高校）	0.8695*** (0.1213)	0.7033*** (0.1340)	0.8293*** (0.1156)	0.5505*** (0.1338)
中部生源地（对照：东部生源地）	0.0049 (0.1047)	−0.0070 (0.1198)	−0.0059 (0.1033)	−0.1569 (0.1219)
西部生源地（对照：东部生源地）	0.0309 (0.1261)	−0.1484 (0.1411)	0.1495 (0.1155)	0.0162 (0.1283)

续表

自变量	技术关注意识（F1）	主动创新意识（F2）	技术开发意识（F3）	冒险意识（F4）
其他控制变量（性别、年龄、年级、所学专业等）	（略）	（略）	（略）	（略）
N	593	593	593	593
Adjusted R^2	0.1130	0.2491	0.1731	0.0736

（）的标准误为 White 异方差强壮标准误；*** 表示统计显著性水平为 1%。

从表 11-5 中所得的回归分析结果可知，与东部高校相比，西部高校的大学生的技术服务行为和学术活动行为要显著强些；中部高校的大学生的学术活动行为要显著强于东部高校大学生，但是技术服务行为不存在显著差异。这说明东部、中部、西部高校大学生的技术创新行为的差异主要体现在学术活动行为上。据此，我们所提出的 H18 基本上成立。

表 11-5 大学生技术创新行为的地区差异估计

变量	技术服务行为（F5）	学术活动行为（F6）
中部高校（对照：东部高校）	0.0335 (0.1357)	0.7952*** (0.1337)
西部高校（对照：东部高校）	0.8616*** (0.1267)	0.9613*** (0.1217)
中部生源地（对照：东部生源地）	0.1308 (0.1285)	−0.1686 (0.1164)
西部生源地（对照：东部生源地）	−0.0727 (0.1369)	−0.1996* (0.1175)
其他控制变量（性别、年龄、年级、所学专业等）	（略）	（略）
N	593	593
Adjusted R^2	0.1258	0.1405

（）的标准误为 White 异方差强壮标准误；***、* 分别表示统计显著性水平为 1%、10%。

从表 11-6 中所得的回归分析结果可知，中部、西部高校的大学生的技术研发成果和科技竞赛成果均强于东部高校的大学生，且显著性水平也均达到了 1%。据此，我们所提出的 H19 成立。

表 11-6 大学生技术创新成果的地区差异估计

变量	技术研发成果（F7）	科技竞赛成果（F8）
中部高校（对照：东部高校）	0.4067*** (0.1527)	0.4794*** (0.1470)
西部高校（对照：东部高校）	0.4031*** (0.1391)	0.5460*** (0.1377)
中部生源地（对照：东部生源地）	−0.0743 (0.1248)	0.0511 (0.1246)
西部生源地（对照：东部生源地）	−0.0190 (0.1332)	−0.0064 (0.1240)

续表

变量	技术研发成果（$F7$）	科技竞赛成果（$F8$）
其他控制变量（性别、年龄、年级、所学专业等）	（略）	（略）
N	593	593
Adjusted R^2	0.068	0.0749

() 的标准误为 White 异方差强壮标准误；*** 表示统计显著性水平为 1%。

东部、中部、西部生源地的大学生，除了西部生源地的大学生在学术活动行为方面略低于东部生源地的大学生之外（系数为－0.1996，显著性水平10%），无论是在技术创新意识、技术创新行为方面，还是技术创新成果方面，都没有显著的差异。据此，H20、H21 和 H22 未能获得支持。这说明，家庭环境对大学生的影响明显弱于学校环境。其可能原因有二：一是空间距离原因，大学生大都是远离家乡求学，家庭的影响被遥远的空间距离弱化了；二是时间效应原因，大学的影响在时间上处于现在时阶段，而家庭的影响在时间上属于已经过去的阶段。

综上所述，东部、中部、西部高校大学生在技术创新意识、技术创新行为和技术创新成果方面均存在显著差异，且西部高校的大学生在技术创新意识、技术创新行为和技术创新成果方面强于东部和中部高校大学生。产生这一结果的可能原因有四点：一是西部大开发带来西部地区产业结构升级、技术进步、制度创新和传统产业的革新，这势必会促进西部高校大学生的技术创新意识；二是西部高校的毕业生就业率和平均工资水平相对东部、中部地区高校毕业生来说偏低，这种压力在一定的条件下可以转化为创新创业的动力，这就间接提升了西部高校大学生的技术创新意识、技术创新行为和技术创新成果；三是西部高校大学生是未来西部大开发的主力军，在西部大开发的熏陶下，西部高校的大学生拥有高度的责任感，这种责任感也会激发大学生的技术创新意识；四是东部高校大学生更关注出国深造，而不是创新创业，因此东部高校大学生的技术创新意识、行为、成果低于中部、西部高校大学生。

第二节　大学生技术创新意识、行为、成果的聚类分析

采用 SPSS 软件，运用 K-means 快速聚类法，分别基于“主动创新意识-技术关注意识-技术开发意识-冒险意识”、“技术服务行为-学术活动行为”、“技术研发成果-科技竞赛成果”三类组合对高校大学生进行分类，比较不同类别大学生在技术创新意识、行为、成果方面的差异。

一、基于技术创新意识因子组合得分差异的大学生分类

根据大学生“主动创新意识-技术关注意识-技术开发意识-冒险意识”的因子得分组合，运用 SPSS 中 K-means 快速聚类法，对 593 份有效问卷进行聚类，最终将样本中的大学生划分为四种类型：保守型、淡漠型、关注型、主动型。此四类大学生技术创新意识因子得分中心值列于表 11-7 中。*F* 检验表明，这一分类结果达到了统计上的显著水平。

表 11-7　基于大学生技术创新意识分类的四种类型及其因子得分中心值

	保守型	淡漠型	关注型	主动型	总体统计特征
主动创新意识因子得分中心值	−0.987 69	−0.142 21	−0.059 18	0.779 13	37.298*** （*F* 值）
技术关注意识因子得分中心值	0.324 24	−1.215 13	0.580 39	0.402 19	91.138*** （*F* 值）
技术开发意识因子得分中心值	−0.792 47	0.138 86	0.867 45	−0.671 60	255.535*** （*F* 值）
冒险意识因子得分中心值	0.900 88	−0.313 78	−0.007 65	−0.185 98	159.969*** （*F* 值）
人数比例/%	15.36	27.47	30.38	26.79	100

*** 表示统计显著性水平为 1%。

（1）保守型。此类大学生在主动创新意识因子和技术开发意识因子中的得分中心值最低，在冒险意识因子中的得分中心值最高，表明他们主动创新意识比较弱，技术开发意识比较弱，冒险意识比较强。此类型大学生在样本中的比例最低，仅占 15.36%。

（2）淡漠型。此类大学生在技术关注意识因子和冒险意识因子中的得分中心值最低，表明他们缺乏技术关注意识和冒险意识。此类型大学生在样本中的比例较高，比例为 27.47%。

（3）关注型。此类大学生在技术关注意识因子和技术开发意识因子中的得分中心值最高，表明他们具有强烈的技术关注意识和技术开发意识。此类型大学生在样本中的比例最大，占 30.38%。

（4）主动型。此类大学生在主动创新意识因子中的得分中心值最高，表明他们具有强烈的主动创新意识。此类型大学生在样本中的比例较高，占 26.79%。

二、基于技术创新行为因子组合得分差异的大学生分类

根据大学生“技术服务行为-学术活动行为”因子得分组合，运用 SPSS 中 K-means 快速聚类法，对 593 份有效问卷进行聚类，最终将样本中的大学生划分为四种类型：高服务低学术型、高服务高学术型、低服务高学术型、低服务低学术型。此四类大学生技术创新行为因子得分中心值列于表 11-8 中。*F* 检验

表明，这一分类结果达到了统计上的显著水平。

表 11-8 基于大学生技术创新行为分类的四种类型及其因子得分中心值

	高服务低学术型	高服务高学术型	低服务高学术型	低服务低学术型	总体统计特征
技术服务行为因子得分中心值	3.638 06	0.948 05	−2.149 60	−0.379 24	442.317*** （*F* 值）
学术活动行为因子得分中心值	−0.902 72	2.750 97	0.182 54	−2.290 41	347.710*** （*F* 值）
人数比例/%	15.19	16.89	37.71	31.91	100

*** 表示统计显著性水平为 1%。

（1）高服务低学术型。此类大学生在技术服务行为因子中得分中心值最高，在学术活动行为因子中的得分中心值较低，表明他们积极地参与技术服务，很少参与学术活动。此类型大学生在样本中的比例最低，仅占 15.19%。

（2）高服务高学术型。此类大学生在技术服务行为因子中得分中心值较高，在学术活动行为因子中的得分中心值最高，表明他们积极地参与技术服务和学术活动。此类型大学生在样本中的比例较低，仅占 16.89%。

（3）低服务高学术型。此类大学生在技术服务行为因子中得分中心值最低，在学术活动行为因子中的得分中心值较高，表明他们参与技术服务少，参与学术活动较多。此类型大学生在样本中的比例最高，占 37.71%。

（4）低服务低学术型。此类大学生在技术服务行为因子中得分中心值较低，在学术活动行为因子中的得分中心值最低，表明他们参与技术服务少，参加学术活动少。此类型大学生在样本中的比例较高，占 31.91%。

三、基于技术创新成果因子组合得分差异的大学生分类

根据大学生“技术研发成果-科技竞赛成果”因子得分组合，运用 SPSS 中 K-means快速聚类法，对 593 份有效问卷进行聚类，最终将样本中的大学生划分为四种类型：低研发低竞赛型、高研发低竞赛型、低研发高竞赛型、高研发高竞赛型。此四类大学生技术创新成果因子得分中心值列于表 11-9 中。*F* 检验表明，这一分类结果达到了统计上的显著水平。

表 11-9 基于大学生技术创新成果分类的四种类型及其因子得分中心值

	低研发低竞赛型	高研发低竞赛型	低研发高竞赛型	高研发高竞赛型	总体统计特征
技术研发成果因子得分中心值	−1.264 24	3.007 77	−1.430 96	3.333 92	487.567*** （*F* 值）
科技竞赛成果因子得分中心值	−0.395 20	−2.565 23	4.181 06	2.993 66	438.328*** （*F* 值）
人数比例/%	68.09	10.75	12.29	8.87	100

*** 表示统计显著性水平为 1%。

（1）低研发低竞赛型。此类大学生在技术研发成果因子中得分中心值较低，在科技竞赛成果因子中的得分中心值最低，表明他们的技术研发成果和科技竞

赛成果都比较少。此类型大学生在样本中的比例高达68.09%。

（2）高研发低竞赛型。此类大学生在技术研发成果因子中得分中心值较高，在科技竞赛成果因子中的得分中心值最低，表明他们的技术研发成果多，科技竞赛成果少。此类型大学生在样本中的比例较低，仅占10.75%。

（3）低研发高竞赛型。此类大学生在技术研发成果因子中得分中心值最低，在科技竞赛成果因子中的得分中心值最高，表明他们的技术研发成果较少，科技竞赛成果较多。此类型大学生在样本中的比例较低，仅占12.29%。

（4）高研发高竞赛型。此类大学生在技术研发成果因子中得分中心值最高，在科技竞赛成果因子中的得分中心值较高，表明他们的技术研发成果和科技竞赛成果都较多。此类型大学生在样本中的比例最低，仅占8.87%。

本篇小结

大学生是未来的技术创新主体。大学生的技术创新意识、技术创新行为和技术创新成果，是本篇的三个核心构成概念。本篇基于前文的理论研究构建了“大学生技术创新意识→大学生技术创新行为→大学生技术创新成果”的结构方程模型，并在此基础上设计了大学生技术创新意识调查问卷。运用随机抽样调查问卷数据，分析了大学生技术创新意识、行为和成果之间的关系，探讨了不同生源地和不同高校所在地的大学生技术创新意识的地区差异，并基于大学生技术创新意识、行为和成果分别对大学生进行了分类。主要结论及启示包括以下三个方面。

(1) 大学生技术创新意识对其技术创新行为有显著的正向影响，大学生技术创新行为对其技术创新成果有显著的正向影响。这意味着为了获得更好的大学生技术创新成果，一要大力培育大学生的技术创新意识，二要有效激励大学生的技术创新行为。

(2) 总体上，在其他条件不变的情况下，中部、西部大学生的技术创新意识、技术创新行为、技术创新成果均高于东部大学生。这一结果刚好与企业家相反，与高校教师相同，这意味着中部、西部地区的大学生在创新创业实践上并不落后于东部地区。为此，中部、西部地区应当着力构建有利于新技术商业化的制度和文化，吸引优秀大学生留在本地创新创业。

(3) 基于大学生技术创新意识进行聚类分析，可以将大学生划分为保守型、淡漠型、关注型、主动型，其中，关注型占大学生调查样本的比例最大，提示我们应当高度关注大学生技术冒险意识的培育；基于大学生技术创新行为进行聚类分析，可以将大学生划分为高服务低学术型、高服务高学术型、低服务高学术型、低服务低学术型，其中，低服务高学术型占大学生调查样本的比例最大，提示我们应当采取措施激励大学生参与产业化实践；基于大学生技术创新成果进行聚类分析，可以将大学生划分为低研发低竞赛型、高研发低竞赛型、低研发高竞赛型、高研发高竞赛型，其中，2/3 以上为低研发低竞赛型，提示我们应该强化大学生的创新创业教育和实践。

创新意识培育篇

第十二章
技术创新意识短板分析

第一节　企业技术创新意识短板分析

根据表 4-3、表 4-4 企业家技术创新意识、企业技术创新行为的因子构成关系，计算相关因子得分的样本均值，按照得分的高低进行等级评定。其中，绝对得分划分为高、较高、一般、较低、低五个等级，东部、中部、西部地区的得分比较由高到低排列为 1、2、3 三个等级。计算结果如表 12-1 所示。

表 12-1　企业家技术创新意识、企业技术行为诸因子的得分比较

因子类型		总体	东部	中部	西部
技术引进行为	得分	3.83	3.76	3.97	3.62
	排序	高	2	1	3
技术竞争意识	得分	3.72	3.84	3.64	3.58
	排序	较高	1	2	3
技术冒险意识	得分	3.41	3.56	3.33	3.26
	排序	中等	1	2	3
R&D 投入行为	得分	2.40	2.64	2.02	2.23
	排序	较低	1	3	2
技术开发行为	得分	2.09	2.36	2.11	1.71
	排序	低	1	2	3

由表 12-1 可见，在调查样本中，企业技术引进行为的绝对得分高，技术竞争意识的绝对得分较高，技术冒险意识的绝对得分中等，R&D 投入行为的绝对得分较低，技术开发行为的绝对得分低。同时从东部、中部、西部各项得分的比较来看，东部地区基本上是得分最高的，中部、西部地区得分普遍较低。据此我们对我国企业家技术创新意识的短板作了以下分析。

一、企业家缺乏冒险精神

由表 12-1 可以看出，样本中的企业家热衷于采取风险较低的技术引进行为，而不愿意从事风险较高的技术开发行为，对 R&D 投入行为较为吝啬，技术冒险意识的得分也不高，这表明企业家缺乏商业冒险的胆识与精神。

冒险精神是指企业家对潜在商业机会的敏感度，面对不断变化着的市场经济环境积极寻找和发现商业机会，并愿意为获取更好的商业机会而承担较大程度的商业风险。冒险精神是一个好的企业家所必备的素质，然而，在我们所调查的企业中，国内的企业家大多对新生的商业机会持观望态度，不敢率先大胆尝试，总想等到产品发展到比较成熟的时候再去跟随。这种态度虽然可以避免失败的风险，但也会错过提升企业核心竞争力的大好机会，无法实现赶超和领先于同行的目标，最终只能永远落于平庸。

二、企业家对风险的认知不够全面

从调查结果来看，我国企业家在对风险的认知上存在一定的误区，他们把风险与损失进行等同的定义，只看到了创新给企业所带的不利影响，而往往忽视了创新所能带来的巨大效益，这种认知上的误区也是导致企业家技术创新意识不高的主要原因之一。

事实上，技术创新意义上的风险属于中性词，它既含有创新失败的成本代价，又含有创新成功的高额回报。正是风险的这种双面性质，激发了众多杰出企业家的创新创业热情，并通过他们的创新改变了我们的世界。

三、企业家的行业关注度较低

从调查结果来看，企业家对本行业的技术发展动态不太关注。对技术发展动态的关注是培养和提升企业家技术创新意识的重要前提，关注度较低说明企业家对技术创新可能带来的高回报认识不够。企业家对技术发展缺乏足够的关注，将会使得企业家忽视技术创新，这不利于企业技术创新意识的培育，不利于技术创新氛围的形成。

第二节　高校教师技术创新意识短板分析

根据表 7-7 高校教师技术创新意识、行为、效果构成因子命名表，计算出技术创新意识因子的样本均值，按照 5 个等级列于表 12-2。等级评定原则：均值在区间［4，5］上为“高”，在区间［3.5，4）上为“较高”，在区间［2.5，3.5）上为“一般”，在区间［2，2.5）上为“较低”，在区间［1，2）上为“低”。

由表 12-2 可见，生产关注意识的得分普遍高于技术冒险意识。生产关注意识反映了高校教师对生产实践活动——主要是对企业生产活动的主观关注程度，它是高校教师参与产学研合作的初始动机来源。技术冒险意识反映了高校教师参与技术创新的主观决心，它是高校教师参与产学研合作的主要动力。这一结果说明高校教师普遍很关注企业生产活动，但是决心还不够。技术冒险意识包括敢于冒险精神、坚持不懈精神、挫折承受意愿，高校教师技术创新意识的短板在于敢于冒险精神不足、不能坚持不懈、挫折承受意愿较弱。

表 12-2 高校教师技术创新意识诸因子的得分比较

		总计	东部	中部	西部
	技术应用	4.31	4.20	4.36	4.36
		高	高	高	高
	技术输出	4.46	4.36	4.54	4.47
		高	高	高	高
生产关注意识	技术支持意愿	4.16	3.97	4.24	4.23
		高	较高	高	高
	技术合作意愿	4.29	4.25	4.32	4.30
		高	高	高	高
	敢于冒险精神	3.70	3.49	3.78	3.80
		较高	一般	较高	较高
技术冒险意识	坚持不懈精神	4.08	3.93	4.13	4.16
		高	较高	高	高
	挫折承受意愿	3.80	3.67	3.85	3.86
		较高	较高	较高	较高

一、高校教师敢于冒险精神不足

调查样本中高校教师敢于冒险精神的得分最低，当研发项目具有较大的风险时，高校教师可能不会尝试。政府可以通过对高校教师的技术创新活动给予补助，降低其研发风险。企业也可以与高校建立风险共担机制，从而减少双方的合作研发风险。

二、高校教师挫折承受意愿较弱

调查样本中高校教师挫折承受意愿的得分仅次于冒险精神。当研发项目有较大的风险，一旦研发失败，高校教师继续努力直至成功的可能性较小。高校教师技术创新意识的调查对象是以 40 岁以下的中青年教师为主，这个年龄段的教师虽然敢于冒险，但是心理承受能力还不够强。他们是我国未来 20 年技术创新活动的主力军，政府应积极鼓励他们的创新活动，即使项目未能如期完成，也能够按照工作量给予奖励，加强教师挫折承受意愿，鼓励他们从失败中总结经验教训，从而获得最后的成功。

三、高校教师坚持不懈精神不够

调查样本中高校教师坚持不懈精神的得分次于挫折承受意愿。当研发过程中遇到较大困难时，高校教师继续坚持的可能性较小。由于高校科研的不确定性，特别是高新技术研发，往往具有高投入、高竞争、高风险的特征，而且在研发的过程中更是困难重重，这都需要高校的科研人员不仅具有较高的专业技能，而且还必须具有较强的心理承受能力和坚持不懈的精神。

第三节　大学生技术创新意识短板分析

根据表 10-4 大学生技术创新意识、行为、成果构成因子命名表，计算出大学生技术创新意识因子的平均值和标准差。计算结果列于表 12-3 中。

表 12-3　大学生技术创新意识、行为、成果诸因子的得分比较

因子	平均值	标准差	评定等级
技术关注意识	3.42	1.02	不高
主动创新意识	2.85	1.06	低
技术开发意识	2.84	1.15	低
冒险意识	3.35	1.11	不高
技术服务行为	1.76	1.04	低
学术活动行为	2.37	1.06	低
技术研发成果	1.48	0.86	低
科技竞赛成果	1.48	0.87	低

注：评定等级原则——平均值<3 分，“低”；3≤平均值<3.5，“不高”；3.5≤平均值<4，“较高”；4≤平均值≤5，“高”。

由表 12-3 可知，在大学生技术创新意识因子中，技术开发意识因子的平均得分最低，仅为 2.84 分；主动创新意识低，仅为 2.85 分；冒险意识不高，为 3.35 分；技术关注意识不高，为 3.42 分。在大学生技术创新行为因子中，技术服务行为因子的平均得分最低，仅为 1.76 分；学术活动行为因子的平均得分低，仅为 2.37 分。在大学生技术创新成果因子中，技术研发成果因子和科技竞赛成果因子的平均得分都非常低，二者得分均为 1.48 分。总体来说，大学生技术创新意识不高，技术创新行为低，技术创新成果低。

由结构关系效应分析可知，大学生技术创新意识显著影响其技术创新行为，大学生技术创新行为显著影响其技术创新成果。大学生技术创新行为和技术创新成果低这一现象的原因是大学生技术关注意识不高、主动创新意识低、技术开发意识低、冒险意识不高。

一、大学生技术关注意识不高

通过结构效应分解，技术关注意识对技术服务行为的影响总效应为0.155，即技术关注意识降低1个单位，技术服务行为会降低0.155个单位；对学术活动行为的影响总效应为0.260，即技术关注意识降低1个单位，学术活动行为会降低0.260个单位；对技术研发成果的影响总效应为0.153，即技术关注意识降低1个单位，技术研发成果会降低0.153个单位；对科技竞赛成果的影响总效应为0.131，即技术关注意识降低1个单位，科技竞赛成果会降低0.131个单位。总体来说，技术关注意识对技术创新行为和技术创新成果的影响是比较大的。技术关注意识的两个量表中，“关注本专业技术的发展动态”量表的平均得分为3.45分，“关注企业对技术的需求信息”量表的平均得分为3.39分。从得分高低可知，对企业技术的需求信息的关注度不高是大学生技术关注意识不高的主要原因。

二、大学生主动创新意识低

通过结构效应分解，大学生主动创新意识对技术服务行为的影响总效应为0.253，即主动创新意识降低1个单位，技术服务行为会降低0.253个单位；对学术活动行为的影响总效应为0.501，即主动创新意识降低1个单位，学术活动行为会降低0.501个单位；对技术研发成果的影响总效应为0.267，即主动创新意识降低1个单位，技术研发成果会降低0.267个单位；对科技竞赛成果的影响总效应为0.266，即主动创新意识降低1个单位，科技竞赛成果会降低0.266个单位。总体上来说，主动创新意识对技术创新行为和技术创新成果的影响是比较大的。主动创新意识的三个量表中，“主动参加各种技术竞赛”量表的平均得分为2.88分，“主动参加各种创新创业活动”量表的平均得分为2.96分，“主动作一些商业策划”量表的平均得分为2.70。从得分高低可知，大学生主动参加的商业策划少是大学生主动创新意识低的主要原因。

三、大学生技术开发意识低

通过结构效应分解，大学生技术开发意识对技术服务行为的影响总效应为0.119，即技术开发意识降低1个单位，技术服务行为会降低0.119个单位；对学术活动行为的影响总效应为0.094，即技术开发意识降低1个单位，学术活动行为会降低0.094个单位；对技术研发成果的影响总效应为0.095，即技术开发意识降低1个单位，技术研发成果会降低0.095个单位；对科技竞赛成果的影响总效应为0.084，即技术开发意识降低1个单位，科技竞赛成果会降低0.084个单位。总体上来说，技术开发意识对技术创新行为和技术创新成果的影响是比较大的。技术开发意识的两个量表中，“进行专利开发”量表的平均得分为2.76分，“进行商业技术的开发”量表的平均得分为2.92分。从得分高低可知，大学生专利开发意识低是大学生技术开发意识低的主要原因。

四、大学生冒险意识不高

通过结构效应分解，大学生冒险意识对技术服务行为的影响总效应为0.232，即冒险意识降低1个单位，技术服务行为会降低0.232个单位；对学术活动行为的影响总效应为0.331，即冒险意识降低1个单位，学术活动行为会降低0.331个单位；对技术研发成果的影响总效应为0.217，即冒险意识降低1个单位，技术研发成果会降低0.217个单位；对科技竞赛成果的影响总效应为0.187，即冒险意识降低1个单位，科技竞赛成果会降低0.187个单位。总体上来说，冒险意识对技术创新行为和技术创新成果的影响是比较大的。冒险意识的三个量表中，“从事风险性很大的创新创业活动”量表的平均得分为3.01分，“创办自己的企业”量表的平均得分为3.40分，“承受创新创业活动中的屡次挫折”量表的平均得分为3.64。从得分高低可知，大学生从事风险性较大的创新创业活动意识不高是大学生冒险意识不高的主要原因。

第十三章 技术创新意识培育措施

第一节　国民技术创新意识培育的一般措施

一、培育鼓励创新的文化

首先，要恢复优秀传统文化，重建国民诚信体系，通过诚信的回归来医治模仿、造假的痼疾。近年来，我国在推进建设国民诚信体系方面开展了一系列工作，特别是2006年胡锦涛总书记提出“以诚实守信为荣，以见利忘义为耻”等“八荣八耻”精神，在全国产生了深远影响；2007年国务院修改了《全国年节及纪念日放假办法》，将传统节日除夕、清明、端午和中秋列为国家法定假日，表明了政府恢复优秀传统文化的决心。但是诚信体系建设是一项系统工程，要从根本上改变诚信缺失的状况，尚需长期而艰苦的努力。

其次，要摒弃传统文化中的守旧价值观。我国传统文化中的中庸之道，提倡因循守旧、故步自封，贬低冒险、反对革新，是一种害怕承担风险、不利于创新创业的守旧价值观，严重阻碍了中华民族创新精神的培育。当前，必须坚决摒弃落后保守的中庸之道，鼓励人们解放思想、大胆创新。

最后，要学习和接纳西方文化中的冒险精神。西方文化中的冒险精神是技术创新的原动力，也是支撑西方社会不断进步的精神支柱。我们要在吸收和借鉴的基础上，将西方的冒险精神融入我国的创新文化体系，鼓励人们从事有风险的探索活动，营造良好的技术创新文化氛围，培养人们主动创新的意识和胆识。

二、建立鼓励创新的制度

首先，建立和完善技术创新的风险分担机制。一是制定颁布风险投资法律法规，构建促进风险投资的制度体系，大力发展风险投资行业，重点培育风险投资骨干企业，做大做强风险投资基金，为技术创新提供启动资金和原始资本；二是制定颁布信用担保法律法规，大力发展信用担保市场，重点培育信用担保公司，做大做强信用担保基金，为风险投资公司、银行等金融机构的新产品投资项目提供多层次的信用担保，为技术创新提供持续稳定的金融支撑；三是健全和完善创业板市场，成立专业化的创业板上市辅导与促进机构，探讨设立创业板预上市机制，让绝大部分创新项目能够进入预上市阶段锻炼考察，从而增加最终进入创业板的比例。

其次，建立和完善技术创新的收益保障机制。一是对现有的知识产权保护法律法规进行系统的清理和评价，找出制约知识产权保护相关法律发挥效力的关键因素，探讨消除这些制约因素的途径和手段；二是强化知识产权保护执法体系建设，完善知识产权侵权取证制度，严格按照法律规定惩治知识产权侵权行为；三是借助 WTO 全球知识产权保护框架，以国际知识产权保护推动国内知识产权保护，最终将我国的知识产权保护体系与国际接轨。

三、大力培养具有创新意识的企业家

首先，要大力宣传企业家的创新精神。通过各种媒体，大力宣传企业家创新精神，倡导创新是一个民族的灵魂，使企业家精神成为社会的主流精神动力，鼓励企业家不断创新进取，承担企业的经济责任和社会责任。

其次，要完善企业家的选拔制度，建立企业家市场。改变国有企业领导者由上级组织部门任免和调动的做法，实行面向社会、面向市场的竞争上岗选拔制度，通过公开选聘、公平竞争、择优录用，让最具有创新精神的企业家来领导企业。

最后，要建立鼓励企业家创新的激励机制。建立创新激励政府基金，对勇于创新的企业家给予重奖；鼓励企业从税前收入中按照经营成本科目设立创新津贴，对企业家创新失败进行合理的补偿；提倡企业实行知识产权期权、股权激励，对创新者提供长期激励。

四、大力提倡高校、研究机构制订适合本单位的创新激励政策

首先，大力提倡精神激励，对创新者给予崇高的荣誉和先进称号，使创新者获得周围同事和朋友的认同与赞赏。

其次，为创新者提供条件支撑，解决创新所需要的场地、设施、设备、资金，为创新者配备优秀的支撑团队。

再次，为创新成果的产业化提供转化平台，免费支持创新成果的中间试验

和产业化测试，为成熟成果的应用寻找合适的市场和合作伙伴。

最后，为成功的创新项目提供物质奖励和产权激励，对失败的创新项目提供适当的成本补贴。

第二节　企业家技术创新意识培育措施

一、扶持自主创新，培育企业家的商业冒险意识

从现实的情况来看，我国的企业管理者一般还是有通过自主创新提升企业核心竞争力的想法，但自主创新需要庞大的资金和人力资源的投入，这种投入对于大多数企业来说都是不小的成本，并且还有很高的失败可能性。因此，社会应当为企业搭建良好的自主创新平台，通过有效的制度尽可能地化解企业的创新风险，从而尽快地把企业家的商业冒险意识培育起来。

（1）设立企业创新扶持基金，为企业提供充足的资金支持，解除企业家害怕投资失败的后顾之忧，激发企业家的自主创新意识。

（2）建立创新科技园区，为企业提供专业化和集成式的公共服务、物流仓储服务和商务活动服务，在园区内形成良好的技术创新氛围和创新文化环境，吸引企业家和创业者入园创新创业。

（3）以企业为中心，整合高等院校和科研院所的人才智力资源，建立合理的利益分配机制与风险分摊机制，发挥各自的技术特长与资源优势，实现实质性的产学研合作，共推商业技术创新。

二、打破市场垄断，培养企业家的创新竞争意识

改革开放以来，我国经济有了飞跃式的发展，其中一个很重要的原因就是引入了市场化的竞争机制。以市场代替政府计划，一方面迫使国有企业走向市场，直面市场谋发展；另一方面，对外资企业、民营企业开放市场，使更多的企业参与到市场竞争中。从技术创新的角度看，竞争性市场比垄断市场具有更大的创新激励。激烈的市场竞争一方面会激发企业的创新潜质，另一方面也会迫使企业不得不通过技术创新寻找出路。因此，引入竞争、打破垄断，是培养企业家创新意识的有效途径。

（1）进一步扩大市场开放。目前，主要是要深化垄断行业的市场化改革，允许更多的民营企业和民间资本进入垄断行业，将垄断行业改造成为竞争性行

业，以竞争为手段推动这些行业的技术创新。

(2) 进一步消除地方保护。长期以来，地方保护形成了当前的诸侯经济格局，国内市场被人为地分割，区域垄断现象普遍。这种状况妨碍了企业之间正常的跨地区竞争，并保护了一些技术落后的本地企业，从而抑制了企业的技术创新。因此，消除地方保护，也是打破垄断、培养企业家创新意识的重要途径。

三、强化知识产权执法，激发企业家的创新创业热情

我国是仿冒与盗版产品泛滥的国家之一，山寨产品和水货流行，从山寨手机到山寨电脑都是没有自主知识产权的产品，但是由于其价格低廉，特别适合收入不高的消费者，所以对我国经济的起飞和早期发展做出了一定的“贡献”。不过，随着我国经济发展水平的迅速提高，消费者的购买能力越来越强大，我国已经成为全球最大的奢侈品消费国，但是这些高端产品主要来自海外发达国家。我国仿冒与盗版的产业“传统”，消磨了国内企业研发高端新产品的意志，从而使得我国在国际产业链分工中沦为低端劣质产品生产大国。因此，当前急需加强知识产权保护，以此推进高技术产品的研发与生产。

(1) 加强知识产权执法，着重解决知识产权侵权案件取证难、判决慢、执行无力以及地方保护等问题，尤其是对仿冒和盗用国内技术的行为予以重罚，为国内企业的技术创新创造良好的司法环境。

(2) 强化技术标准建设，规范企业的生产行为，尤其是要鼓励国内龙头企业和行业协会制定自己的技术标准，通过技术标准抢占国际技术高地，并指导国内企业的技术创新。

(3) 提倡和鼓励消费者购买国内拥有自主知识产权的产品，尤其是软件、电子产品、汽车等高技术含量的自主品牌，营造全民支持民族企业技术创新的社会氛围。

第三节　高校教师技术创新意识培育措施

一、加强生产关注意识，深化生产实践活动

高校长期习惯于“学术导向”，缺乏市场观念，重理论轻应用，导致理论成果多、应用成果少。虽然很多研究成果有一定学术水平，但市场价值并不高，与生产实际、市场需求存在着很大的距离。要改变这一状况，高校教师就必须

强化生产关注意识，从源头上进行改变。生产关注意识是高校教师对企业生产活动的主观关注程度，它反映的是高校教师寻求自身专业技能的应用出口的倾向，是高校教师参与产学研合作的初始动机。高校教师作为高校科研成果的研发主体，不仅要关注本专业领域内的最新技术发展动态，同时还应关注新技术在社会生产中的应用和需求。高校教师只有站在企业等生产主体生产需求的角度进行科研项目的立项，站在市场需求的角度去进行技术（或产品）开发，才能使科研成果具有使用价值和生命力，进而才有可能使其进入市场，完成向现实生产力的转化。

由于工作性质和环境的特殊性，高校教师即使具有较强的生产关注意识，仍然很难直接或深入地参与生产实际，尤其要真正地了解企业或市场需求更是一件困难的事情。所以，高校教师在教学工作的同时，应主动以兼职或合作研发等形式与企业一起开展生产和技术开发活动，真正去践行产学研一体化，从生产中寻找科技与经济的结合点，以社会需求为导向，坚持以市场定位科技、以技术创新检验科技、以创新发展科技，做到学术与效益相统一。

二、培养技术冒险意识，强化技术创新行为

由于高校科研的不确定性，特别是高新技术研发，往往具有高投入、高竞争、高风险的特征，研发技术或产品能否最终转化为现实的生产力具有很大的不确定性，而且在研发的过程中更是困难重重，这都需要高校的科研人员不仅具有较高的专业技能，同时还必须具有较强的技术冒险意识和风险承受能力。

技术冒险不是盲目冒险，而是建立在对风险正确认识和规避的基础上的冒险，因此，高校教师的技术冒险意识可以从以下两方面着手来培养。一方面，高校教师首先要对技术创新过程中可能存在的风险有一个清醒的认识，应该意识到风险存在的必然性。然后，对风险的大小和可能带来的不良后果做出合理的预测和估计，并认真分析风险的影响因素和消除风险的方法。另一方面，在对风险进行分析后，高校教师就可以以切实可行的行动来化解和降低风险发生的可能性。比如在技术研发项目上，可以多争取与一些具有资金实力，又有一定技术需求的企业合作，让企业承担研发项目的资金投入，而高校教师只进行知识投入，从而从风险产生的源头进行防范。在技术专利转让的过程中，高校教师应该增强商业和法律意识，与企业的合作行为应更多地建立在法律契约的基础上，从而减少违约风险的产生。总之，高校教师在技术创新过程中，具备了强烈的技术冒险意识和风险防范意识，并实施了规避风险的行为，就必然能在一定程度上提升科技成果的转化效果。

第四节 大学生技术创新意识培育措施

与国外相比，我国大学生创业比例较低，不到毕业生总数的1%，而发达国家一般占到20%～30%。清华大学中国创业研究中心的《全球创业观察报告》显示，中国创新教育水平低于全球平均水平，也就是说，创业意识比较低。因此，培养具有创业和创新精神的学生应成为中国大学的主要目标之一（王韧农，2009)。2009年，我国普通高校在校大学生人数已达2145万人，研究生人数亦达到140万人以上①，高等教育已经由过去的精英教育转变为大众教育。如果说精英教育是更多地强调学术水平的话，那么，大众教育就是更多地面向生产实践，为社会培养技术型人才。换而言之，当前的高等教育应集中力量培育大学生的技术创新能力，使他们成为直接推动社会经济发展的主力军。大学生的技术创新行为深受技术创新意识的影响，为此，高等教育应当创新教育机制，努力培育和强化大学生的技术创新意识，通过提升大学生的技术创新意识来提升大学生的技术创新能力。应当重视大学生技术创新实践能力的培养，多开展一些数学建模比赛、电子设计大赛、大学生挑战杯等创新实践来提高大学生技术创新能力，使今天的大学生成为未来的技术创新主体，以此保障国民经济在未来的快速、持续和健康发展。而大学生技术创新意识来源于强烈的事业心、高度的责任感以及对未来前景的危机感，这种意识又是技术创新行为的动力，政府部门应该加强对大学生自主创业的扶持力度。

一、大学生技术创新意识培育经验借鉴

南京航空航天大学积极探索创业教育与专业教育、素质教育、创新教育相融会的教育教学改革之路，形成了“创业教育学院＋课堂主渠道、课外主阵地＋创业实践、规范服务、生涯指导”创业教育格局。

江苏大学立足实际，积极引导大学生善于创新、敢于创造、勇于创业，形成了课程教学、教育培训、实践训练三位一体的创业教育模式。推动教授上讲台，让学生与名师“面对面”，成立了“大学生科研导师团”、“大学生学习中心”，不同专业的知名教授轮流值班，对学生进行个人研究引航、个人生涯设计、个人困难解惑等全方位的指导，激发学生的创新意识和创新能力。同时设立了“大学生科研立项”基金。

① 参见《中国统计年鉴2010》。

华中科技大学开设了“科技创业”选修课。

北京大学成立了创业中心，鼓励、指导、帮助大学生进行创业。

西安交通大学与企业联合，设立以解决实际生产问题的学生科研课题小组，创立学生创新基金，鼓励学生的发明创造。

南京大学2007年启动了“大学生创新训练计划”。

上海市大学生科技创业基金会于2006年成立了大学生创业“种子基金”；2008年上海市设立“大学生创业投资接力基金”。

此外，一些高校还有计划地组织大学生创新论坛、科技创新大赛，组织各种学生社团，融合第一课堂和第二课堂，依托高校科技园、软件园、产业园等。

二、提升大学生技术创新意识的高效培育措施

（一）大力宣传和弘扬创新精神，提升大学生的技术关注意识

为提升大学生的技术关注意识，应努力营造鼓励创新、崇尚创新、追求创新的良好氛围；广泛利用多种媒介宣传弘扬创新精神，树立创新典型，强化创新实践教育，培育大学生的创新意识和观念；在高校开展创新创业巡展和报告，宣传介绍创新创业人才培养的先进模式，推广应用大学生创新创业的典型经验。

（二）不断深化教学管理制度改革，提升大学生的主动创新意识

为提升大学生的主动创新意识，应完善学分制和选课制，实行主辅修制、双学位制，为学生创造自由的选课条件，增强学生自我学习、自我管理、自我发展的能力；实行弹性学制、休学创业制，给学生选择专业、锻炼能力以更大自主权；提倡教师参与教材编写并引进最新研究成果，让学生能够及时了解学科发展的最新动态，及时掌握最新的专业知识；鼓励教师带领学生一起进行课题研究，学校应将之纳入整个教学体系，给予一定的经费支持和学分，以培养学生的创新精神，充分发挥学生的主观能动性和创造力；实施大学生科技创新能力等级评定制度，分层次对取得科研成果的大学生予以奖励，对科研成果突出的可以颁发证书，并量化为学分，激励广大学生积极参与科技创新。

（三）提供良好的创新创业实践平台，提升大学生技术开发意识

为提升大学生的技术开发意识，应开展大学生技术创新创业培训教育；开展一些数学建模比赛、电子设计大赛、大学生挑战杯等创新实践，提高大学生的实际动手能力和实践技能，通过从科学知识型向科学知识实用技能型的转化来提高大学生技术创新能力；应与社会各界联合，建立稳定的大学生教学实践

基地，设立开放型实验室，建立创新教育实验基地，为大学生提供实践的机会和场所。

三、提升大学生技术创新意识的政府政策

（一）制定有利于培养大学生技术创新意识的机制

完善组织机制，成立专门的管理机构并出台相应的规章制度，保证大学生科技创新工作的开展有领导、有组织、有规范；完善激励机制，将高校教师指导大学生科技创新量化为科研工作量，列入晋升评职称的考核指标；完善运行机制，加强政、产、学、研的密切合作和优势互补，将科技创新成果转化到现实生产活动中去，实现多赢局面。

（二）设立大学生技术创新创业基金，提升大学生技术创新冒险意识

实践需要物质保障，政府应当出台相关政策鼓励具有创新意识、掌握创新知识的大学生进行创新实践与创业，提供相应的物质保障体系。这在一定程度上为大学生实践创新思想、勇于创业解除了后顾之忧，提升了大学生技术创新冒险意识，从而能够提升大学生技术创新行为和技术创新成果。具体措施如下：设立大学生科学研究和科研开发的专项经费，并对有潜力的学生和项目进行重点资助；将大学生技术创新创业基金纳入政府和学校的经费预算；鼓励并引导企业或者个人投入资金设立大学生技术创新创业基金，对其授予荣誉奖励或者给予其他方面的优惠政策。

（三）加大对西部大学生创业的扶持力度

西部地区经济相对落后，但是资源丰富，而且根据本书的研究结果，西部高校大学生的技术创新意识、技术创新行为和技术创新成果最高。政府部门应该加强对西部创业的扶持，积极鼓励西部高校大学生因地制宜，自主创业。教育、科技、经济等政策部门，在制定技术创新战略和社会经济发展战略时，应当高度重视对西部高校大学生技术创新意识的培育，并采取切实有效的措施去激励高校特别是西部地区的高校对大学生技术创新潜能的挖掘。西部高校大学生作为未来西部经济发展的主力军，担负着缩小西部与东部、中部经济发展速度和水平的差距的重任。

第十四章 技术创新意识培育案例分析

根据前面所述，无论是企业家、高校教师还是在校大学生，都存在“技术创新意识决定技术创新行为，技术创新行为决定技术创新绩效”的关系。据此关系，无论是企业还是社会，要想推进技术创新，首先必须培育创新主体的技术创新意识。那么，我们应当如何培育创新主体的技术创新意识呢？下面将通过分析典型案例，来获取这方面的启示。

第一节 企业家技术创新意识培育案例分析

美国经济学家约瑟夫·熊彼特（1990）认为，企业家是不断在经济结构内部进行“革命突变”，对旧的生产方式进行“创造性破坏”，实现经济要素创新组合的人。美国经济学家德鲁克（2009）认为，企业家是革新者，是勇于承担风险、有目的地寻找革新源泉、善于捕捉变化，并把变化作为可供开发利用机会的人。英国经济学家马歇尔（1965）认为，企业家是以自己的创新力、洞察力和统率力，发现和消除市场的不平衡性，创造交易机会和效用，给生产过程提出方向，使生产要素组织化的人。对这些表述进行归纳，可以认为，企业家的本质特征就是冒险和创新。

回顾IT及消费电子行业，会看到一个有趣的现象。当年，微软靠创新战胜IBM，三星靠创新战胜索尼，谷歌靠创新战胜微软。最为经典的是，苹果靠iPod创新战胜索尼，靠iPhone创新战胜诺基亚，靠iPad创新将惠普、戴尔、摩托罗拉、三星、诺基亚等抛在身后。胜利的一方必然拥有一个善于创新的掌舵人，即企业家（如盖茨、李健熙、乔布斯、佩吉、布林等）。

一、美国苹果公司案例分析

（一）苹果之心——创新

1. 苹果简介

苹果公司（Apple Inc. 简称苹果），原称苹果电脑公司（Apple Computer,

Inc.)，由斯蒂夫·乔布斯（Steve Jobs）和斯蒂夫·沃兹尼亚克（Steve Wozniak）于1976年创立，总部位于美国加利福尼亚的库比提诺，核心产品是电子科技产品。

苹果在20世纪70年代通过研发Apple II引发了个人电脑革命，20世纪80年代通过推出Macintosh彻底改造了个人电脑。其在台式电脑、笔记本电脑、Mac OSX操作系统、iLife数字生活等专业应用软件上的成功，塑造了家喻户晓的良好形象。更为重要的是，21世纪以来，苹果以其iPod数字音乐播放器和iTunes在线音乐商店引发了数字音乐的革命，以其iPhone手机、MacBook笔记本和iPad平板电脑引发了消费电子产品的革命。2010年5月27日，苹果的市值超过微软，成为世界上最大最值钱的科技公司。2011年1月，苹果的市值超越中国石油天然气集团公司，成为全球市值第二的企业。2011年8月9日，苹果的市值一度超越石油巨头埃克森美孚（Exxon Mobil），成为全球市值最高的公司。

2. 苹果的创新历程

1）产品创新

随着社会、科技的不断进步，产品的生命周期也大为缩短，电子产品更是如此，而苹果却在激烈的产品竞争中脱颖而出。苹果借助iPod、iPhone、iPad等系列产品创新，成功地开创了一片又一片蓝海，使濒临破产的公司起死回生，并且打造了一个属于自己的IT王国。其产品创新历程如表14-1所示。

表14-1 苹果的产品创新历程

年份	创新的产品
1976	开发并销售Apple I电脑
1977	发售最早的个人电脑Apple II
1984	推出革命性的Macintosh电脑
2001	推出iPod数字音乐随身听
2002	推出第二代iPod播放器，使用了称为“touch wheel”的触摸式感应操控方式
2003	①推出最早的64位元个人电脑Apple PowerMac G5；②推出第三代iPod音乐播放器，可同时支持Mac和Windows
2004	①推出第四代iPod数码音乐播放器；②推出搭载彩色显示屏的iPod Video；③推出迷你版iPod mini数码音乐播放器
2005	①推出第五代iPod播放器；②推出第二代iPod mini迷你数码音乐播放器与iPod shuffle；③推出iPod nano超薄数码音乐播放器，采用彩色显示器
2006	①发布了第一部使用英特尔处理器的台式电脑和笔记本电脑，分别为iMac和MacBook Pro；②推出第六代iPod数码音乐播放器iPod classic；③推出第二代iPod nano数码音乐播放器；④推出第二代iPod shuffle数码音乐播放器
2007	①推出第三代iPod nano超薄数码音乐播放器；②发布了iPhone与iPod touch
2008	①发布了MacBook Air，这是当时最薄的笔记本电脑；②发布了iPod nano第四代和iPod touch第二代；③发布了新设计的MacBook和MacBook Pro，以及全新的24英寸* Apple LED Cinema Display

续表

年份	创新的产品
2009	①发布了重新设计的 17 英寸屏幕的 MacBook Pro 笔记本电脑；②3 月 3 日推出升级版的 iMac、Mac mini 和 Mac Pro；③3 月 11 日推出新款 iPod shuffle；④6 月 25 日推出 iPhone 3G s；⑤9 月 10 日更新全线 iPod 产品（itouch、classic 和 nano），其中第五代 nano 支持摄像和收音机功能，推出 iTunes 9，正式推出 Snow Lepard 系统
2010	①4 月 3 日推出 iPad 系列产品（3G、Wi-Fi+3G）；②6 月 8 日发布了 iPhone 4
2011	3 月 3 日发布了 iPad 2

* 1 英寸＝2.54 厘米。

2）商业模式创新

苹果的过人之处，不仅仅在于它为新技术提供时尚的设计，更重要的是，它把新技术和卓越的商业模式结合起来。

1997 年，乔布斯回到了他亲手创立但已岌岌可危的苹果，公司当时的市值已经不到 40 亿美元。乔布斯回到公司做的第一件事情就是重新塑造苹果的设计文化，推出了 iMac，让苹果电脑重新成为“酷品牌”的代表。

2001 年，苹果推出了后来创造奇迹的 iPod，进入音乐播放器市场。同年推出了 iTunes，这是苹果历史上最具革命性创新的产品，它推动了苹果市值的快速飙升。2004 年利用 iTunes＋iPod 的组合，苹果开创了一个全新的商业模式，即将硬件、软件和服务融为一体，为客户提供了前所未有的便利，让数字音乐下载变得更加简单易行。这种商业模式的创新改变了两个行业——音乐播放器产业和音乐唱片产业。短短 3 年内，iPod＋iTunes 组合为苹果创收近 100 亿美元，几乎占到公司总收入的一半。iTunes 受到了来自用户、合作伙伴的广泛支持。因为 iTunes 的存在，能够让更多人更方便地下载和整理音乐，从而大大促进了 iPod 的销售，并让 iPod 和其他音乐播放器区分开来，短时间内占领了近 90％的市场。

2007 年，苹果发布 iPhone，掀起了一场手机革命。除了产品设计本身的创新之外，苹果还沿用了 iTunes 在 iPod 上的商业模式。

2008 年，苹果推出了 App Store，并和 iTunes 无缝对接。iPhone＋App Store 的组合引领了手机产业的革命，为苹果赋予了主导新一代手机的地位。迄今为止，苹果已经出售了超过 5 000 万部 iPhone 手机，而 App Store 的程序总量也已经超过 20 万款，总下载量约为 30 亿次。和 iPod 颠覆音乐产业一样，iPhone 也成功地颠覆了手机产业。

2010 年年初，苹果又推出 iPad。这款新产品采用了和 iPhone 同样的操作系统，外观也像一个放大版的 iPhone，这款产品受到了“苹果粉”的狂热拥护，每周的销量超过 20 万部，并被公认为会颠覆未来的出版行业。

对于苹果而言，赢利路径主要有两个：一是靠卖硬件产品来获得一次性的高额利润，二是靠卖音乐和应用程序来获得重复性购买的持续利润。由于优秀的设计，以及超过10万计的音乐和应用程序的支持，无论是iPod、iPhone还是iPad，都要比同类竞争产品的利润高很多。同样，由于有上面这些硬件的支持，那些应用程序也更有价值。正是因为在商业模式上的创新，才会有苹果最近7年来脱胎换骨的变化，商业模式的创新远远超越了其在产品创新方面的意义。

3. 苹果的创新绩效

1）单位收入成本逐年下降，利润率逐年上升

通过苹果公开的财务报表，整理得到其在2002～2010年的成本利润数据，如表14-2和图14-1所示。

表14-2　苹果2002～2010年的成本利润数据

年份	创新阶段	总收入/百万美元	总成本/百万美元	单位收入成本	利润/百万美元	收入利润率/%
2002	iTunes阶段	5 742	5 677	0.989	65	1.13
2003		6 207	6 138	0.989	69	1.11
2004	iPod+iTunes阶段	8 279	8 003	0.967	276	3.33
2005		13 931	12 596	0.904	1 335	9.58
2006		19 315	17 322	0.897	1 993	10.32
2007	iPhone+AppStore阶段	24 578	20 171	0.821	4 407	17.93
2008		37 491	29 164	0.778	8 327	22.21
2009		42 905	31 165	0.726	11 740	27.36
2010	iPad阶段	65 225	46 840	0.718	18 385	28.19

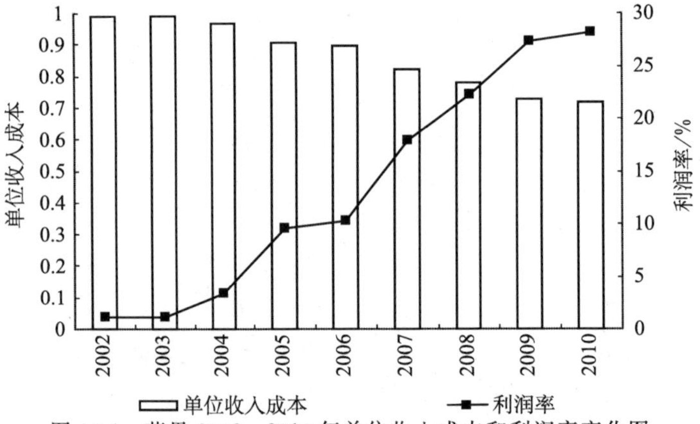

图14-1　苹果2002～2010年单位收入成本和利润率变化图

资料来源：苹果2002～2010年年报，http：//investor.apple.com。

由表14-2可见，2002年苹果的总收入为5742百万美元，而2010年公司总收入达到65 225百万美元，复合年均增长率为35.49%。由表14-2和图14-1可以观察到，苹果随着新产品和新业务系列的不断滚动推出，单位收入成本逐年下降，利润率逐年大幅度攀升。

从利润和利润率两栏的数据可以看出，利润率变化较大的是2003～2004

年、2006～2007 年和 2007～2008 年。2004 年，苹果利用 iTunes＋ iPod 的组合，开创了一个全新的商业模式，利润率从 2003 年的 1.11%上升到 2004 年的 3.33%，上涨了 2 倍。2007 年，苹果发布 iPhone，掀起了一场手机革命，利润率比 2006 年增加了 7.61 个百分点。2008 年，苹果利用 iPhone ＋ App Store 的组合，颠覆了手机产业，利润率急剧上升到 22.21%。

2）苹果市值 5 年涨 9 倍，10 年复合增长率超过 40%

根据苹果的年报，整理得到 2004～2009 年的公司股票市值，如图 14-2 所示。

从图 14-2 可以看出，5 年内苹果的市值增长近 9 倍，而同期 S&P（标准普尔）电脑行业指数增长不足 1 倍，S&P 500 指数则基本未变。

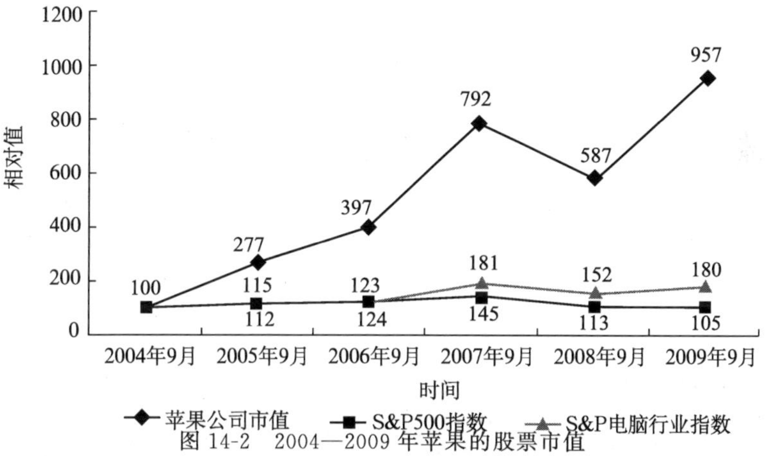

图 14-2　2004—2009 年苹果的股票市值

注：相对值以 2004 年 9 月为 100。

数据来源：http：//www.apple.com。

根据纳斯达克股票电子交易市场的数据，2001～2009 年苹果的股价数据如图 14-3 所示。从图 14-3 可见，苹果股价近 10 年的复合增长率超过 40%。

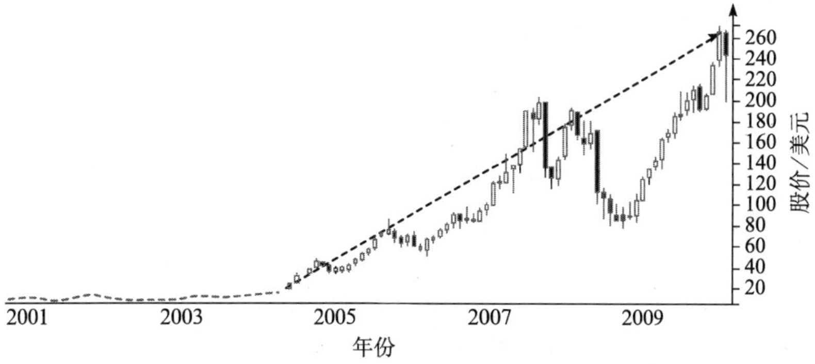

图 14-3　2001～2009 年苹果的股价

资料来源：http：//www.nasdaq.com。

(二)苹果之魂——史蒂夫·乔布斯

1. 史蒂夫·乔布斯简介

史蒂夫·乔布斯，苹果的创始人之一，前 Pixar 动画公司（在 2006 年被迪士尼收购）的董事长及行政总裁，迪士尼的董事会成员和最大个人股东。乔布斯出生于 1955 年 2 月 24 日，1974 年在一家公司找到设计电脑游戏的工作，1976 年同沃兹尼艾克在自家车库里成立了苹果电脑公司，1985 年获得由里根总统授予的国家级技术勋章。然而，乔布斯经营理念与当时大多数管理人员不同，加上蓝色巨人 IBM 也开始抢占个人电脑市场，使得乔布斯新开发出的电脑节节惨败，总经理和董事们把失败归罪于董事长乔布斯，1985 年 4 月董事会决议撤销乔布斯的经营权。1985 年 9 月 17 日，乔布斯辞去苹果董事长一职，离开苹果长达 11 年。1996 年，苹果重新雇佣乔布斯作为其兼职顾问；1997 年 9 月，乔布斯重返该公司任首席执行官（CEO）。

乔布斯被认为是电脑业界与娱乐业界的标志性人物，同时人们也把他视做 iMac、iPod、iTunes Store、iPhone、iPad 等知名数字产品的缔造者。乔布斯创造了“苹果”，掀起了个人电脑的风潮，改变了一个时代。乔布斯这位美国式的英雄当之无愧地成为全球最敬重的 IT 领袖人物。

2. 乔布斯与苹果

乔布斯曾说过：“你的时间有限，所以不要为别人而活。不要为教条所限，不要活在别人的观念里。最重要的是，勇敢地去追随自己的心灵和直觉，只有自己的心灵和直觉才知道自己的真实想法，其他一切都是次要的。”（沃尔特·艾萨克森，2011）作为苹果 CEO，乔布斯用这句话很好地诠释了自己的态度，他给予苹果的不仅仅是高度聚焦的产品战略、严格的过程控制、突破式的创新和持续的市场营销，更重要的是他把个人的文化——技术创新意识渗透到了苹果的企业文化中，赐予了苹果一个创新的灵魂。

贯穿苹果从“栽植”到“挂果”的成长经历，一条明晰的线索是，公司创始人乔布斯孜孜不倦的创新精神和打破现有秩序的冲动。从自己组装 Apple I 微型机，到开发 Apple II，一直到 iPad 的问世，一路上风尘仆仆，乔布斯成为全球电脑行业的领跑者。随着 iPod/iTunes、iPhone 和 iPad 的相继推向市场，乔布斯成功地打造了苹果的品牌形象：设计、科技、创造力和高端的时尚文化。苹果能够取得如此辉煌的成就，其原因在于以“技术狂人”乔布斯为代表的技术派超强的技术创新意识和创新能力。

1997 年，苹果亏损高达 10 亿美元，公司濒临崩溃。1997 年 9 月，乔布斯重返苹果担任 CEO，一年后苹果奇迹般地赢利 3.09 亿美元（沃尔特·艾萨克森，

2011）（图 14-4）。

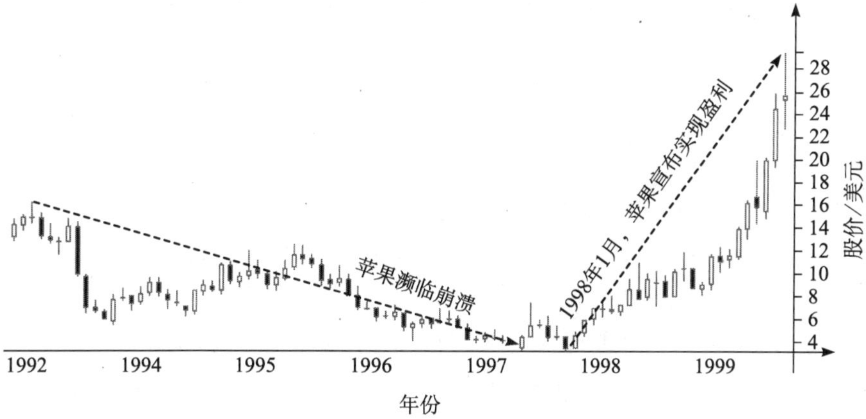

图 14-4　1992～1999 年苹果的股价趋势图

资料来源：http：//www.nasdaq.com。

3. 乔布斯在苹果发展历程中所表现出的技术创新意识

1）技术冒险意识

苹果取得如此辉煌的成功，乔布斯的技术冒险意识起着重要作用。1976 年，乔布斯和沃兹推出 Apple I，这是一款未被大量销售的试水产品。1977 年，苹果获得了第一笔金额为 92 000 美元的投资，推出的 Apple II 销量高达数百万台，并随后推出了 Apple II 的多个衍生产品。这是苹果真正意义上的第一款畅销产品，Apple II 成就了广义上的个人电脑市场，开始有更多的厂商关注这一市场。苹果做出的努力迅速得到了回报，仅仅创立 5 年后公司就顺利上市，首日股票价格上涨近 32%，公司市值为 17.78 亿美元。1980 年苹果上市之际，电脑巨头 IBM 进入个人电脑市场，微软为 IBM 提供程序语言与操作系统，即大家所熟知的 Microsoft DOS 操作系统。

苹果个人电脑所使用的操作系统是 Mac OSX，它基于坚如磐石的 Unix 基础，设计简单直观，使 Mac 个人电脑安全易用，高度兼容。从消费者的观点来看，微软的操作系统兼容性强，适用于任何个人电脑，操作方便，且版本升级容易，极受消费者青睐。但苹果的操作系统的使用者必须付全额价格购买升级版本，且 Mac OSX 只能在 Mac 上使用，所有的 Mac 都会搭配某些 Mac OS 版本一起出手，颇受争议，因此，消费者都偏向于使用微软的操作系统。面对微软操作系统的普遍使用，乔布斯并没有跟风，而是坚持使用自己的操作系统 Mac OSX。

2）锲而不舍的创新精神

乔布斯的最大特点是不怕失败，认准一个方向坚持走自己的路，持之以恒，最终实现自己的创意。在苹果的发展历程中，不乏失败之作。①Lisa 电脑，以乔布斯女儿的名字命名，是全球首款将图形用户界面（GUI）和鼠标结合起来的个人电脑，1983年面市售价为令人难以置信的1万美元，高昂的售价令不少用户退避三舍，导致其销量不佳。②Macintosh Portable电脑，1989年推出时的售价6500美元，是一款便携式电脑，但重量达15.5磅，市场反应极差。③Newton掌上电脑，售价在700～1 200美元，机长8英寸，宽4.5英寸，由于屏幕分辨率不佳，字迹辨认能力极差，一度成为人们的讽刺对象，最终消失在人们的视野之外。④Macintosh TV，是拥有电视调谐器的苹果LC 520 PC，用户可以在电视和电脑之间切换，也就是说可以将其作为电视和电脑使用，但处理速度比相同配置的个人电脑慢得多，且售价超过2000美元，比一般的电视机贵，市场定位模糊，总出货量不到1万台。⑤Power Mac G4 Cube电脑，8英寸的创新外观和独特的光盘驱动一度使业内人士认为个人电脑设计可能从此会被重新定义，但是由于其200美元售价高于具有类似配置的苹果G4个人电脑，消费者并不买它的账，推出一年后即暂停销售。⑥Apple TV，是苹果推出的一款用以连接电视机和网络视频的机顶盒，但仅成功说服好莱坞六大电影制片商中的两家与其签约，亮相6个月后仅售出25万台左右。

苹果在创新的过程中走过很多弯路，但公司从中吸取经验，坚持不懈，设计出了很多广受消费者青睐的新产品，且新产品销售量屡创新高。①iPod，是苹果公司推出的一种大容量MP3播放器，可存放2500～10 000首歌曲，还可以作为高速移动硬盘，其外观独具创意，广受年轻消费者欢迎。②iPhone，将智能手机、可触摸宽屏iPod和高性能因特网通信设备等三种品质完美地融为一体，被定义为一种高品位的象征，广受时尚潮人、明星等高层客户的欢迎。③iPad，定位介于智能手机iPhone和笔记本电脑产品之间，通体只有四个按键，提供浏览互联网、收发电子邮件、观看电子书、播放音频或视频等功能，在平板电脑市场中占据着绝对的统治地位。

3）自主创新意识

乔布斯坚持自主创新，结合自身的技术支持，采用低成本的滚动式技术创新模式，对成功的产品不断升级，不断地推陈出新，使消费者享受着一场又一场的技术盛宴。①2010年6月发布的iPhone4是iPhone 3GS的升级版，在功能上远超iPhone 3GS，硬件方面包括全新的外观设计、革命性的Retina显示屏幕，以及3轴陀螺仪、A4处理器和全新的拍摄系统等，软件方面包括iBooks商店引入、iOS4的装载、iADs广告系统和Facetime视频通话功能，此外，电池性能、无限网络支持、企业功能的增强都非常强大，带给用户更多的惊喜。②iPad 2在iPad的基础上，支持多种无线通信标准，可以单独支持Wi-Fi、UMTS、CDMA，也可以选装3G功能；采用更为轻便的碳纤维材料来替代原来的拉丝铝外壳，重量为1.3磅，减重13%；厚度减小到了8.8毫米，减薄33%；采用全新的A5处理器，比一代iPad运算速度提升2倍，9倍的图形处理能力，10小时使用时间，1个月待机时间；前后配有双摄像头，可通过FaceTime与其他iPad、iPhone 4或Mac电脑视频通话，后置摄像头支持720P高清视频拍摄。

（三）乔布斯创新意识的培育环境

1. 自由宽容的文化大背景

1）美国社会的宽容精神

从辩证法的观点看，开创性的科学发明，往往是众多谬误合法性存在的产物，因此，创新需要社会具有容许试错的机制。乔布斯创新意识的形成，与美国社会的宽容精神密切相关。美国是一个追求创新的国度，为了鼓励创新、鼓励冒险，美国社会对失败极为宽容，这种文化尤以硅谷为代表。硅谷最大的特色并不在于企业的技术优势，而在于其独特的文化氛围。英国《经济学家》杂志曾经指出：硅谷的优美之处是它那能够产生相互激励的文化结构，包括对失败者的宽容，对所谓"背叛者"的宽容①。反观中国，传统的儒家文化倡导服从和知足常乐，不主张走极端和冒险；国人对抄袭可以容忍，但对创新的失败不够宽容，从而严重地阻碍了年轻人的创新创业热情。

2）崇尚自由的青少年教育理念

创新是与人类"具有一种不可避免的无知"的世界观联系在一起的，它需要自由和多元的制度环境，需要将思想自由和精神独立的权利给予所有人，这样才会使少数未知的天才创新成功。创新需要无拘无束的想象和行动，需要自由的思考和创造，需要没有任何思想禁区的教育环境。在美国，小孩一出生就被赋予自由和独立身份，父母和老师鼓励孩子自己做主，乔布斯正是在这种环境下度过的青少年时期。自由的教育理念，造就了乔布斯年轻时天马行空的思想，他崇尚叛逆和奇特文化，脑子里总是充满各种奇思怪想。17岁进入大学后，他发现在大学的课程里找不到自己想要的价值，于是6个月后就退学了。退学后，他曾只身到印度修佛参禅两年，探寻瑜伽的真相。之后，乔布斯就开始践行"追随自己的内心"、"做自己喜欢做的事情"，并最终成为当代美国精神——通过变革模式而造福社会的楷模。

2. 鼓励创新的社会制度

1）充分的市场竞争制度

在美国，充分的市场竞争和完善的政府监管，已经让任何企业和行业都难

---

① 参见《江淮晨报》，《乔布斯为何没诞生在中国?》，2011年10月14日。

以形成垄断，难以获取垄断暴利。要想获得最大的市场利润，唯一的途径就是不断地进行技术创新，通过建立和维持技术优势来获取长期的超额利润。正是基于这样的市场动力，才给予像乔布斯这样的天才企业家致力于不知疲倦的滚动式创新过程之中。

反观我国，不少公司和个人的财富积累过程与创新没有太大的关系。国内的石油行业等是公认的暴利行业，其依赖的是政府赋予的垄断权力而不是技术创新；长期谋取暴利的房地产业不是靠技术创新，而是靠能否拿到政府的土地和项目。

2）强执行力的知识产权制度

美国以“创新”立国，有着世界上最令盗版者恐惧的知识产权制度，真正的创新者注定会获得丰厚的物质和精神奖赏，而侵权者注定要受到严惩。完善的知识产权制度对创新者的权利给予了最大程度的保护，对侵权者给予了最大程度的打击，久而久之，便养成了全社会尊重劳动、尊重知识、尊重人才、尊重创造的文化氛围。

反观我国，尽管颁布了知识产权保护相关法律，但是多年来一直处于执行难的状态，抄袭、模仿创新者是几乎没有成本的。这样的环境必然打击创新，必然“激励”抄袭和模仿。

3）宽松的创业激励制度

美国拥有完善的创业激励制度，其典型代表就是“硅谷-纳斯达克”模式。在硅谷，只要有好的创意，就可以吸引风险投资人出资创业，项目成功后可以通过在纳斯达克上市来收回投资并获取高额回报。

反观我国，一方面，风险投资模式尚未制度化，从事风险投资缺乏法律和制度的保障；另一方面，创业板市场虽然已经开通近三年，但国内的创业板在运作上采取的是锦上添花而非雪中送炭，其上市条件需要两年赢利、最近两年净利润累计不少于 1000 万元且持续增长。作为对照，优酷自 2005 年成立至 2009 年，连续五年处于亏损状态，其中 2008、2009 年亏损额分别为 1.38 亿元和 6300 万元，按照我国创业板的上市规定是绝对没有上市资格的，但 2010 年该公司却在美国成功上市，上市后当年即赢利 3600 多万元①。这说明我国的创业板是“伪”创业板，并不支持创业。

另外，注册资金要求也是创业壁垒之一。要求的公司注册资金越高，那些有好的创业理念但无资金的人就越不能进入创业者行列。储吉旺对中国与各国的公司注册资金作了一个比较：“在中国内地成立股份有限公司的注册资金底线为 1000 万元人民币（《中华人民共和国公司法》第 78 条），日本约为 82 万元人民币，英国约为 64 万元人民币，其他欧盟国家约为 20 万元人民币，美国则为

① 参见优酷公司 2011 年报，http：//ir. youku. com。

零。”由此可见中国公司注册资金与世界各国的巨大差距（竺济法，2004）。

3. 开明的教育模式

美国教育制度不按成绩和表现给孩子划分等级。在美国没有问题儿童的说法，人们不会歧视思想和行为“怪异”的孩子，这使得美国人少年时期巨大的想象力得到充分发挥。

乔布斯有一个独特之处，那就是他接受外部教育的方式。在上中学的时候，乔布斯就经常在课后跑去夏普公司听讲座，随后还曾经作为短期雇员在那里工作。在波特兰的一所大学，他也仅仅上了一个学期的学院课程，就另谋生路去了，坚持下来的主要是审计方面的课程，同时他对拉丁字母书法课也颇有兴趣。那段时间他过得比较艰苦，经常去申领一个印度教神庙提供的免费食品，但他回忆说：“如果不是经常去上书法课，后来的苹果电脑（Mac）就不会出现多种字体和相关的美术设计。”（石鹏，2011）

19 岁那年，刚念大学一年级的乔布斯，突发奇想，辍学成为雅达利电视游戏机公司的一名职员。没过多久，年轻而不安分的他又对佛学产生了兴趣，连工作也不要了，漂洋过海去印度追随大法师修行练功。在印度，他找到了一位印度教大师，以寻求精神和信仰方面的指引，还参与了一些类似于催眠的实践。回到美国的时候，他已经剃了光头，穿着类似佛教信徒的服装。在他自己看来，这些经历对他获得后来的种种灵感是极其重要的。

4. 创新氛围浓厚的成长环境

乔布斯出生在美国旧金山，10 岁时搬家到加利福尼亚州芒廷维尤的一个半岛上，该半岛邻近帕洛阿尔托——新兴的电子公司聚集地，邻居都是“硅谷”元老——惠普公司的职员。少年乔布斯经常去惠普公司参观电脑，并免费学习电路原理，迷恋上了电子学。惠普公司的一个工程师看他如此痴迷，就推荐他参加惠普公司的“发现者俱乐部”——专门为年轻工程师举办的聚会。就是在一次聚会中，乔布斯第一次见到了电脑，他开始对电脑有了一个朦胧的认识。12 岁时，乔布斯一家搬到加利福尼亚州的洛斯阿尔托斯，这个地方聚集着众多的科技工作人员，不少电子工程师和他们的家人都住在洛斯阿尔托斯及其周围的库比提诺和桑尼维尔。在这里，乔布斯随时都能向学识渊博的科技人员请教各种问题，并且随处可见废弃不用的电子元器件，乔布斯在放学后就可以把这些元器件拆开来看个究竟。上初中时，乔布斯在一次同学聚会上，与比他年长 5 岁的沃兹见面。沃兹是学校电子俱乐部的会长，对电子也有很大的兴趣。两个人一见如故，8 年后他们创办了苹果电脑公司。

（四）案例启示

从苹果和乔布斯的案例，我们可以得到以下几点启示。

（1）企业家要具有洞悉市场潜在需求和捕捉市场机会的能力。消费者的需求是企业生存的前提，企业生产的产品只有满足消费者的需要才能被其接受，才有市场价值。但是，新产品是过去的市场中所没有的，人们无法通过过去的数据来推测消费者对新产品的需求，这时，就需要企业家的天才直觉和充分想象，而乔布斯正是具有伟大的直觉和想象能力的奇才。

（2）企业家要具有强烈的技术创新冒险意识。任何创新都存在着风险，如果企业家畏惧风险就会错失机会，企业亦将停滞不前甚至面临危机。因此，一旦发现机会，就要不惧风险，勇于付诸行动，去博取辉煌成功的概率。乔布斯敢于放弃学业，投身于自己喜欢的 IT 行业去创新创业，就是冒险精神的最佳体现。

（3）企业家要具有强烈的自主创新意识。乔布斯和苹果在面临微软的强大竞争压力时，没有盲目地跟风，而是坚持自主创新，坚持滚动开发自己的产品系列，最终获得了在 IT 界傲视群雄的地位。

（4）企业家要具有坚持不懈的创新精神。失败是成功之母，从事创新事业更是如此。创新本身就是一项风险极高的事业，其成功率不到 5%。但是，100 次创新只要成功 5 次，就足以弥补 95 次的失败损失，并且，随着创新者创新成功的次数增加，其继续创新成功的概率会呈指数式上升。乔布斯领导下的苹果正是采用的锲而不舍的滚动式连续创新策略，才取得了巨大的商业成功。

（5）企业家的创新意识是后天培育出来的，而不是先天带来的。因此，一个有利于创新意识培育的环境至关重要。乔布斯的成长经历就是创新意识在良好的后天环境下培育成功的典范。

二、中国华为技术有限公司案例分析

（一）高速发展的法宝——创新

1. 华为简介

华为技术有限公司（简称华为）成立于 1988 年，是由员工持股的高科技民营企业。总部地点在深圳市龙岗区坂田华为基地，总裁任正非，董事长孙亚芳。华为 2009 年的销售额达 218.21 亿美元（1491 亿元人民币），成为继联想集团之后，成功闯入世界 500 强的第二家中国民营科技企业，也是 500 强中唯一一家没有上市的公司。华为从事通信网络技术与产品的研究、开发、生产与销售，专门为电信运营商提供光网络、固定网、移动网和增值业务领域的网络解决方案，是中国电信市场的主要供应商之一，并已成功进入全球电信市场。

华为的产品包括无线产品、网络产品、增值服务，以及移动和固定终端。基于客户需求持续创新，在电信网络、全球服务和终端三大领域都确立了端到端的领先地位。凭借在固定网络、移动网络和IP数据通信领域的综合优势，华为已成为全IP融合时代的领导者。目前，华为公司的产品和解决方案已经应用于全球140多个国家，服务全球运营商50强中的45家及全球1/3的人口[①]。华为已成为全球领先的电信解决方案供应商。

作为中国民营企业的代表，华为在过去23年中高速增长，目前已经成为中国最大的本土电信设备制造企业，华为同时也是中国国际化程度最高的企业之一，与世界主要电信运营商保持着良好的关系，销售网络遍布全球。华为在全球设立了包括美国、德国、瑞典、俄罗斯、印度及中国等地设立了20个研究所，与领先运营商成立20多个联合创新中心。截至2010年12月31日，华为累计申请中国专利31 869件，PCT（专利合作条约）国际专利申请8 892件，海外专利8 279件。已获授权专利17 765件，其中海外授权3 060件[②]。在LTE/EPC领域，华为基本（核心）专利数全球领先。

2. 华为的创新之路[③]

1989年，自主开发PBX（专用交换机）。

1994年，推出C&C08数字程控交换机，由此拉开了与国内同类厂商的差距。

1995年，全国邮电部门全网都开放了华为研制的7号信令，华为在固定电话网络设备开发上的综合能力大大增强，开始走向规模化有序发展；成立知识产权部和北京研发中心。

1996年，推出综合业务接入网和光网络SDH（同步数字体系）设备，成立上海研发中心。

1997年，推出GSM设备；与Texas Instruments、摩托罗拉、IBM、英特尔、Agere Systems、Sun Microsystems、Altera、Qualcomm、Infineon和微软等成立了联合研发实验室。

1998年，产品数字微蜂窝服务器控制交换机获得了专利；成立南京研发中心。

1999年，成为中国移动全国CAMEL Phase II智能网的主要供应商，该网络是当时世界上最大和最先进的智能网络；成立班加罗尔研发中心。

2000年，合同销售额超过26.5亿美元，其中海外销售额超过1亿美元；在美国硅谷和达拉斯设立研发中心。

---

① 参见华为官网：公司介绍，http://www.huawei.com/cn/about.huawei。

② 参见华为官网：研究开发，http://www.huawei.com/cn/about-huawei/index.htm。

③ 参见华为官网：发展历程，http://www.huawei.com/cn/about-huawei/index.htm。

2001 年，10 Gbps SDH 系统开始在德国的柏林进行商用。根据 RHK（美国马萨诸塞州首府波士顿知名的市场调查公司）的统计，华为的光纤系列产品稳居亚太地区市场份额第一名。

2002 年，华为为中国移动部署世界上第一个移动模式 WLAN。

2003 年，在世界各地部署了 1 亿个 C&C08 端口，创造了行业纪录；与 3Com 成立合资企业，生产企业数据网络设备；在 12 月为阿联酋电信公司（Etisalat）提供了一项覆盖全国范围的 UMTS（全球移动通信系统）服务，强化了 Etisalat 技术领导者的地位，同时帮助其成为中东和阿拉伯世界中第一个引进第三代网络的运营商。

2004 年，与西门子成立合资企业，针对中国市场开发 TD-SCDMA（时分同步码分多址）移动通信技术。

2005 年，赢得了为泰国电信运营商 CAT 建设全国性 CDMA2000 的 3G 网络的项目，价值 1.87 亿美元；成为澳大利亚运营商 Optus 的 DSL（数字用户线路）合作商，提供支持高速数据、语音（包括 IP 语音业务）、视频广播和商业服务的 DSL 接入设备；成为英国电信（BT）首选的 21CN 网络供应商，为 BT21CN 网络提供多业务网络接入（MSAN）部件和传输设备。

2006 年，华为移动软交换用户数突破 1 亿户，作为全球移动软交换市场的领导者，华为移动软交换出货量居全球第一。沃达丰选择华为承建其西班牙 WCDMA/HSDPA 无线接入网络；eMobile 选择华为为其部署日本第一个基于 IP 的 HSDPA 无线接入网络；美国移动运营商 Leap 选择华为建设 3G 网络，该 CDMA 3G 网络将覆盖美国加利福尼亚州、艾奥瓦州、内华达州等重要地区。

2007 年年底，成为欧洲所有顶级运营商的合作伙伴。

2008 年，首次在北美大规模商用 UMTS/HSPA 网络，为加拿大运营商 Telus 和 Bell 建设下一代无线网络。移动宽带产品全球累计发货量超过 2000 万部，根据 ABI 的数据，市场份额位列全球第一。

2010 年，华为成为闯入世界 500 强的第二家中国民营科技企业，也是 500 强中唯一一家未上市公司。华为推出的首批中国电信天翼 3G 智能手机，在百日内的零售销量突破 100 万台，创下了“百日过百万”的佳绩。2010 年中国电信打造全系列智能手机的背景下，极大地推动了华为智能手机的跨越式增长。截至 2010 年年底，华为制造的天翼终端产品发货已超过 2000 万部，已经成为推动 CDMA 产业链发展的重要动力之一。

3. 华为的创新绩效

1）荣誉

华为曾获得的荣誉如表 14-3 所示。

表 14-3 华为曾获得的荣誉汇总

年份	荣誉
2004	获得由 Frost & Sullivan 颁发的“亚太区 2004 年度最有前途企业”和“亚太区 2004 年度宽带设备供应商”两个奖项
2007	被沃达丰授予“2007 杰出表现奖”，是唯一获此奖项的电信网络解决方案供应商；华为移动软交换市场份额位列全球第一
2008	被商业周刊评为全球十大最有影响力的公司；移动设备市场领域排名全球第三；移动宽带产品市场份额位列全球第一；专利申请公司（人）排名第一
2009	无线接入市场份额跻身全球第二；获得的 LTE（long term evolution，长期演进）商用合同数居全球首位；获得沃达丰 2008～2009 年度供应商大奖；获得 IEEE（美国电气和电子工程协会）标准组织 2009 年度杰出公司贡献奖；获 GSMA（金融通信系统协会）授予的最佳 SDP 奖；获得由 Frost & Sullivan 颁发的“2009 年亚太无线基础设施供应商”、“年度宽带设备供应商”以及“年度供应商”三项大奖；获英国《金融时报》颁发的“业务新锐奖”，并入选美国 *Fast Company* 杂志评选的最具创新力公司前五强
2010	获英国《经济学人》杂志 2010 年度公司创新大奖；入选“世界品牌 500 强”；华为凭借其综合的研发能力和技术创新等指标，连续四次摘得“中国最具创新力公司 TOP100”的桂冠；华为在 LTE 全球峰会上荣获“LTE 最佳商用奖”，并在 2010 年 LTE 北美峰会（LTE North America 2010）上荣获“北美 LTE 研发最佳贡献”大奖；华为 SingleRAN@Broad 解决方案在 2010 世界宽带论坛（Broadband World Forum 2010）上获得 InfoVision“宽带接入网技术与服务”大奖
2011	海外科技杂志 *Fast Company* 三月初评出了 2011 年全球最具创新能力的公司，中国的华为排名第十八位，为中国品牌最高名次

2）绩效

整理华为 2004～2010 年的年报，得到华为 2000～2010 年的运营利润率及单位收入成本数据，如表 14-4 和图 14-5 所示。

表 14-4 华为 2000～2010 年的运营利润率及单位收入成本

年份	总收入/亿元	总成本/亿元	单位收入成本/亿元	利润/亿元	利润率/%
2000	164.99	125.42	0.760 160 562	39.57	24
2001	189.54	157.34	0.830 131 004	32.20	17
2002	176.14	158.59	0.900 375 94	17.55	10
2003	222.98	180.60	0.809 948 033	42.38	19
2004	316.76	259.73	0.819 963 418	57.03	18
2005	482.72	415.20	0.860 125 953	67.52	14.0
2006	663.65	615.19	0.926 979 583	48.46	7.3
2007	937.92	846.77	0.902 816 871	91.15	9.7
2008	1252.17	1090.20	0.870 648 554	161.97	12.9
2009	1490.59	1280.07	0.858 767 334	210.52	14.1
2010	1851.76	1559.05	0.841 928 76	292.71	15.8

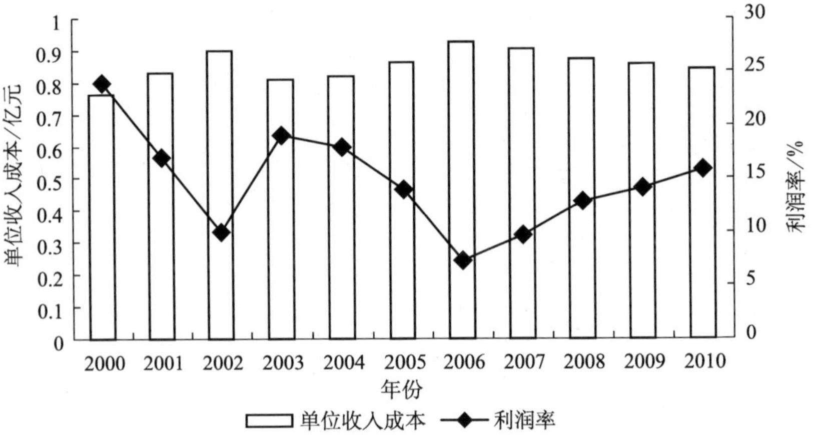

图 14-5 华为 2000～2010 年单位收入成本和利润率

资料来源：根据华为 2004～2010 年年报整理得出。

从表 14-4 可知，2000 年华为的总收入仅为 164.99 亿元，而 2010 年华为的总收入达到 1851.76 亿元，复合年均增长率为 57.33%。从表 14-4 和图 14-5 可以观察到，华为 2000～2002 年单位收入成本逐年上升，利润率逐年下降；2002～2003年单位收入成本大幅下降，利润率急剧上升；2003～2006 年单位收入成本逐年上升，利润率逐年下降；2006～2010 年单位收入成本逐年下降，利润率逐年上升。

从表 14-4 利润和利润率两栏的数据可以看出，利润率变化较大的是 2002～2003 年、2005～2006 年。综合前文中分析的华为的创新之路，不难解释这种现象。2002 年华为为中国移动部署世界上第一个移动模式 WLAN，2003 年在世界各地部署了 1 亿个 C&C08 端口，创造了行业记录，并为阿联酋电信公司提供了一项覆盖全国范围的 UMTS 服务，华为不断加强与全球各大运营商的合作，以新技术、新产品开拓国内市场和国外市场，利润率因此从 2002 年的 10%上升到 2003 年的 19%。2005 年，华为继续走与国外各大运营商合作路线，为泰国 CAT 建设全国性 CDMA2000 的 3G 网络，为澳大利亚运营商 Optus 提供 DSL 接入设备，为英国电信提供多业务网络接入部件和传输设备。2006 年华为移动软交换用户数突破 1 亿，作为全球移动软交换市场的领导者，华为移动软交换出货量居全球第一，因此从 2006 年开始，华为的单位收入成本逐年下降，利润率逐年上升。

根据华为的年报，整理得到 2003～2008 年华为海外合同销售比例，如图 14-6 所示。从中可以看出，华为海外合同销售比例逐年上升，表明华为重视与海外运营商的合作，开拓海外市场。

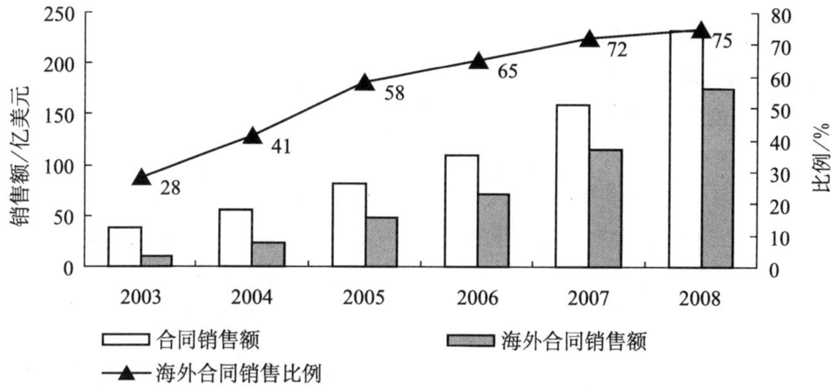

图 14-6　2003～2008 年华为海外合同销售额及比例

资料来源：华为 2008 年年报。

(二) 任正非——舍得在创新上花血本的企业家

1. 任正非简介

任正非，男，1944 年出生于贵州省，祖籍浙江省。肄业于重庆建筑工程学院暖通专业，离校后参军从事军事科技研发，之后创立华为，现为华为总裁。2011 年任正非以 11 亿美元首次进入福布斯富豪榜，排名全球第 1056 名，中国第 92 名。在《财富》中文版第七次发布中，位居“中国最具影响力的商界领袖”榜单之首。

1944 年，生于贵州省，居七兄妹之长。

1978 年，以军队科技代表的身份出席了全国科学大会。

1982 年，从四川某部队转业到深圳后，在深圳南油集团工作两年。其后开过电子公司。

1988 年，任正非以 2 万元注册资本创办深圳华为技术有限公司，主营电信设备。

1994 年，参加亚太地区国际通信展，获极大成功。

1996 年，大规模与内地厂家合作，走共同发展的道路。

2000 年，被美国《福布斯》杂志评选为中国 50 富豪榜第 3 位。个人财产估计为 5 亿美元。

2003 年，荣膺网民评选的“2003 年中国 IT 十大上升人物”。

2005 年，入选《时代周刊》全球“建设者与巨子”100 名排行榜。

2011 年，以 11 亿美元首次进入福布斯富豪榜，排名全球第 1056 名，中国第 92 名。

2. 任正非的企业家精神

经济学家汪丁丁曾将企业家精神归纳为三点：创新精神、敬业精神和合作精神。任正非的创新精神、敬业精神和合作精神在华为发展历史上起到了非常关键的引导作用。

1）创新精神

任正非说："有创新就有风险，但决不能因为有风险，就不敢创新。回想起来，若不冒险，跟在别人后面，长期处于二三流，我们将无法与跨国公司竞争，也无法获得活下去的权利。"①

创新是企业家精神的灵魂，它也是任正非提倡的观点之一。回顾华为的发展历程，它能够从一个只有 2 万元起步资金的小作坊发展成为世人公认的世界级通信设备制造企业，每一个脚印，每一个发展阶段都离不开创新的巨大推动力，而任正非就是其背后那个不可或缺的坚决的推动者。

1992 年，任正非将代理业务所得的利润全部投入 C&C08 数字程控交换机的研制中。

1994 年，华为在北京筹建北京研究所，1995～1997 年，北京研究所处于漫长的积累期，没出什么重大的研究成果。但是任正非一直给予大力支持。

1996 年，华为在国内市场开发正处于方兴未艾之时，任正非做出了出击海外的决定。

1997 年，任正非开始推行管理与业务流程改革，如与英国国家职业资格委员会（NVQ）合作引进任职资格制度，与 IBM 合作，实施业务流程改革。

1998 年，《华为基本法》正式出台，这也是华为成立 10 年后第一次对创业的成功因素进行梳理。《华为基本法》的面世，标志着华为与国内其他民营企业拉开了很大的差距。《华为基本法》中提到责任意识、创新精神、敬业精神与团结合作精神是华为企业文化的精髓，且公司产品开发遵循在自主开发的基础上广泛开放合作的原则；在选择研究开发项目时，敢于打破常规，走别人没有走过的路；要善于利用有节制的混沌状态，寻求对未知领域研究的突破；要完善竞争性的理性选择程序，确保开发过程的成功。同时公司保证按销售额的 10% 拨付研发经费，有必要且可能时还将加大拨付的比例。

1999 年，在任正非的大力推动下，华为加大了与 IBM 的合作力度，实施供应链变革。

2000 年，任正非发起了内部创业运动。凡是在公司工作两年以上的员工，都可以申请离职创业，成为华为的代理商。公司为创业员工提供优惠扶持的政策，除了给予相当于员工所持股票价值 70% 的华为设备之外，还有半年的保护

---

① 参见任正非．2000．创新是华为发展的不竭动力．内部文章．

扶持期，员工在半年之内创业失败，可以回公司重新安排工作。

2002 年，华为开始成立预研部。

2006 年，任正非在《华为的红旗到底能打多久》中指出改造内部管理，建立合理的管理机制，逐步摆脱对技术的依赖，对人才的依赖，对资金的依赖，使企业从必然王国走向自由王国。

2008 年年底，任正非一声吼“让听到炮声的人呼唤炮火”，抓住了造成美国金融危机的祸根：一个牛哄哄、官僚气的高层管理，压制了公司生生不息的创新。

2009 年，任正非提出管理改进中的“七反对”原则：坚决反对完美主义，坚决反对烦琐哲学，坚决反对盲目的创新，坚决反对没有全局效益提升的局部优化，坚决反对没有全局观的干部主导变革，坚决反对没有业务实践经验的人参加变革，坚决反对没有充分论证的流程进行实用。

2010 年，任正非在《管理的灰度》中提出了一个在混沌和颤抖中把握平衡和节奏的新视角。一个清晰方向，是在混沌中产生的，是从灰色中脱颖而出，合理地掌握合适的灰度，是使各种影响发展的要素，在一段时间和谐，这种和谐的过程叫妥协，这种和谐的结果叫灰度。领导要真正领悟妥协艺术，学会宽容，保持开放的心态，就会真正达到灰度的境界，就能够在正确的道路上走得更远，走得更扎实。

2）爱国敬业精神

“要热爱自己的祖国，热爱我们这个多灾多难、刚刚开始振兴的民族。只有背负着民族的希望，才可以进行艰苦的搏击，而无怨言。我们总有一天，会在世界通信的舞台上，占据一席之地。”① 任正非如是说。

任正非创办华为之初也许是为了个人生存，但是当他决定带领华为选择一条充满风险的、走技术自立、发展民族高新技术的实业之路时，则表现出了他强烈的爱国热情。20 世纪 80 年代，正值我国改革开放初期，限于国家财力不足，为了加快经济建设，只好引入外资。于是全国上下，从农村到国家骨干电话网用的全是国外进口的设备。当时占据中国市场的有日本的 NEC 和富士通、美国的朗讯、瑞典的爱立信、德国的西门子、比利时的 BTMT 和法国的阿尔卡特等。机型制式众多，既不利于通信制式的统一，又不能真正实现“以市场换技术”的目的。

因此，军人出身的任正非相信，中国如果没有自己的科技支撑体系，就无法实现工业独立；如果没有独立的民族工业，就无法真正实现民族的独立。这种对实业之路的执著，最终成就了华为今天的霸主地位。华为不仅能成功地对

---

① 参见任正非．1994．致新员工书．内部文章．

抗国内市场上的外国竞争对手，而且还能走向海外，将一个来自中国的高科技品牌充满自豪地展现在各国竞争对手面前。从这一点上来说，作为一个中国人的责任感和一个中国企业家的敬业精神在任正非身上实现了高度统一。

任正非不仅将这种对国家的忠诚和热爱内化为自己作为一个企业家的动力，同时他也将它灌输到所有华为人的头脑里，激励他们为一个更高的目标而努力奋斗，那就是为祖国争光。为了这个目的，近 20 年来，多少华为人付出了健康，乃至生命，并用他们的余晖照耀着后来者继续前进的步伐。

3）合作精神

关于合作精神，任正非说："我个人对华为没有做出巨大的贡献，真正贡献大的是中高层骨干与全体员工。他们努力建立了各种制度、规范，研制、生产、销售了不少产品。不是我一个人推动公司前进，而是全体员工一起推动公司前进。"①

在华为的发展过程中，众多重要决策是任正非做出来的，但是在将其作为一个任务或项目来实施的时候，任正非则善于通过会议讨论，通过说服，获得大家的认可和支持。他认为华为要成为一个真正的世界级企业，一个一流的伟大的公司，就必须摆脱对任何个人的依赖，也包括对他本人的依赖。在 2005 年的一次会议上，任正非再次诠释了华为的核心价值观：按流程来确定责任、权利，以及角色设计，逐步淡化功能组织的权威，组织的运作更多地不是依赖于企业家个人的决策。基于这种理念，任正非已经极少再提及"英雄"的概念，而更多的是"团队合作"，并强调在选拔管理人员时，其中一个重要的考核点就是看候选人是否具备团队合作精神。

（三）案例启示

华为从 1988 年 2 万元资金的小公司，发展成为我国技术上最先进的通信设备商，在于其掌门人拥有一颗一贯注重技术研发的心和超强的技术创新意识。我们从中可以得到以下几点启示。

（1）企业家要舍得花血本致力于创新。华为鼓励创新，不惜在创新方面投入血本，舍弃公司自身的发展利益，鼓励支持公司员工自主创业，凡是在公司工作满两年以上的员工，都可以申请离职创业，成为华为的代理商。公司为创业员工提供优惠扶持的政策，除了给予相当于员工所持股票价值 70％的华为设备之外，还有半年的保护扶持期，员工在半年之内创业失败，可以回公司重新安排工作。华为公司的这一举措史无前例，体现了敢于花血本创新的冒险意识。

（2）企业家要敢于实行自我批判式创新。自我批判，是思想、品德、素质、

---

① 参见任正非．1994．任正非总裁答新员工问（第一版）．内部文章．

技能创新的优良工具。这里的自我批判不是全面否定，而是为了优化和建设的批判，其根本目的是要提升公司的核心竞争力。提倡自我批判，但不提倡相互批判，批判也要把握适度。

（3）企业家要注重低成本滚动式创新。坚持“小改进，大奖励”，在小改进的基础上，不断归纳，综合分析，既要实现高速增长，又要同时展开各项管理变革，错综复杂，步履艰难，任重而道远。企业家要有崇高的使命感和责任意识，要热烈而镇定，紧张而有秩序。

第二节　高校教师技术创新意识培育案例分析

教育创新，根本在于教师创新。只有高素质的教师，才能培养出高素质的学生；只有教师富有创新精神，才能培养出创新人才。每一个教师都要爱护和培养学生的好奇心、求知欲，引导学生自主学习、独立思考，特别是要以自己教学和科研中的创造性工作影响和启迪学生，营造崇尚真知、追求真理的气氛。教师要“严谨笃学、与时俱进”，加强学习和科学研究，不断提高创新能力。

在知识经济时代，新知识层出不穷，知识更新周期不断缩短，要求教师不断以新的知识充实自己。教师不仅要传授已有的知识，还要身体力行，用科学研究去探索、创造新知识，因此，加强高校教师技术创新意识成为教育工作者的一项重要工作。

一、重庆邮电大学简介

重庆邮电大学是国家布点设立并重点建设的三所邮电高校之一，是工业和信息化部与重庆市共建的一所以信息科学技术为特色和优势，在邮电通信行业、信息产业领域，在西部乃至全国具有重要影响和地位的教学研究型大学。

学校始建于1950年，先是在抗战时期交通部邮政总局原址上开办邮政人员培训班；在此基础上，先后举办西南邮电分校、重庆邮电学校和重庆电信学校；1959年由国务院命名为重庆邮电学院；1965年成为当时四川省招收研究生的10所院校之一；“文化大革命”期间，于1970年改建为电信总局529厂，1973年改建为邮电部第九研究所，1979年恢复办学。2000年由信息产业部划转重庆市管理，实行部市共建。近年来，学校抓住西部大开发、重庆直辖、信息产业大发展的历史机遇，立足行业，服务地方，加强建设，加快发展，2006年更名为重庆邮电大学，2008年成为立项建设博士学位授权单位。

学校占地3800亩，校舍建筑面积60余万平方米，纸质及电子图书250余万册，2万余台微机联网运行，建成了新一代数字校园。在校学生2万余人，其中研究生3000余人；在职教职工1600余人，其中教授160余人，副教授近400人，并外聘了中国科学院、中国工程院和英国、加拿大、美国、波兰、印度等国家20余名院士及100余位知名专家为学校兼职教授或名誉教授。学校有“国家百千万人才工程”入选者、教育部“新世纪优秀人才支持计划”入选者、省部级学术技术带头人、有突出贡献的中青年专家、“巴渝学者”等各类高层次人才80余人，全国模范教师、全国“五一劳动奖章”获得者、全国师德先进个人、全国高等学校优秀骨干教师、重庆市名师、重庆市优秀教育工作者等100余人次，国家及省部级科技创新团队、教学团队、“杰出青年群体”等19支。学校主动适应通信行业和信息产业发展需求，加强学科专业建设，现设有13个学院，44个本科专业，11个省部级重点学科，11个一级学科、37个二级学科硕士学位授权点，在8个学科领域招收培养工程硕士，经教育部批准具有推荐本科生免试攻读研究生资格，5个立项建设一级学科博士学位授权点。现有国家级特色专业5个、重庆市特色专业9个，国家级精品课程和双语教学示范课程3门、重庆市精品课程21门，国家及重庆市教学团队11个，国家及重庆市实验教学示范中心6个，中央与地方共建实验室21个。

二、重庆邮电大学科研建设

（一）科研机构

重庆邮电大学被誉为“中国数字通信发源地”。学校坚持自主创新，是全国信息产业科技创新先进集体和国家高技术产业化示范工程基地。学校现建有“国家3G军民结合终端设备动员中心”、全国首个“信息无障碍工程研发中心”等科研基地。

科研基地建设是重庆邮电大学科技创新“355工程”中最重要的组成部分。为加强学校科研基地建设，推进学科建设和科研工作快速健康发展，学校在遵循“整合资源、打造平台、突出特色、加强基础、规划发展和重在建设”的工作方针下，坚持“整体规划、科学论证、按需设置”的原则，在全校范围内构建了30个科研平台。各平台均以国家级、省部级、校级、国际合作科研机构或院级科研机构为建设单元，聚集相关学科的科技资源，在各研究方向开展学科建设和科研工作，为学校开展高水平的科学研究、凝聚高水平的科技人才、坚持开放办学、加强国际国内科研合作与交流奠定了坚实的基础。

（二）产学研

重庆邮电大学作为一所以信息科学技术为特色和优势、以工为主体的高校，一直高度重视科技成果转化工作，立足于电子信息行业、服务于地方经济社会发展，把产学研合作、科技成果转化作为推进学校科技创新、人才培养及各项事业发展的战略性举措，并且取得了一定的成效。近年完成了25项重点科研成果向产业的转移，建立了重邮信科集团等科技型公司，年销售收入近亿元。约有100名科技骨干和10多个科研团队与企业有着密切的合作，建立有多个高校与企业联合研发中心，在为企业服务过程中，创造经济效益近5亿元。逐步形成了校地合作、校院合作、校企合作、校校合作等合作模式。

（三）科研成果

重庆邮电大学在移动通信、光通信及光互联网、计算机科学与技术、汽车电子和工业自动控制、经济管理及社会科学方面取得了丰硕的成果，并形成了自主创新的知识产权特色。近5年，学校承担了包括国家科技重大专项、973前期专项、863计划项目、国家自然科学基金重点项目在内的国家及省部级科研项目500余项；荣获国家及省部级科研成果奖80余项，其中，连续4年荣获国家科学技术奖5项，连续4年获重庆市科学技术奖一等奖5项。科研投入和成果主要科技工作指标进入全国高校百强之列。

学校在通信网及测试技术、新一代宽带无线移动通信、计算机网络与信息安全、智能信息处理、工业以太网（EPA）与传感器网络、先进制造与信息化技术、微电子技术与专用芯片设计等领域，承担了一大批重大科研项目，曾先后成功研制第一套符合国际电联标准的24路、30/32路脉冲编码机和120路复接设备及其配套仪表，参与制定第三代移动通信标准并设计出世界上第一颗采取0.13微米工艺的TD-SCDMA基带芯片，制定了我国工业自动化领域第一个拥有自主知识产权的EPA国际标准，研制出我国安全领域信息隔离与交换的关键设备，先后荣获全国科学大会奖、国家技术发明奖、国家科学技术进步奖、中国高校十大科技进展等殊荣。

同时，学校高度重视学生创新实践能力培养，已建成校外实习实训和就业基地200余个，学生参加第十一届“挑战杯”成绩位列全国高校第21位，参加全国电子设计、数学建模、外语竞赛等获国家级奖励120余项、省部级奖励500余项。

三、重庆邮电大学教师创新激励政策

为培育教师的技术创新意识，激励广大教师投身技术创新活动，学校出台了一系列的教师创新激励政策，包括科研奖励制度、职称晋升制度、特聘岗位制度等，并在实践中认真执行、全面落实。

(一) 科研奖励制度

重庆邮电大学为鼓励教师积极参加科技创新和科研活动，制定了一系列的科研成果奖励制度，且各二级学院也制定了各自的科研奖励制度，对教职员工进行双重激励。

2000年1月7日，学校印发了《重庆邮电学院科技论文奖励办法》，提出对教师发表科研论文奖励如下。①自然科学类和工程技术类，在*Nature*、*Science*两种国际公认的权威学术刊物上发表论文的，每篇奖励作者5000元；发表的论文被SCI检索系统收录的，每篇奖励作者3000元；发表论文被EI检索系统收录的，每篇奖励作者1000元；发表论文被ISTP检索系统收录的，每篇奖励作者500元；在国外重要学术刊物上发表论文的，每篇奖励作者400元；在国内重要学术期刊物或学术核心刊物上发表论文的，每篇奖励作者300元；发表论文被国际重要学术会议或国内一级学会主办的学术会议或被中国科技情报所统计录入的，每篇奖励作者200元。②哲学社会科学类，在《求实》、《中国社会科学》、《哲学研究》、《经济研究》、《法学研究》五种国内公认的权威学术刊物上发表论文的，每篇奖励作者1000元；发表论文被中国人民大学复印资料全文收录的，每篇奖励作者500元；在国内重要学术刊物或学术核心刊物上发表论文的，每篇奖励作者300元；发表论文被国际、国内重要学术会议录用的，每篇奖励作者200元。

2007年7月23日，学校印发了《重庆邮电大学科研成果奖励暂行办法》，对教师发表学术论文奖励如下。①自然科学类，大幅度提高期刊论文奖励金额，同时对发明专利每项奖励1万元，实用新型专利每项奖励0.2万元，外观设计专利每项奖励0.1万元。②哲学社会科学类，《中国社会科学》、《求是》和《新华文摘》期刊论文奖励1万元；SSCI（社会科学引文索引）、A&HCI（艺术与人文科学引文索引）和一类期刊论文奖励5000元；二类期刊论文奖励2000元；ISSHP（社会科学与人文会议录索引）、CSSCI（中文社会科学引文索引）源刊论文奖励1 000元；《高等学校文科学报文摘》、《中国社会科学文摘》、《新华文摘》检索目录、中国人民大学复印资料收目、北京大学版核心期刊（简称北大核心期刊）论文奖励300元。

2006年3月21日，重庆邮电大学经济管理学院制定了院内《科研成果认定和奖励办法》，设置了四类奖励层次。①经济管理类学科级刊物论文、三大国际检索论文、《新华文摘》全文收录论文，每篇奖励5000元。②经济管理类CSSCI期刊论文，每篇奖励2000元。③非经济管理类CSSCI期刊论文、北大核心期刊论文，每篇奖励800元。④一般期刊论文，每篇奖励200元。

2009年12月28日，重庆邮电大学经济管理学院修订了院内《科研成果认定和奖励办法》，将5000元奖励期刊从14种增加到了33种；将2000元奖励期刊增加了国家自然科学基金委员会管理科学部认定的B级刊物（8种）。

2008年5月，重庆邮电大学经济管理学院修订了《关于对部分学术科研论文版面费资助规定》，对北大核心期刊论文每篇资助500元；对非经济管理类CSSCI来源期刊论文每篇资助800元；对经济管理类CSSCI期刊的论文每篇资助1500元；对学科级期刊论文的版面费资助可以超过2000元；对三大国际检索论文，符合资助范围的版面费予以全额资助。

2009年9月12日，重庆邮电大学经济管理学院再次修改《出版资助办法》，将三大国际检索论文版面费资助限定为2000元。

（二）职称晋升制度

2009年7月16日，重庆市修订了《高等学校教师高级职务任职资格申报评审条件（试行）》，加大了对高校教师职称评定的学术要求，例如，申报晋升社会科学教授需要发表论文10篇以上，其中核心期刊论文5篇，权威期刊论文2篇或权威期刊论文1篇加重要核心期刊论文3篇；申报晋升社会科学副教授需发表论文5篇以上，其中核心期刊论文2篇。

（三）特聘岗位制度

为促进学科建设，重庆邮电大学设置了学科负责人、学术带头人和责任教师等特聘岗位，对不同的特聘岗位规定了严格的上岗条件和考核指标要求，其中科研部分的考核指标包括科研项目、科研论著、获奖成果和学术交流等内容。学校根据考核的结果对特聘岗位教师发放岗位津贴，学科负责人考核优秀奖励7万元/年、良好6万元/年、合格5万元/年。学术带头人考核优秀奖励5万元/年、良好4万元/年、合格3万元/年。责任教师考核优秀奖励3万元/年、良好2.5万元/年、合格2万元/年。

四、重庆邮电大学教师创新效果

社会科学类的创新成果以论文为代表，自然科学类的创新成果以专利为代表，利用2000年以来的学校科研统计数据，我们对重庆邮电大学教师创新绩效进行了评价。其中，对不同级别的科研成果权重按照表14-5的标准赋值。

表14-5　创新成果等级权重赋值表

	期刊级别	权重赋值
社会科学类	CSSCI期刊	1.0
	北大核心期刊	0.3

续表

	期刊级别	权重赋值
自然科学类	一般期刊	0.1
	发明专利	1.0
	实用新型	0.3

社会科学类的创新成果以重庆邮电大学经济管理学院发表的社科论文为例，表 14-6 是该院 2003～2009 年教师发表论文的汇总数据。

表 14-6 重庆邮电大学经管学院 2003～2009 年发表论文汇总数据

年份	CSSCI 期刊/篇	北大核心期刊/篇	一般期刊/篇	得分	得分增长率/%
2003	15	23	45	26.4	—
2004	14	18	65	25.9	−2
2005	7	15	71	18.6	−28
2006	22	30	66	37.6	102
2007	15	66	50	39.8	6
2008	16	32	39	29.5	−26
2009	26	45	53	44.8	52

资料来源：重庆邮电大学经济管理学院。

根据表 14-6 中得分增长率观察，得分激增分别发生在 2006 年和 2009 年。2006 年得分比 2005 年增长了 102%，其主要贡献来源于 2006 年 CSSCI 期刊和北大核心期刊论文发表数量的激增。究其原因，2006 年经济管理学院修订了《科研成果认定和奖励办法》，加大了对 CSSCI 期刊和北大核心期刊论文的奖励力度。2009 年比 2008 年得分增长了 52%，并且，CSSCI 期刊、北大核心期刊和一般期刊论文的发表数量都出现了较大增长。究其原因，可能与 2009 年教师职称评定条件中对论文发表数量要求的大幅度提高有关。

根据表 14-6，画出 CSSCI 期刊、北大核心期刊和一般期刊的论文发表量变化折线图，如图 14-7 所示。

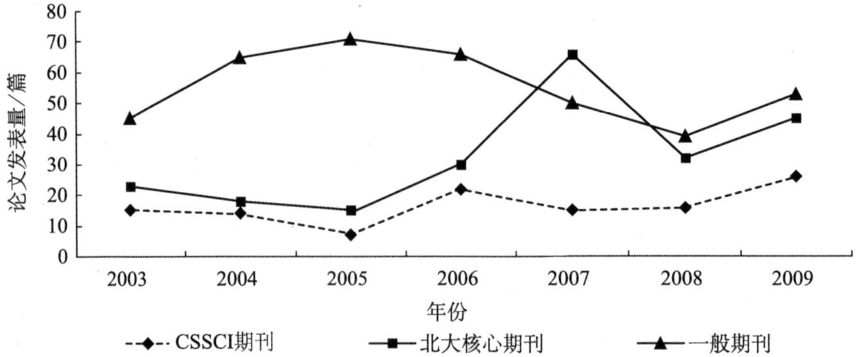

图 14-7 2003～2009 年期刊论文发表量变化图

对重庆邮电大学 2000～2009 年教师专利授权量进行汇总，结果如表 14-7 所示。

表 14-7　重庆邮电大学 2000～2009 年授权专利汇总数据

年份	发明专利/项	实用新型专利/项	得分	得分增长率/%
2000	1	0	1	—
2001	1	1	1.3	30
2002	1	2	1.6	23
2003	3	3	3.9	144
2004	8	3	8.9	128
2005	25	5	26.5	198
2006	20	6	21.8	−18
2007	22	1	22.3	2
2008	46	1	46.3	108
2009	48	3	48.9	6

资料来源：重庆邮电大学科学技术处。

根据表 14-7 中得分增长率观察，得分激增分别发生在 2003 年、2004 年、2005 年和 2008 年。2003 年比 2002 年增长 144%，2004 年比 2003 年增长 128%，2005 年比 2004 年增长 198%，2008 年比 2007 年增长 108%，其主要贡献都是来源于发明专利授权数量的增长。

根据表 14-7，画出发明专利和实用新型专利授权数量的变化折线图，如图 14-8 所示。

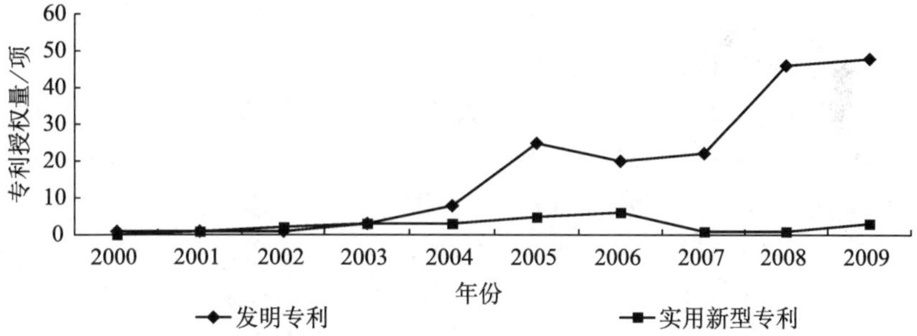

图 14-8　2000～2009 年专利授权量变化图

五、重庆邮电大学教师创新的政策效应分析

选取重庆邮电大学经济管理学院的全体教师作为观察样本，统计他们在 2003～2010 年的论文发表数量及档次，论文档次分为 CSSCI 期刊、北大核心期刊、一般期刊、国际会议。分别以各档次论文数量为因变量，对时间 t 作回归分析。回归模型采用二次模型和对数模型两种形式。

对数模型形式如式（14-1）：

$$\ln(y) = b_0 + b_1 t + u \tag{14-1}$$

二次模型形式如式（14-2）：

$$y = b_0 + b_1 t + b_2 t^2 + u \tag{14-2}$$

式中，y 为论文发表数量；t 为年度编号（2003 年编号 1，2004 年编号 2，以此类推）；b_0，b_1，b_2 为估计参数；u 为随机误差。

对式（14-1）进行估计，结果如表 14-8 所示。从表 14-8 可见，除一般期刊论文数量没有明显的时间趋势外，其他各档次期刊论文数量均随时间而显著增长，其中，CSSCI 期刊论文数量年均增长率为 5.57%，北大核心期刊论文数量年均增长率为 5.15%，国际会议论文数量年均增长率为 23.61%。上述时间趋势说明，学院的科研激励政策有效地刺激了 CSSCI 期刊论文、北大核心期刊论文和国际会议论文的发表，但对一般期刊论文没有激励。

表 14-8　各类论文数量对数模型估计结果

因变量：论文数量取对数	CSSCI 期刊	北大核心期刊	一般期刊	国际会议
常数项	−0.028 238	0.124 571	0.503 763	−1.155 198
t	0.055 683***	0.051 483***	−0.005 375	0.236 075***
F 检验显著性	***	**	不显著	***
调整 R^2	0.078 461	0.028 183	−0.004 884	0.140 873
样本容量	90	146	189	47

***、** 分别表示统计显著性水平为 1%、5%。

对式（14-2）进行估计，结果如表 14-9 所示。从表 14-9 可见：①随着时间的增长，CSSCI 期刊论文数量先增后降，但转折点出现在 2014 年以后，表明实际上并未出现下降，政策对 CSSCI 期刊论文一直是正激励；②随着时间的增长，北大核心期刊论文数量先增后降，转折点出现在 2008 年，表明在 2008 年以后政策对北大核心期刊论文实施了负激励，加之北大核心期刊论文版面费偏高，最终导致该档次论文数量在 2008 年以后开始下降；③随着时间的增长，一般期刊论文数量没有明显的变化趋势，表明发表一般期刊论文未受到政策鼓励，但由于一般期刊论文容易发表且版面费低，所以其数量亦未明显减少；④随着时间的增长，国际会议论文数量先降后增，转折点出现在 2005 年，表明 2005 年以后的政策对国际会议论文有强烈的正激励。

表 14-9　各类论文数量二次模型估计结果

因变量：论文数量	CSSCI 期刊	北大核心期刊	一般期刊	国际会议
常数项	0.065 93	−0.178 019	0.726 206	0.309 256
t	0.046 649	0.260 557***	0.025 488	−0.238 619***
t^2	−0.001 868	−0.020 763**	−0.005 388	0.035 981***
转折趋势	先增后降	先增后降	无	先降后增

续表

因变量：论文数量	CSSCI 期刊	北大核心期刊	一般期刊	国际会议
转折点	t=12.49（2014～2015 年，表明实际上未下降）	t=6.27（2008～2009 年）	无	t=3.32（2005～2006 年）
政策分析	取样期刊鼓励程度不断加深	政策后期不鼓励北大核心期刊论文	政策不鼓励一般期刊论文	政策中期鼓励会议论文
F 检验	**	***	不显著	***
调整 R^2	0.007 823	0.022 25	−0.001 473	0.132 549
样本容量	529	529	529	529

***、** 分别表示统计显著性水平为 1%、5%。

六、案例启示

21 世纪是充满竞争和挑战的知识经济时代，充满创新精神的高校教师是提高高等教育质量的核心和主体。但是当前，高校教师普遍表现出冒险精神不足、挫折承受意识较弱、坚持不懈精神不够、技术支持能力不足和技术创新的行为和效果较差等问题，因而急需要大力培育高校教师的技术创新意识，进而有效地提升高校教师的技术创新能力和绩效。本案例提示我们，尽管我国的创新文化和创新制度整体上存在着严重的缺陷，但是高校内部的微观制度安排对于激励教师的创新仍然是有显著效果的。

（1）要将教师的兴趣点引导到技术创新上面来，培育他们敢于创新的精神。通过政策导向，引导教师关注学术、关注创新，培育他们敢于创新、敢于冒险的大无畏学术精神，使得高校成为引领国家创新的发动机和培养创新人才的基地。

（2）要注重培养教师对从事创新活动的满足感和自豪感。要让教师从内心深处认识到技术创新是一项高价值的事情，通过创新能够获得精神上的满足感和自豪感，能够充分体现教师个人的价值。

（3）对教师技术创新行为予以充分肯定和奖励。要建立一种有效激励教师创新的微观制度，从精神上对教师的技术创新行为予以赞许，从物质上对教师的技术创新行为予以奖励。

第三节　大学生技术创新意识培育案例分析

大学生是国家未来的技术创新主力，培养大学生的创新意识、创业精神直接影响着未来创新型国家的建设和社会经济的可持续发展。下面仍将以重庆邮电大学为例，展示大学生技术创新意识的培育效果。

一、重庆邮电大学学生创新激励政策

重庆邮电大学为培育大学生的技术创新意识，鼓励学生主动参与科技创新活动，制定了一系列的激励政策，以吸引学生对科技活动的关注，提高学生对科技创新活动的兴趣。这些政策包括设立优秀学生奖学金、科技创新先进个人、科技创新成果奖等。

（一）设立优秀学生奖学金

学校为了培养学生的创新精神、实践能力和综合素质，制定了重庆邮电大学学生综合素质评测方法，并根据学生综合素质测评得分（智育分×70%＋加分×30%＋减分）排序，设立优秀学生奖学金。其中，特等奖占学生人数的1%，奖励学生当年学费全额（以4500元为上限）；一等奖占学生人数的2%，奖励学生当年学费的一半（以2250元为上限）；二等奖占学生人数的6%，奖励金额1000元/（人/学年）；三等奖占学生人数的12%，奖励金额500元/（人/学年）。

学生综合素质测评中的加分项主要是学生参加各种科技创新活动的加分，具体包括六个方面。①参加“挑战杯”科技竞赛，获得校级立项，加5分；获省（市）、部级奖励，加5～15分；获国家级奖励，加15～20分。②参加数模竞赛、电子设计竞赛、创业计划大赛等科技活动，加3～15分。③参加校级科技类大赛，加2分；获校级科技类一、二、三等奖，分别加6分、5分、4分。④公开发表学术科研论文被三大检索系统检索，加15分；在核心期刊发表学术科研论文，加10分；在其他公开刊物上发表学术科研论文，加6分；在其他公开刊物上发表其他文章，加1～4分但每学期得分不超过6分。⑤学生学术科研论文及科技作品获得集体奖励，其成员分第一、第二、第三作者，按个人对应分值的100%、80%、50%加分。⑥参加学校立项的科研项目或技术开发项目，视其完成的工作量，加5～10分。⑦正式出版的专著或编著，国家级出版社，加15分；省市级出版社，加10分；其他出版社，加5分。

（二）科技创新先进个人

“科技创新先进个人”的评选比例不超过学生人数的2%，评选条件如下。在校期间积极参加各级各类科技创新活动或科技竞赛活动，并在本学年度中获得下列奖项之一（如获得集体奖励则按照实际情况确定主要参加的人员）：①在校级各类科技类竞赛中获得二等及其以上奖励；②在省（市）、部级各类科技类竞赛活动中获得三等及其以上奖励；③在公开发行的刊物上发表学术论文或社会调查报告获得校级二等及其以上奖励；④积极参与教师课题且作为课题的研发人员获得省（市）、部级三等及其以上奖励；⑤在全国各类科技竞赛活动中获得奖励；⑥在国际各类科技竞赛活动中获得奖励；⑦获得校级及其以上科技标兵（含提名奖）荣誉称号。如果未获得上面规定中的奖项，但在组织开展全校或组织参加在省（市）、部级、全国或国际的各类科技创新活动中有突出贡献的主要人员亦可参评。

（三）科技创新成果奖

学生科技创新成果，是指以重庆邮电大学为完成单位，学生在科研论文、学术著作、国家专利、科技竞赛或学科竞赛等方面取得的优秀科技成果，以及在科学发现、技术发明和促进科学技术进步等方面做出创造性突出贡献而获得政府科学技术奖、人文社会科学奖。

学生参加科技竞赛或学科竞赛取得的优秀科技成果奖励方法如下。①在“挑战杯”全国大学生课外学术科技作品竞赛中，获得全国赛区特等奖，奖金为每件作品 10 000 元；获全国赛区一等奖或金奖，奖金为每件作品 6000 元；获全国赛区二等奖或银奖，奖金为每件作品 4000 元；获全国赛区三等奖或铜奖，奖金为每件作品 2000 元；获重庆赛区特等奖，奖金为每件作品 2000 元；获重庆赛区一等奖或金奖，奖金为每件作品 1000 元；获重庆赛区二等奖或银奖，奖金为每件作品 800 元；获重庆赛区三等奖或铜奖，奖金为每件作品 500 元。②在“挑战杯”全国大学生创业计划竞赛中，获全国赛区特等奖或一等奖，奖金为每件作品 6000 元；获全国赛区二等奖，奖金为每件作品4000元；获全国赛区三等奖，奖金为每件作品 1500 元；获重庆赛区特等奖或一等奖，奖金为每件作品 1500 元；获重庆赛区二等奖，奖金为每件作品1000元；获重庆赛区三等奖，奖金为每件作品 600 元。③在学科竞赛或专业技能竞赛中，获全国赛区特等奖或一等奖，奖金为每件作品 2000 元；获全国赛区二等奖，奖金为每件作品 1500 元；获全国赛区三等奖，奖金为每件作品 1200 元；获重庆赛区特等奖或一等奖，奖金为每件作品 1000 元；获重庆赛区二等奖，奖金为每件作品 800 元；获重庆赛区三等奖，奖金为每件作品 500 元。

政府科学技术奖奖励方法如下：国家科学技术奖，一等奖每项 200 000 元，二等奖每项 80 000 元；省部级政府奖或军队科学技术奖，一等奖每项 40 000 元，二等奖每项 20 000 元，三等奖每项 7500 元。按照学生排名情况给予每项政府科学技术奖奖励，排名第一奖励全额的 100%，排名第二奖励全额的 70%，排名第三奖励全额的 50%，排名第四奖励全额的 30%，排名第五及其以后奖励全额的 10%。

二、重庆邮电大学学生科技创新绩效

表 14-10～表 14-12 分别列出了重庆邮电大学学生科技竞赛获奖情况。其中，表 14-10 为 2003～2010 年重庆邮电大学在全国大学生数学建模竞赛中的获奖情况；表 14-11 为 1999～2009 年重庆邮电大学在“挑战杯”全国大学生课外学术科技作品竞赛中的获奖情况；表 14-12 为 2002～2010 年重庆邮电大学在“挑战杯”全国大学生创业计划竞赛中的获奖情况。

由表 14-10 可见，重庆邮电大学学生在全国大学生数学建模竞赛中，获得全国二等奖、重庆市一等奖和重庆市二等奖的项数每年均在增加，其中 2008 年重庆市一等奖获奖项数剧增，比前一年增加了 18 项，较为突出。

表 14-10　全国大学生数学建模竞赛重庆邮电大学获奖情况　（单位：项）

年份	全国获奖数		重庆市获奖数		获奖总数
	一等奖	二等奖	一等奖	二等奖	
2003	—	2	10	13	25
2004	1	2	8	10	21
2005	4	3	11	17	35
2006	1	7	15	17	40
2007	3	7	23	18	51
2008	2	7	41	26	76
2009	1	9	29	20	59
2010	3	6	25	30	64

资料来源：重庆邮电大学教务处。

由表 14-11 和表 14-12 可见，重庆邮电大学学生积极参加“挑战杯”科技竞赛，且获得丰硕成果。

表 14-11　“挑战杯”全国大学生课外学术科技作品竞赛重庆邮电大学获奖情况

（单位：项）

年份	全国获奖数			重庆市获奖数				获奖总数
	一等奖	二等奖	三等奖	特等奖	一等奖	二等奖	三等奖	
1999	—	1	1	—	2	4	2	10
2001	—	2	1	—	2	—	—	5
2003	—	1	3	4	1	—	2	11
2005	1	1	1	2	5	1	2	13
2007	—	2	—	2	2	1	1	8
2009	1	1	2	4	2	1	1	12

资料来源：重庆邮电大学团委办公室。

表 14-12 “挑战杯”全国大学生创业计划竞赛重庆邮电大学获奖情况 （单位：项）

年份	全国获奖数		重庆赛区获奖数			获奖总数
	银奖	铜奖	金奖	银奖	铜奖	
2002	—	2	—	—	—	2
2004	—	1	1	2	3	7
2006	—	1	2	1	1	5
2008	1	1	2	3	3	10
2010	—	2	3	3	4	12

资料来源：重庆邮电大学团委办公室。

除此之外，重庆邮电大学学生在2009年全国首届大学生电子商务“创新、创意及创业”挑战赛中，获得全国二等奖1项、重庆市一等奖1项、重庆市二等奖1项以及重庆市优胜奖一项；在第二届全国大学生电子商务“创新、创意及创业”挑战赛中，获得全国三等奖2项、重庆市特等奖2项、重庆市一等奖1项、重庆市二等奖5项以及重庆市三等奖9项；在2007年“用友杯”全国沙盘模拟对抗赛中，获得重庆市二等奖1项；在2008年“用友杯”全国沙盘模拟对抗赛中，获得全国一等奖1项和重庆市二等奖2项；在2009年“用友杯”全国沙盘模拟对抗赛中，获得重庆市二等奖1项等。学校还开展了许多小型的科技创新类竞赛活动，如重庆市“校园之春”系列活动、“动感地带”重庆市大学生“校园之春”高职生职业技能（计算机组装）竞赛、“参与反腐倡廉，促进政治文明”重庆市青春倡廉行动FLASH动漫设计大赛等。

三、案例启示

（1）高校要高度注重培育大学生的技术创新意识。要积极宣传科技创新，大力举办各类科技竞赛，鼓励学生参与技术创新活动，培养一大批具有主动创新意识的未来技术创新队伍。

（2）要注重激发大学生从事创新活动的满足感和自豪感。要使学生从根本上认识到参加各项科技创新竞赛的重要意义和价值，并通过参与创新活动而在精神上获得满足感和自豪感。

（3）要对大学生参加各类技术创新活动予以肯定和奖励。要对大学生参与科技活动给予奖励和表扬，使学生在精神上和物质上得到双重肯定，从而对大学生技术创新意识的培育产生强化效应。

本篇小结

本篇基于企业家创新篇、高校教师创新篇和大学生创新篇的研究结果，指出了企业家、高校教师和大学生技术创新意识的短板，并提出了相应的技术创新意识培育措施。选取典型的技术创新型企业和高校作为技术创新意识培育案例，探索总结技术创新意识的培育经验。主要结论包括以下三个方面。

（1）主动创新意识不足，是我国在技术创新方面存在的普遍问题。这一问题产生的原因，一是主观上缺乏以自主创新为荣的文化氛围；二是客观上缺乏补偿创新风险、保障创新收益的机制。

（2）为了提高企业家、高校教师、大学生的主动创新意识，应当全面构建鼓励创新的文化氛围，科学制定鼓励创新的政策制度，通过良好的文化氛围来浸润创新者的心灵，通过良好的政策制度来补偿创新风险和保障创新收益。

（3）尽管我国的创新文化和创新制度整体上存在严重的缺陷，但是一个单位内部的微观制度安排对激励创新仍然是有效的。因此，应当大力提倡企业、高校、研究机构制定适合本单位的创新激励内部政策，通过各个单位的创新积累来最终推进国家整体创新水平的提高。

本书主要观点

本书定义了技术创新意识、技术创新行为和技术创新绩效等构成概念，提出了技术创新意识引发技术创新行为，技术创新行为产生技术创新绩效的研究假设，并以企业家、高校教师、大学生为研究对象，分别设计了技术创新意识、行为与绩效的调查问卷，采用了问卷调查、因子分析、结构方程模型、方差分析、计量经济模型、聚类分析、案例分析等管理研究方法，对问卷数据进行统计分析，基本上证实了本书所提出的理论假设，进一步探讨了我国东部、中部、西部地区经济发展不平衡的深层次原因，深度挖掘了我国技术创新意识的不足之处及根源所在，提出了与之相应的技术创新意识提高策略，并选取了典型技术创新意识培育案例作为例证，主要观点如下。

（1）技术创新意识对技术创新行为有显著的正向影响，技术创新行为对技术创新绩效有显著的正向影响。这意味着为了获得更好的技术创新绩效，一要大力培育国民技术创新意识，二要有效激励国民技术创新行为。

（2）东部、中部、西部地区在技术创新意识上存在着差异，技术创新意识的差异导致了技术创新行为的差异，技术创新行为的差异最终导致了社会经济发展水平的差异。控制其他条件不变，中部、西部地区的企业家技术创新意识要比东部地区低，而高校教师和大学生刚好与企业家相反。中部、西部地区为了赶上东部地区，必须更加注重培育企业家的技术创新意识，着力构建有利于新技术商业化的制度和文化，激励本地区的知识分子参与新技术在企业的产业化应用，吸引优秀大学生留在本地创新创业。

（3）主动创新意识不足，是我国在技术创新方面存在的普遍问题。这一问题产生的原因：一是主观上缺乏以自主创新为荣的文化氛围；二是客观上缺乏补偿创新风险、保障创新收益的机制。为把我国建设成创新强国，必须全面构建鼓励创新的文化氛围，科学制定鼓励创新的政策制度，通过良好的文化氛围来浸润创新者的心灵，通过良好的政策制度来补偿创新风险和保障创新收益。

（4）尽管我国的创新文化和创新制度整体上存在严重的缺陷，但是一个单位内部的微观制度安排对激励创新仍然是有效的。因此，应当大力提倡企业、高校、研究机构制定适合本单位的创新激励内部政策，通过各个单位的创新积累来最终推进国家整体创新水平的飞跃。

参考文献

白天亮，王政．2011-03-30. 从贴牌大国迈向品牌大国——提高自主创新能力述评．人民时报，第1版.

彼得·杜拉克．1998. 创新与创业精神. 萧峰，李田树译. 台北：城邦文化事业股份有限公司.

蔡鞲．2009. 基于企业实力和风险分析的高校科技成果转化研究．河北工业大学学报，(2)：56-62.

陈宝明．2009. 韩国产学研合作进展及其启示．高科技与产业化，(8)：104-107.

陈彪．2008. 大学生科研能力与创新意识的培养．安阳师范学院学报，（1)：29-32.

陈珲．2008. 大学生创新意识和能力培养途径探讨．青海师范大学学报（哲学社会科学版），(2)：138-142.

陈培稽，屠梅曾．2007. 产学研技术联盟合作创新机制研究．科技进步与对策，(6)：37-39.

陈文莉，刘广珠．2004. 理工科大学生技术创新能力的训练与培养．化工高等教育，(2)：65-67.

陈瑛．2007. 大学生创新意识的动力及培养机制探析．福建工程学院学报，5(2)：175-178.

德鲁克．2009. 创新与企业家精神．蔡文燕译．北京：机械工业出版社．

丁厚德．2001. 中国科技运行论．北京：清华大学出版社：189-191.

丁蕊．2001. 高校技术创新系统研究．南宁：广西大学硕士学位论文．

都振廷．1999. 企业创新策划新思维．北京：中国经济出版社：197.

段保乾．2004. 高科技产业化的政府智能定位．科技管理，(01)：124-127.

段昌伟，倪红卫．2006. 高校开展校企科技合作的实践研究．科技进步与对策，(4)：155-157.

段立先．2007-08-13. 我国大学生创业比例较低，高校应加强创业教育．光明日报，第6版．

范柏乃．2004. 城市技术创新透视．北京：机械工业出版社．

冯其云，程传超．2010. 基于东西部区域差异的外资企业技术创新能力分析．科技管理研究，(1)：78-81.

冯正刚．2002. 关于创新意识的几个问题．湖南经济管理学院学报，(1)：6-10.
付辉辉，朱玉春．2008. 基于知识产权保护对我国区域间技术创新能力差异分析．商场现代化，(4)：277.
付晔，马强．2009. 试析高校科技成果转化网络体系的构建与运转．华南理工大学学报（社会科学版）(1)：76-79.
傅家骥．1998. 技术创新学．北京：清华大学出版社：13-31，343-351.
葛新权，李静文，彭娟娟．2005. 技术创新与管理．北京：社会科学文献出版社．
龚振湘．2009. 美国产学研合作成功经验及启示．湖南师范大学教育科学学报，(4)：77-81.
国家统计局，科学技术部．2006. 中国科技统计年鉴．2006. 北京：中国统计出版社.
国家统计局，科学技术部．2007. 中国科技统计年鉴．2007. 北京：中国统计出版社.
国家统计局．2006. 2006 年全国工业企业创新调查统计数据．http：//www. stats. gov. cn/tjsj/qtsj/2006cxdc [2011-04-29].
国家统计局．2010. 中国统计年鉴（2010）．北京：中国统计出版社．
国家统计局综合司．1990. 全国各省自治区直辖市历史统计资料汇编（1949-1989）．北京：中国统计出版社．
侯杰泰，温忠麟，成子娟．2004. 结构方程模型及其应用．北京：教育科学出版社.
胡德明．2001. 试论高校技术创新．扬州大学学报（高教研究版），(4)：77-79.
胡冬云．2006. 从高校和企业角度论高校科技成果转化．科技成果管理与研究，(2)：55-58.
黄教文．2002. 台湾中小企业的创业精神与经营绩效之研究．长沙：中南大学博士学位论文．
霍妍，王幼芳，姜文达．2008. 基于成果转化的高校产学研合作模式选择策略研究．科技管理研究，(8)：224-226.
姜富民，周文泳．2000. 探索市场化运作的高校科研成果转化系统．中国科技论坛，(5)：57-59.
匡爱民．2010. 基于数据包络法的我国区域创新绩效地区差异动态分析．江西社会科学，(6)：71-74.
李栋亮．2007. 广东省科研机构科技成果转化现状分析与对策．科技管理研究，(10)：76-78.
李怀祖．2004. 管理研究方法论．西安：西安交通大学出版社．
李小姝．2008. 高校科研管理的复杂性与科技成果转化模式的选择．天津大学学报（社会科学版），(5)：465-468.
林毅夫．1998. 中国经济转型期的地区差异分析．经济研究，(6)：3-10.
刘春学．2002. 创新意识及其社会培育．长春：东北师范大学硕士学位论文.

刘凤朝，王元地，潘雄峰．2004. 科技成果及其产业化的经济学分析——从市场有效供需角度看科技成果转化率．科技进步与对策，(9)：158-160.

刘伟．2011. 中国技术创新的作用及其影响因素研究．大连：东北财经大学出版社．

刘友金．2001. 企业技术创新论．北京：中国经济出版社．

柳卸林．1997. 企业技术创新管理．北京：社会科学文献出版社．

卢金鹏，杨超．2005. 大学科技成果转化模式的选择与应用研究．科技管理研究，(9)：80-83.

鲁若愚，傅家骥，王念星．2004. 企业大学合作创新混合属性及其影响．科学管理研究，22 (3)：13-16.

吕毓芳．2005. 论领导行为、组织学习、创新与绩效间相关性研究．上海：复旦大学博士学位论文．

罗洪奔．2007. 影响我国高校科技成果转化的问题及对策．中国高校科技与产业化，(1)：91-93.

罗湘明．2008. 大学生创新意识的培养途径与方法．中国成人教育，(11)：83，84.

马克思，恩格斯．1995. 马克思恩格斯选集．第 2 版．北京：人民出版社：223，225.

马克思．1975. 资本论．第一卷．北京：人民出版社．

马平．2000. 浅议影响我国科技成果转化的主要因素及对策．南京理工大学学报（社会科学版)，13 (4)：45-52.

马庆国．2002. 管理统计．北京：科学出版社．

马歇尔．1965. 经济学原理．北京：商务印书馆．

马学，刘艳辉，胡宝民．2006. 产学研合作运行机制的机理分析——兼论河北省产学研合作的现状及应对策略．河北学刊，(1)：222-226.

麦均洪，马强，张乐平．2005. 高校科技成果转化模式研究．华南理工大学学报（社会科学版)，(5)：73-77.

毛钟红，余国扬．2009. 高校产学研模式及实践思考．科技管理研究，(7)：250，251.

毛祖恒．2001. 如何培养工科大学生的创新精神与能力．中国高等教育，(1)：38，39.

孟庆茂，侯杰泰．2001. 协方差分析模型与多层线性模型—原理及应用．北京师范大学心理计量与统计分析教研室（内部资料)：31-49.

米晓，李瑞瑞．2009. 关于促进高校科技成果转化的思考．合肥工业大学学报（社会科学版)，(4)：12-15.

欧庭高，曾华锋．2007. 企业文化与技术创新．北京：清华大学出版社．

彭熙，邓成超．2002. 论创新教育与工程创新人才的培养．西南师范大学学报（人文社会科学版)，(4)：60-66.

彭向．2009．我国高技术产业创新能力地区差异分析．科技进步与对策，26（20）：25-28.

秦辉，傅梅烂．2005．渐进性创新与突破性创新：科技型中小企业的选择策略．软科学，19（1）：78-80.

任志鹏．2005．中国工业部门市场结构与技术创新的产业组织研究．济南：山东大学硕士学位论文．

阮青．2006-01-16．哲学视野中的创新理念．学习时报，第6版．

保罗·萨缪尔森．1999．宏观经济学．萧琛译．北京：华夏出版社．

萨伊．1963．政治经济学概论——财富的生产、分配和消费．北京：商务印书馆．

沈坤荣，马俊．2002．中国经济增长的"俱乐部收敛"特征及其成因研究．经济研究，(1)：33-39.

施培公．1996．自主创新是中国企业创新的长远策略．中外科技政策与管理，(1)：14-27.

石鹏．2011．有关乔布斯成长环境的题外话．国家电网，(10)：34-36.

石善冲．2003．科技成果转化评价指标体系研究．科学学与科学技术管理，(6)：31-35.

斯蒂芬·马丁．2003．高级产业经济学．史东辉译．上海：上海财经大学出版社．

孙冰，刘希宋．2002．企业产品创新状况评价指标体系的构建．科研管理，(4)：21-23.

孙章陆．2009．大学生创新意识的教育与培养．教育理论与实践，(7)：17，18.

唐宏力，李健，王一凌，等．2003．高校科技成果转化模式探讨．软科学，(4)：33-35.

唐良宝．2003．工科学生创新能力培养的改革与实践．桂林电子工业学院学报，(4)：83-85.

涂小东，肖洪安，申红芳，等．2005．高等院校科技成果转化绩效评价指标体系构建．科学学与科学技术管理，(8)：38-40.

王洛忠．2004．高校科技成果转化中的政府作用分析．中国行政管理，(3)：17-20.

王韧农．2009．培养大学生创新意识是国家创新体系可持续发展的要求．学理论，(2)：87，88.

王文岩，孙福全，申强．2008．产学研合作模式的分类、特征及选择．中国科技论坛，(5)：37-40.

王艳，曾刚，王灏．2009．基于知识转移视角的产学研合作模式研究．科技进步与对策，(4)：4-7.

魏后凯，刘楷．1997．中国地区发展：经济增长、制度变迁与地区差异．北京：

经济管理出版社.
文娉，金雪琴.2010. 基于不同区域尺度的中国信息制造业技术创新能力差异研究.社会科学辑刊，(5)：103-108.
沃尔特·萨尔森.2011. 斯蒂芬·乔布斯传.北京：中信出版社.
吴丽波.2005. 中国装备制造业技术创新能力研究.武汉：武汉理工大学硕士学位论文.
吴绍波，顾新，刘敦虎.2008. 知识链组织之间合作的知识协同研究.科学学与科学技术管理，(8)：83-87.
吴鑫.2009. 论高校科技成果转化的特征.山西大同大学学报（社会科学版），(1)：94-97.
夏光.2007. 校区、园区与社区“三区联动”自主技术创新的模式、机制及实证研究.上海：上海交通大学博士学位论文.
谢薇，罗利.1997. 产学研合作的动力机制.研究与发展管理，9 (3)：14-18.
许红.2007. 高校科技成果转化率低的原因与对策.河南工业大学学报（社会科学版)，(2)：47-49.
许庆瑞.1990. 技术创新管理.杭州：浙江大学出版社：124-190.
许小东.2002. 技术创新的成败归因及其对创新行为的影响研究.科学学与科学技术管理，(2)：38-41.
姚剑，汪俊.2008. 美国高校科技成果转化中的政府作用分析.世界教育信息，(6)：76-78.
易显飞，田富俊.2006. 技术创新主体论：技术创新哲学研究的开拓之作.科技管理研究，(1)：29-31.
应殷，陈瑜.2009. 大学生创新意识和创业能力的培养.经济研究导刊，(15)：231.
亚当·斯密.1996. 国民财富的性质和原因的研究.郭大力，王亚南译.北京：商务印书馆.
余建英，何旭宏.2003. 数据统计分析与SPSS应用.北京：人民邮电出版社.
袁颖.2005. 高校技术创新模式的系统研究.南京：南京航空航天大学硕士学位论文.
约瑟夫·熊彼特.1990. 经济发展理论.何畏，易家详，等译.北京：商务印书馆.
岳梁.2001. 论知识经济与当代大学生创新行为.新乡师范高等专科学校学报，(15)：90-93.
曾德明，何银芳.2009. 基于超循环理论的产学研系统中知识转移障碍研究.软科学，(7)：1-5

詹世鸿 . 2010. 大学生创新意识与创新能力的调查研究 . 绥化学院学报，（1）：160，161.

张鹏，于兰 . 2005. 高校大学生创新能力培养现状及对策研究 . 大学教育科学，（3）：50-53.

张意源 . 2011. 乔布斯谈创新 . 深圳：海天出版社 .

赵川平，魏志渊 . 2000. 对大学生创新品质培养的认识 . 高等农业教育，（10）：28-31.

赵晶媛 . 2010. 技术创新管理 . 北京：机械工业出版社 .

赵修卫，黄本笑 . 2007. 技术创新管理 . 武汉：武汉大学出版社 .

周寄中 . 2009. 技术创新与知识产权联动 . 北京：科学出版社 .

周龙庚 . 1998. 高校科技成果转化中存在的问题及对策 . 中国科技论坛，（6）：29-32

周懿 . 2008. 美国大学生创新意识培养研究 . 中山大学研究生学刊（社会科学版），（29）：125-131.

周子剑 . 2001. 高科技企业的财务管理 . 上海会计，（03）：27，28.

朱凡 . 2009. 大学生科技创新活动存在的问题及对策研究 . 科技创新导刊，（25）：2.

朱勇，陶雪飞 . 2006. 技术创新能力与经济增长的区域性差异研究 . 科技进步与对策，23（4）：85-87.

竺济法 . 2004. 非常儒商：储吉旺传 . 上海：上海社会科学院出版社 .

Almeida M. 2008. Innovation and entrepreneurship in Brazilian Universities. Journal of Technology Management and Sustainable Development，7（1）：39-58.

Arrow K. 1962. Economic welfare and the allocation of resources for inventions// Nelson R. The Rate and Direction of Inventive Activity. Princeton：Princeton University Press.

Audretsch D B，Keilhach M. 2005. Entrepreneurship capital and regional growth. The Annals of Regional Science，39：457-469.

Baldridge J V，Burnham R A. 1975. Organizational innovation：individual，organizational，and environmental impacts. Administrative Science Quarterly，（20）：165-176.

Bird B J. 1989. Entrepreneurial Behavior. Glenview IL：Scott Foresman &Co.

Caird S P. 1993. What do psychological tests suggest about entrepreneurs? Journal of Managerial Psychology，8（6）：11，12.

Calantone R J，Cavusgil S T，Zhao Y. 2002. Learning orientation，firm innovation capability，and firm performance. Industrial Marketing Management，（31）：515-524.

Cameron G，Wallace C. 2007. Technology shops：efficient pricing in businessuniversity collaborations. Economics of Innovation and New Technology, 16 (1): 17-30.

Carsrud A L, Johnson R W. 1989. Entrepreneurship: a social psychological perspective. Entrepreneurship and Regional Development, 1 (1): 21-31.

Chacke G K. 1988. Technology Management-Application to Corporate Markets and Military Missions. New York: Praeger.

Coduras A, Urbano D, Rojas A, et al. 2008. The relationship between university support to entrepreneurship with entrepreneurial activity in spain: a gem data based analysis. International Atlantic Economic Society, (10): 395-406.

Cooper R G. 1986 Winning at New Products. Reading, MA: Addison Wesley.

Cooper R G, de Brentiani U. 1991. New induseriel financial services: what distinguish the winners. Journal of Product Innovation Management, (8): 75-90.

Cooper R G, Kleinschmidt E J. 1987. What makes a new product a winner: Success factors at the project level. R&D Management, 17 (3): 175-189.

Cooper R G, Kleinschmidt E J. 1995. New product performance: keys to success, profitability and cycle time reduction. Journal of Marketing Management, (24): 315-337.

Cooper R G, Kleinschmidt E J. 1990. New Produts: The Key Factors in Success. Chicaga: American Marketing Associaton.

Damanpour F, Evan W M. 1984. Organizational innovation and performance: the problem of "organizational lag" . Administrative Science Quarterly, (9): 392-409.

Damanpour F, Szabat K A, Evan W M. 1989. The relationship between types of innovation and organizational performance. Journal of Management Studies, (11): 587-601.

Dess G G, Lumpkin G T, McKee J E. 1999. Linking corporate entrepreneurship to strategy, structure, and process: suggested research directions. Entrepreneurship, Theory and Practice, 23 (3): 85-103.

Drucker P F. 1985. Innovation and Entrepreneurship. London: Heinemann.

Ferguson C H. 1988. From the people who brought you video economics. Harvard Business Review, 4 (1): 61.

Fransman M. 2008. Disaggregating firms in analysing the costs and benefits of the university-industry relationship: based on an analytical and empirical study from scotland. Econ. Innov. NewTechn., 17 (1): 123-136.

Freeman M. 1991. Networks of innovations: a synthesis of research issues. Research Policy, 20 (4): 499-514.

Garcia-Aracil A, de Lucio I F. 2008. Industry-university interactions in a peripheral european region- an empirical study of valencian firms. Regional Studies, 42 (2): 215-227.

Gnanaraj C, Maskus K E, Mattoo A. 2006. The contribution of international graduate students to U. S. innovation. Review of International Economics, (2): 245-260.

Han J K, Kim N, Srivastava R K. 1998. Market orientation and organizational performance: is innovation a missing link? Journal of Marketing, 62 (4): 30-45.

Huston R, Meyers A D. 2008. A new approach to improve technology commercialization in university medical schools courtney price. Journal of Commercial Biotechnology, (2): 96-102.

International Monetary Fund. 2011. World Economic Outlook, April 2011. Washington, DC.

Kotelnikov V. 2000. Radical Innovation Versus Incremental Innovation. Boston: Harvard Business School Press.

Lam A. 2007. Knowledge networks and careers: academic scientists in industry-university links. Journal of Management Studies, (6): 996-1022.

Lee D Y, Tsang E W K. 2001. The effects of entnepreneurial personality, background and network activities on venture growth. Journal of Management Studies, (4): 583-602.

Levensjon H. 1981. Differentiating among internality, powerful others and chance locus of control orientation//Lefcourt H M. Research with the Locus of Control Construct. New York: Academic Press: 15-63.

Littunen H. 2000. Entrepreneurship and the characteristics of the entrepreneurial personality. International Journal of Entrepreneurial Behavior & Research, 6 (6): 295-309.

Lucas R. 1988. On the mechanics of economic development. Journal of Monetary Economics, (7): 4-14.

Lumpkin G T, Dess G G. 1996. Clarifying the entrepreneurial orientation construct and linking it to performance. Academy of Management Review, 21 (1): 135-173.

Lundvall B A. 2002. National Systems of Innovation: Towards a Theory of Innovation and Interactive Learning. London: Pinter Publisher: 218.

Mansfield E. 1968. Industrial Research and Technological Innovation-An Econometric Analysis. New York: Norton.

Marsh H W, Hau K T, Balla J R, et al. 1998. Is more ever too much: the number of indictors per factor in confirmatory factor analysis. Multivariate Behavioural Research, (33): 181-220.

Maskus K E, Mobarak A M, Stuen E T. 2007. International graduate education and innovation: evidence and issues for east asian technology policy. Asian Economic Papers, (6): 78-94.

McClelland D C. 1965. Achievement and entrepreneurship: a longitudinal study. Journal of Personality and Social Psychology, 1(4): 389.

National Science Board. 2012. Science and Engineering Indicators 2012. Arlington: National Science Foundation.

O' Shea R P, Allen T J, O'Gorman G, et al. 2007. Delineating the anatomy of an entrepreneurial university: the massachusetts institute of technology experience. R&D Management, 37 (1): 1-17.

Patel P, Pavit K. 1994. Nation innovation systems: why they are important, and how they might be measured and compared. Economics of Innovation and New Technology, 3 (1) 77-95.

Patel P, Pavitt K. 1997. The technological competencies of the world's largest firms: complex and path-dependent, but not much variety. Research Policy, 26 (2): 141-156.

Pries F, Guild P. 2007. Commercial exploitation of new technologies arising from university research: start-ups and markets for technology. R&D Management, (4): 319-328.

Romer P. 1986. Increasing returns and long-run growth. Journal of Political Economics, 94 (10): 1002-1037.

Rothewell R, Freeman C, Horley A, et al. 1974. SAPPHO updated. Project SAPPHO Phase Ⅱ. Research Policy, 3: 258-291.

Rothwell R. 1976. Innovation in Textile Machinery: Some Significant Factors in Success and Failure. Brighton: University of Sussex.

Schumpeter J A. 1971. The fundamental phenomenon of economic development// Kilby P. Entrepreneurship and Economic Development. New York: The Free Press: 43-70.

Schumpter J A. 1934. The Theory of Economic Development. Cambridge, MA: Harvard University Press.

Schumpeter J A. 1965. Economic theory and entrepreneurial history//Aitken H G. Explorations in Enterprise. Cambridge, MA: Harvard University Press.

Sherwood A L, Covin J G. 2008. Knowledge acquisition in university-industry alliances: an empirical investigation from a learning theory perspective. The Journal of Product Innovation Management, (2): 162-179.

Solow R. 1957. Technical change and the aggregate production function. Review of Economics and Statistics, 39: 312-320.

Venkatraman N, Ramanujam V. 1986. Measurement of business performance in strategy research: a comparison of approaches. Academy of Management Review, 11 (4): 801-814.

Yu T F. 1998. Adaptive entrepreneurship and the economic development of Hongkon. World Development, 16 (5): 897-911.

附录A 企业家技术创新意识调查问卷

尊敬的女士/先生：

您好！

非常感谢您在百忙之中抽出时间填写这份问卷！本调查属匿名调查，不会涉及个人隐私。本项调查的数据资料仅用于理论课题研究，未经您同意，不会将问卷数据用于任何商业信息系统。真诚感谢您的支持与合作！如您对本书结果有兴趣，烦请您于卷末留下 E-mail，届时我们将会以电子邮件寄送一份本书的摘要与结论建议供您参考！

重庆邮电大学经济管理学院

第一部分：以下问题，请您选择同意程度。其中“1”代表完全不同意，“5”代表完全同意，从1到5表示同意程度逐渐增加。

1. 即使没有来自其他企业的竞争压力，我也会主动实施技术创新项目 1 2 3 4 5
2. 新产品开发，事关企业的生死存亡 1 2 3 4 5
3. 本公司目前对新产品开发的需求尚不迫切 1 2 3 4 5
4. 因为工作太忙，我没有时间关注本行业的技术发展动态 1 2 3 4 5
5. 本行业的市场变化为我提供了较多的新产品开发信息 1 2 3 4 5
6. 对于认准的新产品项目，应当等待实施条件成熟后再去实施 1 2 3 4 5
7. 与同行业竞争对手相比，我们的产品开发总是超前一步 1 2 3 4 5
8. 新产品开发会增加公司的风险，最好还是先看看再说 1 2 3 4 5
9. 对公司发展来说，依靠现有产品赚钱，比开发新产品更可取 1 2 3 4 5
10. 我认为实践经验比理论学习对企业的发展更重要 1 2 3 4 5

第二部分：以下问题，请您根据本公司的实际情况选择答案。

在过去三年内，本公司

11. 添购新设备的累计次数

A.0次 B.1次 C.2次 D.3次 E.4次 F.5次 G.6次以上

12. 引进新产品的累计次数

A. 0 次 B. 1 次 C. 2 次 D. 3 次 E. 4 次 F. 5 次 G. 6 次以上

13. 开发的非专利技术的累计数目

A. 0 次 B. 1 次 C. 2 次 D. 3 次 E. 4 次 F. 5 次 G. 6 次以上

14. 开发的发明专利的累计数目

A. 0 次 B. 1 次 C. 2 次 D. 3 次 E. 4 次 F. 5 次 G. 6 次以上

15. 开发的实用新型专利累计数目

A. 0 次 B. 1 次 C. 2 次 D. 3 次 E. 4 次 F. 5 次 G. 6 次以上

16. 开发的外观设计专利累计数目

A. 0 次 B. 1 次 C. 2 次 D. 3 次 E. 4 次 F. 5 次 G. 6 次以上

17. 推出的新产品累计数目

A. 0 次 B. 1 次 C. 2 次 D. 3 次 E. 4 次 F. 5 次 G. 6 次以上

18. 技术引进投入占销售收入的平均比例

A. 0% B. 0.5% C. 1% D. 2% E. 3% F. 5% G. 6%以上

19. 技术开发投入占销售收入的平均比例

A. 0% B. 0.5% C. 1% D. 2% E. 3% F. 5% G. 6%以上

第三部分：对于下述绩效指标，请您根据本行业的特征选择其重要程度。其中“1”代表非常不重要，“5”代表非常重要，从 1 到 5 表示重要程度逐渐增加。

20. 公司的销售收入增长率	1	2	3	4	5
21. 公司的净利润增长率	1	2	3	4	5
22. 公司的销售利润率	1	2	3	4	5
23. 公司的投资回报率	1	2	3	4	5
24. 公司的市场占有率	1	2	3	4	5
25. 公司的顾客满意度	1	2	3	4	5

第四部分：以下问题，请您根据本公司的实际情况选择满意程度。其中“1”代表非常不满意，“5”代表非常满意，从 1 到 5 表示满意程度逐渐增加。

与主要竞争者相比，过去三年来

26. 本公司的销售收入增长率	1	2	3	4	5
27. 本公司的净利润增长率	1	2	3	4	5
28. 本公司的销售利润率	1	2	3	4	5
29. 本公司的投资回报率	1	2	3	4	5
30. 本公司的市场占有率	1	2	3	4	5
31. 本公司的顾客满意度	1	2	3	4	5

第五部分：基本数据（仅供计算抽样对象平均值之用）

贵公司性质

A. 国有控股　B. 私营　C. 中外合资　D. 外商独资　E. 其他____

贵公司所属行业类别

A. 食品加工　B. 纺织业　C. 木材加工及制造业　D. 家具制造业

E. 造纸及制品业　F. 橡胶制品　G. 化学原料及制品　H. 塑料制品

I. 非金属矿物制品业　J. 交通运输设备　K. 金属制品

L. 电气机械及器材制造　M. 仪器仪表及文化、办公用机械

N. 通信设备、计算机及电子设备制造　O. 工艺品制造

贵公司成立年限

A. 2 年以下　B. 3～4 年　C. 5～9 年　D. 10～14 年

E. 15～19 年　F. 20 年以上

贵公司员工总数

A. 19 人以下　B. 20～49 人　C. 50～99 人　D. 100～299 人

E. 300～499 人　F. 500 人以上

贵公司的资本额____________________元

贵公司的年营业额____________________元

您的性别

A. 男　B. 女

您的年龄

A. 24 岁以下　B. 25～34 岁　C. 35～44 岁　D. 45～54 岁　E. 55～64 岁

F. 65 岁以上

您的现任职务

A. 董事长　B. 总裁　C. 总经理　D. 副总经理　E. 其他______

您的文化程度

A. 小学　B. 初中　C. 高中或中专　D. 大专　E. 本科　F. 研究生

本问卷到此结束，谢谢您的合作！

附录B 高校教师技术创新意识调查问卷

性别：______ 年龄：______ 职称：______ 学历：______ 学位：______
毕业专业：____________________ 现所在学校：__________________
现从事一级学科：______________ 现从事二级学科：______________

1）我经常在考虑把我的技术应用于生产实践（ ）
A. 非常不同意 B. 较不同意 C. 不确定 D. 较同意 E. 非常同意
2）只要企业需要，我愿意提供技术支持（ ）
A. 非常不愿意 B. 较不愿意 C. 不好说 D. 较愿意 E. 非常愿意
3）对于企业所需要的本专业技术，我有能力提供支持（ ）
A. 非常不同意 B. 较不同意 C. 不确定 D. 较同意 E. 非常同意
4）对于企业提出的合作研发要求，我都乐意接受（ ）
A. 非常不乐意 B. 较不乐意 C. 不好说 D. 较乐意 E. 非常乐意
5）即使企业不找我，我也会主动与企业开展合作研发（ ）
A. 非常不同意 B. 较不同意 C. 不确定 D. 较同意 E. 非常同意
6）我曾经与企业开展过技术合作（ ）
A. 没有 B. 一次 C. 两次 D. 三次 E. 四次以上
7）我对过去与企业技术合作的满意程度（ ）
A. 很不满意 B. 较不满意 C. 一般 D. 较满意 E. 很满意
8）即使研发项目有较大风险，我也会努力去尝试（ ）
A. 非常不同意 B. 较不同意 C. 不确定 D. 较同意 E. 非常同意
9）在项目开发过程中遇到大的困难，我仍然会继续坚持（ ）
A. 非常不同意 B. 较不同意 C. 不确定 D. 较同意 E. 非常同意
10）项目开发失败之后，我会重新再去尝试，直至成功为止（ ）
A. 非常不同意 B. 较不同意 C. 不确定 D. 较同意 E. 非常同意
11）我一直想创办自己的企业（ ）
A. 非常不同意 B. 较不同意 C. 不确定 D. 较同意 E. 非常同意
12）我一直想转行到企业去工作（ ）
A. 非常不同意 B. 较不同意 C. 不确定 D. 较同意 E. 非常同意
13）我经常在向企业提供技术咨询服务（ ）
A. 没有 B. 偶尔 C. 有一些 D. 较频繁 E. 非常频繁

14）我经常在同企业进行产品和技术上的研发合作（ ）
A. 没有　B. 偶尔　C. 有一些　D. 较频繁　E. 非常频繁
15）我经常向企业转让生产技术（ ）
A. 没有　B. 偶尔　C. 有一些　D. 较频繁　E. 非常频繁
16）我过去曾经创办过企业（ ）
A. 没有　B. 一次　C. 两次　D. 三次　E. 四次以上
17）我正在经营自己的企业（ ）
A. 不是　B. 是
18）我经常在企业兼职（ ）
A. 没有　B. 偶尔　C. 有一些　D. 较频繁　E. 非常频繁
19）我经常从事专利技术的开发（ ）
A. 没有　B. 偶尔　C. 有一些　D. 较频繁　E. 非常频繁
20）近5年，我开发的实用新型专利累计数量为（ ）
A. 0项　B. 1项　C. 2项　D. 3项　E. 4项以上
21）近5年，我开发的发明专利累计数量为（ ）
A. 0项　B. 1项　C. 2项　D. 3项　E. 4项以上
22）近5年，我开发的外观设计专利累计数量为（ ）
A. 0项　B. 1项　C. 2项　D. 3项　E. 4项以上
23）近5年，我登记的科技成果累计数量为（ ）
A. 0项　B. 1项　C. 2项　D. 3项　E. 4项以上
24）近5年，我转让的专利累计数量为（ ）
A. 0项　B. 1项　C. 2项　D. 3项　E. 4项以上
25）近5年，我转让的科技成果累计数量为（ ）
A. 0项　B. 1项　C. 2项　D. 3项　E. 4项以上
26）近5年，我转让专利和科技成果的销售收入（ ）
A. 很低　B. 较低　C. 一般　D. 较高　E. 很高
27）近5年，我转让专利和科技成果的净利润（ ）
A. 很低　B. 较低　C. 一般　D. 较高　E. 很高
28）在我的企业中，新产品占企业销售收入的比率（ ）
A. 很低　B. 较低　C. 一般　D. 较高　E. 很高

附录C　大学生技术创新意识调查问卷

性别：________　　年龄：________　　年级：________　　生源地：________

所在学校：__________　　所学专业：__________　　月消费支出：__________

1）我经常关注本专业技术的发展动态（　）

A. 非常不同意　B. 较不同意　C. 不确定　D. 较同意　E. 非常同意

2）我经常关注企业对技术的需求信息（　）

A. 非常不同意　B. 较不同意　C. 不确定　D. 较同意　E. 非常同意

3）我经常会主动参加各种技术竞赛（　）

A. 非常不同意　B. 较不同意　C. 不确定　D. 较同意　E. 非常同意

4）我经常会主动参加各种创新创业活动（　）

A. 非常不同意　B. 较不同意　C. 不确定　D. 较同意　E. 非常同意

5）我经常会主动去作一些商业策划（　）

A. 非常不同意　B. 较不同意　C. 不确定　D. 较同意　E. 非常同意

6）我经常想着去进行专利开发（　）

A. 非常不同意　B. 较不同意　C. 不确定　D. 较同意　E. 非常同意

7）我经常想着去进行商业技术的开发（　）

A. 非常不同意　B. 较不同意　C. 不确定　D. 较同意　E. 非常同意

8）我愿意从事风险性很大的创新创业活动（　）

A. 非常不同意　B. 较不同意　C. 不确定　D. 较同意　E. 非常同意

9）我一直想创办自己的企业（　）

A. 非常不同意　B. 较不同意　C. 不确定　D. 较同意　E. 非常同意

10）我能够承受在创新创业活动中所遭受的屡次挫折（　）

A. 非常不同意　B. 较不同意　C. 不确定　D. 较同意　E. 非常同意

11）我经常与企业进行技术合作（　）

A. 没有　B. 偶尔　C. 有一些　D. 较频繁　E. 非常频繁

12）我经常为企业做技术兼职（　）

A. 没有　B. 偶尔　C. 有一些　D. 较频繁　E. 非常频繁

13）我经常参加学校举办的科技创新类竞赛（　）

A. 没有　B. 偶尔　C. 有一些　D. 较频繁　E. 非常频繁

14）我经常参加学校举办的创业计划大赛（　）

A. 没有　B. 偶尔　C. 有一些　D. 较频繁　E. 非常频繁

15）我经常参加大学生数学建模竞赛（　）

A. 没有　B. 偶尔　C. 有一些　D. 较频繁　E. 非常频繁

16）我经常加入各种学术社团（　）

A. 没有　B. 偶尔　C. 有一些　D. 较频繁　E. 非常频繁

17）我经常参加学术交流活动（　）

A. 没有　B. 偶尔　C. 有一些　D. 较频繁　E. 非常频繁

18）我经常参与科研工作（　）

A. 没有　B. 偶尔　C. 有一些　D. 较频繁　E. 非常频繁

19）我经常撰写学术论文（　）

A. 没有　B. 偶尔　C. 有一些　D. 较频繁　E. 非常频繁

20）大学期间，我参与开发的专利技术（　）

A. 没有　B. 较少　C. 有一些　D. 较多　E. 非常多

21）大学期间，我参与开发的非专利技术（　）

A. 没有　B. 较少　C. 有一些　D. 较多　E. 非常多

22）大学期间，我参与开发的新产品（　）

A. 没有　B. 较少　C. 有一些　D. 较多　E. 非常多

23）大学期间，我参与完成的科研项目（　）

A. 没有　B. 较少　C. 有一些　D. 较多　E. 非常多

24）大学期间，我发表的论文（　）

A. 没有　B. 较少　C. 有一些　D. 较多　E. 非常多

25）参加学术活动使我的科研创新能力有很大的提高（　）

A. 非常不同意　B. 较不同意　C. 不确定

D. 较同意　E. 非常同意

26）大学期间，我参加科技创新类竞赛所获得奖励次数（　）

A. 没有　B. 较少　C. 有一些　D. 较多　E. 非常多

27）大学期间，我参加创业计划大赛所获得奖励次数（　）

A. 没有　B. 较少　C. 有一些　D. 较多　E. 非常多

28）大学期间，我参加数学建模竞赛所获得奖励次数（　）

A. 没有　B. 较少　C. 有一些　D. 较多　E. 非常多

后记

本研究始于2006年夏。2008年，获得教育部人文社会科学项目(08JA630098)的资助，研究工作得以深入进行。2009年，获得重庆邮电大学人文社会科学基金的资助，研究工作得以顺利完成。2011年，获得重庆邮电大学出版基金和重庆邮电大学经济管理学院出版基金的资助，研究成果终于得以出版面世。

2006年夏，笔者路过重庆某地的一家小型商场，正好碰到商家在推销一种由竹纤维纺织而成的布料，经询问得知产品产自浙江。笔者一方面感叹四川、湖南等中西部地区拥有丰富的竹材资源，而竹纤维布料却产自东部的浙江；另一方面也在思考为什么新产品大多出自江浙等东部地区，而中西部地区往往落后数年。回到家中静思片刻，联想到多年来对江浙商人创新精神的一系列感受，便萌生了要比较研究不同地区技术创新意识的想法。不久之后，又因为所带研究生正准备开题，于是便建议学生围绕上述思路确定了一个研究题目。

项目后来分别得到了教育部人文社会科学项目和重庆邮电大学人文社会科学基金的资助，研究思路得以系统深化，研究范围得以不断拓展，经过众多研究人员和六届研究生的接力奋战，终于形成了本书初稿。最后，又在重庆邮电大学出版基金和重庆邮电大学经济管理学院出版基金的资助下，本书得以出版。

通过本研究，笔者深深体会到，东部和中西部地区的社会精英在个人智慧上是不相上下的，而中西部地区的知识阶层拥有更加强烈的创新冲动。但是，在最后付诸产业化实施的创新行为，尤其是创新所取得的技术经济产业效果方面，往往是东部地区领先于中西部地区。这可能预示着，东部地区具备更加有利于产业创新的制度环境和商业氛围，从而使好的创意更加容易产业化实施，新技术更加容易获得商业上的成功。

本书得以顺利出版，与科学出版社的大力支持是分不开的，李龚、程凤编辑为本书的出版花费了不少精力。在此，笔者再次对参与研究、支持研究、支持成果出版的单位和各位友人表示最诚挚的谢意，祝愿好人们永远平安。

高锡荣

2011年12月于重庆南山